다가오는 IOT 시대속의

아두이노

이원찬 · 홍승현 · 김한규 · 유창수
강찬욱 · 김차주 · 김종찬 · 민상원 공 저

공감북스

PREFACE

본인은 졸업 작품을 위하여 학부생 3~4학년을 1년여 정도 지도하고 2008년 CPE KWIX 도서를 처음 출간하였다. 그 이후 추가적으로 3권이 출간되었고 지속적으로 3~4학년 종합설계를 지도하면서 2~3학년의 실험 및 설계 과목의 중요성을 더욱 더 알게 되었다. 2학년 전기전자전공 기초실험교과목 강의하면서 아날로그와 디지털 실험만 진행하였지만 2013년도부터 Arduino 교육을 일부 진행하였고 본인의 2014년 실험교재 개정판에 아날로그와 디지털 실험과 함께 Arduino 교육을 정규 교육 내용으로 편성하였다.

Arduino

간단한 임베디드 보드로써 이전에 일반인이 접하기 어려운 보드와 개발환경에 비하여 매우 간단한 인터페이스와 편리한 개발환경을 제공하고 있다. Arduino 소개되기 이전에 임베디드 환경을 이해하기 위하여 전기전자, 컴퓨터 환경을 비교적 중급 이상의 수준을 요구하였지만, Arduino는 상대적으로 초급자가 다루기 쉬운 플랫폼을 제공하고 있어 기본적인 사항만을 학습하면 일반인들도 하드웨어 제어를 위한 프로그래밍을 할 수 있다.

5세대 이동통신망의 Android와 IoT

이동통신망이 더욱 발전하여 Ubiquitous 통신환경과 센서 활용한 M2M(Machine-to-Machine) 통신의 IoT (Internet of Things)는 우리의 미래 환경을 바꿀 것으로 예상되고 있다. 이러한 미래 환경에 Arduino가 현재 그 중심에 있다. 모발 단말 OS인 Andriod와 개발환경을 일부 공통으로 사용할 수 있게 되면서 Arduino는 IoT 개발플랫폼은 물론 모바일 단말기 액세서리 개발플랫폼으로 최적의 솔루션이다. 이와 같이 Arduino는 다양한 영역의 플랫폼 자체로써 또는 임베디드시스템 교육도구로써 미래 발전 가능성은 매우 높다.

창의와 융합 교육을 위한 공학교육 기본에 충실

미래에 대한 불확실성에 대학생들은 매우 불안해하고 있으며 대학도 창의와 융합에 대한 교육과정 개발에 많은 고민을 하고 있다. 창의와 융합을 주장하면서 기존 공학교육에 많은 내용을 추가로 교육해야 하고 학습 받아야 한다고 착각을 하고 있다. 창의적 사고를 하기 위해서는 자기가 사용할 수 있는 툴이 많으면 유리할 것이고 융합을 하기 위해서는 내가 가지고 있는 지식의 수준이 깊고 넓어야 다른 학문 분야와의 접목이 유리할 것이다. 즉, 창의와 융합을 위해서 자신의 공학을 더욱 학습해야할 필요가 있다. 미래가 불확실하다고 그냥 걱정만 하기보다는 새로운 기술을 익히고 준비하는 것이 바람직할 것이다.

본 교재 저자로 참여한 이원찬, 홍승현, 김한규, 유창수는 현재 4학년이지만 Arduino를 처음 접하고 실습한 것은 2학년 때 본인과 함께 여러 친구들과 같이 4~6주 같이 공부하면서 시작하였다. 이들은 처음 Arduino를 공부할 때 많은 교재를 보면서 내용이 부실함을 느끼고 기본적인 사항을 학습한 이후에는 인터넷 및 외부세미나 등을 참여하면서 다양한 사례를 찾고 스스로 학습하고 시작품을 개발하였다. 이들의 노력으로 처음 Arduino를 시작하는 친구들의 눈높이부터 하나의 프로젝트를 완성하는 눈높이까지 본 도서의 내용과 수준을 구성하였다. 따라서 이 책을 선택한 이가 Arduino를 처음 시작하면서 겪는 시행착오를 최소화할 수 있을 것이다. 그리고 다른 저자인 김차주, 김종찬, 강찬욱은 앞의 저자보다 1년 선배들로써 현재 대학원 1년차들로 동일한 고민을 일 년전에 한 친구들로써 이들이 개발했던 프로젝트 내용 중 일부를 본 교재 수준에 맞추어 작성하게 되었다.

이 책은 일반인보다는 전기전자컴퓨터 계열 저학년 학부생이 공부하기에 적합한 도서로 종합설계를 준비하기 이전에 기초학습을 하는데 도움이 될 것이다. 그리고 종합설계를 기획하고 운영하는 과정에 이 책이 활용될 수 있고 전기전자컴퓨터 계열의 기업에서 임베디드시스템 또는 IoT 관련한 플랫폼을 준비하는데 이 책을 활용할 수 있을 것으로 기대된다.

끝으로 이 책이 출판될 수 있도록 도와준 광운대학교 통신프로토콜공학연구실 연구원 및 공감북스 사장님에게 감사함을 전한다.

2015년 9월
참빛관 8층에서 남산을 바라보며..
지도교수 민상원

CONTENTS

다가오는 IoT 시대속의 아두이노

PART 01

제1장 아두이노

아두이노(Arduino)는 누구나 쉽게 사용할 수 있도록 설계된 컴퓨팅 플랫폼(Computing Platform)으로 마이크로컨트롤러(Microcontroller)를 기반으로 하는 프로젝트를 구현하는데 매우 유용하다. 이 책은 아두이노 프로그래밍을 기초부터 단계적으로 배울 수 있도록 구성하였다. 1장에서 아두이노란 어떤 것인지 전반적인 개요와 함께 아두이노 보드의 종류에 대해 살펴보고, 2장에서는 실습을 하기 전에 필요한 실습환경을 구축할 것이다. 3장의 아날로그, 디지털 입출력부터는 본격적으로 소스코드 작성과 회로 소자연결 등을 통해 4장 센서(Sensor), 5장 디스플레이, 6장 통신, 7장 모터 실습을 하게 된다. 8장에서는 IoT (Internet of Things)와 관련된 프로젝트를 직접 제작해 보는 시간을 가지게 되고 9장에서는 스마트폰과 아두이노 Mega ADK를 가지고 실습한다.

제1절 책 구성

'다가오는 IoT 시대속의 아두이노'의 구성을 간략히 보면 기본적인 아두이노 설명으로 시작하여 다양한 기능들에 대해서 설명하고 예시를 보여준다. 그리고 최종적으로 프로젝트 작품들을 실제로 구현해 보면서 차세대 IT핵심 기술인 IoT 개념에 대해 이해하고 아두이노의 기능들을 활용해 볼 것이다. 지금부터는 각 장마다 어떤 부분들을 다루게 되는지 살펴보겠다.

먼저 1장은 아두이노가 어떤 것인지에 대한 설명으로 시작한다. 1절에서 이 책의 핵심 키워드인 사물인터넷(IoT)의 개념에 대해서 살펴보고 아두이노를 이해하기 위해 임베디드 시스템과, 마이크로컨트롤러의 개념과 아두이노의 특징에 대해 알아본다. 2절에서는 다양한 아두이노 보드와 쉴드 중에서 자주 사용되는 제품들의 특징들을 나열하였다. 아두이노와 IoT에 대해 전반적인 개념을 잡을 수 있다.

2장에서는 아두이노 보드에서 실행할 수 있는 소스코드를 작성하고 컴파일, 업로드 할 수 있는 개발환경에 대하여 살펴본다. 아두이노 IDE(Integrated Development Environment)는 아두이노를 쉽게 사용할 수 있도록 아두이노 사용자들에게 무료로 제공되는 통합 개발 환경이다. 이 아두이노 IDE는 기존의 Visual Studio와 같은 IDE를 접해본 사용자들뿐만 아니라, 처음 접하는 사용자들에게도 낯선 느낌이 들지 않게 구성되어 있다.

3장은 아날로그, 디지털 입출력에 관한 내용으로 아두이노 Uno에서 다른 장치들과 신호를 주고 받을 시 사용되는 개념으로 보드의 핀과 연결하여 설명할 것이다. 1절에서는 아두이노 보드와 LED를 사용하여 아날로그와 디지털 출력을 실습해 볼 것이다. 이 과정을 통해 아두이노에서 PWM이 어떻게 사용되는지 확인한다. 그리고 2절에서는 시리얼(Serial) 통신에 대하여 설명한다. 마지막으로 3절에서는 아두이노 보드에 가변저항을 연결하여 아날로그 값을 읽는 실습을 한다.

4장은 IoT에서 차세대 핵심 부분으로 주목 받고 있는 센서에 대해서 알아본다. 센서는 물리적인 특성을 전기적 특성으로 변환하여 전자기기에서 처리할 수 있도록 구성된 소자로 아날로그 형태의 입출력 동작을 수행한다. 그리고 대표적 센서들의 물리적 특성 및 아두이노 보드와의 연결 과정을 다루게 될 것이다. 여기서 센서들의 물리적 변화 값은 아두이노 보드의 아날로그 입력 형태로 시리얼 모니터 또는 LED(Light Emitting Diode)의 밝기를 통하여 표시되게 된다. 우리는 손쉽게 사용할 수 있는 조도 센서, 거리 센서, 온도 센서, 압력 센서, 기울기 센서와 로드셀(Loadcell)에 대해 간단하게 다룰 것이다.

5장은 디스플레이소자에 대한 내용으로 크게 내부에 레지스터와 메모리가 포함되어 있는 소자와 LED의 배열만으로 정보를 출력하는 소자로 나뉘어진다. 본 장에서는 레지스터와 메모리를 가지고 있는 20*2 텍스트 LCD 소자와 8*8 LED Matrix를 소개할 것이다.

6장은 시리얼 포트 또는 별도의 하드웨어 인터페이스를 통하여 다양한 통신기술을 지원하는 아두이노 보드에 많이 사용되는 Bluetooth, 적외선, Wi-Fi(Wireless Fidelity), NFC (Near Field Communication) 등을 소개한다.

7장은 전기적 에너지(Electric Energy)를 기계적 에너지(Mechanical Energy)로 변환하여 물리적인 힘이 필요한 곳에 동력을 제공하는 모터(Motor)에 관한 내용이다. 본 장에서 다루는 모터는 DC 모터와 Servo 모터이며, 각각 특징과 사용방법에 대해 설명한다.

8장은 지금까지 배운 내용들을 종합하여 IoT 기술과 접목시켜 프로젝트를 직접 구현해 보는 장이다. 차례대로 도난방지 알림이, LED 메모리 큐브, RC car등, 드론(Drone)으로 되어있다.

9장은 안드로이드기반의 스마트폰과 아두이노 Mega ADK를 연결하고 액세서리 API를 이용해 LED를 제어하고 로봇차량을 제어하는 방법에 대해 설명한다.

제2절 IoT와 아두이노

모바일 시대 이후 IT분야를 이끌 차세대 주자는 무엇일까? 대다수의 사람들이 이에 대한 답으로 사물인터넷(Internet of Things, IoT)을 뽑고 있다. IoT는 각종 사물에 센서와 통신가능을 내장하에 인터넷에 연결하는 기술을 의미한다. IoT는 인간의 개입 없이, 사물이 인터넷으로 서로 연결되어 있어 커뮤니케이션 할 수 있는 환경을 만드는 것을 목표로 한다. IoT의 핵심기술에는 네트워킹(Networking) 기술, 센싱(Sensing) 기술, 인터페이스(Interface) 기술이 있다 먼저 네트워킹 기술은 인간과 사물, 서비스 등 분산된 요소들을 서로 연결시킬 수 있는 유무선 연결방식을 말한다. 센싱 기술은 온도, 습도, 열, 가스, 조도 및 초음파 등 다양한 센서를 이용하여, 사물과 주위 환경으로부터 정보를 획득하는 것을 말한다.

IoT는 세계의 시장의 큰 변화를 가져왔다. 그 예로 우리나라 삼성전자(Samsung Electronics)를 비롯해 구글(Google), 인텔(Intel) 등 쟁쟁한 기업들이 잇따라 IoT 시장에 뛰어들고 있는 것을 볼 수 있다. 글로벌 IT시장 조사 기업인 가트너(Gartner)는 2013년 말을 기준으로 인터넷에 연결된 사물의 수는 26억개로 현재 존재하는 전체 사물의 1% 미만에 불과하지만, 오는 2020년에는 10배가 늘어난 260억 개가 될 것으로 예상하고 있다.

아두이노는 이탈리아어로써 영문으로 'Best Friend', 국문으로 '믿음직한 친구'를 의미한다. 아두이노는 이탈리아 Milano지방 옆에 있는 Ivrea에서 2005년 시작한 프로젝트 이름이다. 아두이노 프로젝트는 학생들이 저렴하고 쉽게 마이크로컨트롤러 장치를 사용할 수 있도록 하기 위해서 진행되었다. 아두이노는 Hernando Barragan, Casey Reas와 Massino Banzi와 함께 연구하며 작성한 Wiring플랫폼을 기반으로 만들어졌다. 또한, 아두이노란 이름은 프로젝트 창설자인 Massino Banzi와 David Cuatielles가 'Arduino Of Ivrea'라는 이탈리아 왕에서 따온 것이다. 이 프로젝트는 현재 300,000개 이상의 아두이노 유닛을 탄생시켰고 많은 분야에서 활용되고 있다.

아두이노는 [그림 1-1]과 같이 아두이노 보드인 하드웨어와 통합개발 환경인 아두이노 IDE로 구성된다. 아두이노는 간단한 입출력 보드에 프로그램 언어를 합친 오픈 소스(Open Source) 피지컬 컴퓨팅(Physical Computing) 플랫폼으로 소프트웨어나 하드웨어의 경험이 적은 사람들을 위하여 만들어진 것이었다. 또한 작은 임베디드 시스템으로 전자공학에 대한 깊은 지식을 갖추고 있지 않아도, 생각한 아이디어를 간단하게 프로토타입(Prototype)을 설계하고 구현할 수 있다. 따라서 아두이노는 임베디드 시스템(Embedded System)의 하드웨어와 소프트웨어를 쉽게 배우고 이해 할 수 있는 소형 모듈로써 일반인들이 쉽게 접근할 수 있다.

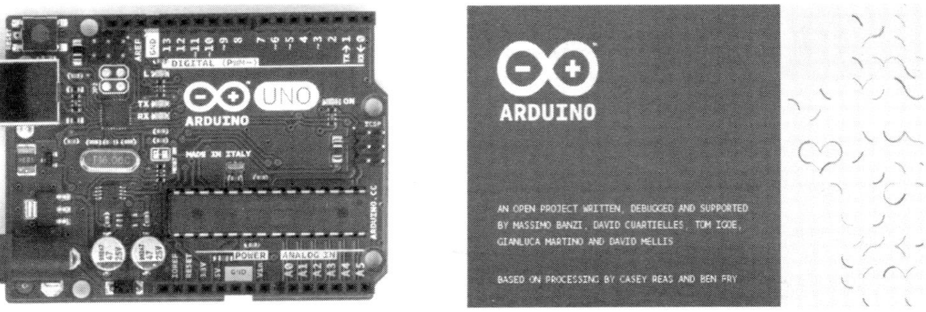

(a) (b)

[그림 1-1] 아두이노 (a) 하드웨어 보드 (b) 아두이노 IDE

또한 아두이노는 전세계적으로 다양한 교육 프로그램 도구로써 많이 사용된다. 특히 프로토타입을 쉽게 구현하고자 하는 디자이너나 예술가들이 많이 사용하는데, 이는 다양하고 많은 아두이노의 활용방법들이 오픈 소스코드 형태로 존재하여 마이크로컨트롤러의 진입장벽을 낮추었기 때문이다. 아두이노는 LED를 깜박거리거나 센서 값을 사용하여 값을 측정하는 것부터 스마트 홈, 웨어러블 디바이스(Wearable Device), 3D프린터, 스마트 홈까지 무궁무진한 잠재력을 가지고 있다.

2.1 마이크로컨트롤러

마이크로컨트롤러(Microcontroller)란, 마이크로프로세서(Microprocessor)와 입력 및 출력 모듈을 하나의 칩으로 만들어져 정해진 기능을 수행할 수 있도록 하는 컴퓨터를 말한다. 임베디드 프로그래밍을 하는데 있어서 손쉽게 제어할 수 있다. 또한 일반적인 프로세서에 비하여 낮은 성능을 가지지만, 특수한 목적으로 만들어져 사용하기 때문에 편의성을 높였다고 볼 수 있다. 이를 활용한 아두이노는 비전공자들도 손쉽게 제어장치를 만들어 볼 수 있도록 기회를 제공하였다. 특히 앞으로 우리가 주로 사용 할 아두이노 Uno는 아트멜(Atmel)의 마이크로컨트롤러인 ATmega328을 사용하여 만들어진 보드이다.

이를 이해하기 위해 컴퓨터의 구조를 살펴보면 컴퓨터는 중앙처리 장치(CPU: Central Processing Unit), 입출력 장치(I/O: Input/Output), 주기억 및 보조기억 장치(Memory) 등으로 구성된다. 집적회로 기술의 발달에 힘입어 컴퓨터 역시 소형화, 경량화가 이루어졌고 특히 중앙처리장치는 하나의 칩으로 구현이 가능하게 되었다. 이처럼 컴퓨터의 중앙처리 장치를 하나의 IC(Integrated Circuit)로 집적시켜 만든 반도체 소자를 마이크로프로세서라고 부른다. 마이크로프로세서 중 하나의 칩에 중앙처리 장치의 기능뿐만 아니라 일정 용량의 메모리와 입출력 인터페이스까지 내장한 것을 마이크로프로세서와 구별하여 마이크로컨트롤러라 부른다.

2.2 임베디드 시스템

임베디드 시스템은 일반적으로 사람의 간섭 없이 독자적 기능을 수행 할 수 있는 시스템으로 하드웨어와 소프트웨어로 구성되어 있다. 보통 임베디드 시스템은 데이터 및 소프트웨어를 처리하는 마이크로프로세서와 데이터 및 소프트웨어 실행코드가 들어 있는 메모리로 구성되며, 전원이 켜지면 특정한 목적을 가진 어플리케이션이 동작하고, 이 어플리케이션은 전원을 끌 때까지 사전에 약속된 목적을 수행한다. 현재 우리 생활에서 쓰이는 대부분의 전자기기, 가전제품, 제어장치는 단순히 하드웨어 회로로만 구성된 것이 아니라 마이크로프로세서가 내장되어 있고, 그 마이크로프로세서의 내장된 프로그램이 구동되어 해당 기기의 기능을 수행하게 된다.

임베디드 시스템의 소프트웨어 구성은 부트로더(Boot Loader), 커널(Kernel), 파일시스템(File system)으로 구성된다. 임베디드 시스템에 전원을 공급하게 되면 자동으로 메모리의 0번지를 읽어 들이고 해당 위치에 있는 부트로더가 실행되게 된다. 부트로더가 컴퓨터 부팅 영역에 해당된다면 커널은 운영체제(Operating System; OS) 영역에 해당된다. 그리고 일반 컴퓨터에서 사용자 응용 소프트웨어는 OS영역과는 별도로 구성되는 반면, 임베디드 시스템의 어플리케이션은 OS와 함께 구동된다. 임베디드 시스템의 파일시스템은 일반 컴퓨터와 같이 OS 내 파일 관리 체계와 유사하다. 이러한 임베디드 시스템은 홈 네트워크 산업분야에서 TV, 냉장고, 세탁기, 전자레인지, 개인 휴대 정보 단말 등과 같은 모바일 컴퓨팅 기기나 마이크로프로세서를 보유한 가전제품에 사용된다. 그 밖에 수많은 기술들이 내부적으로 임베디드 시스템이 적용되면서 우리의 생활에 아주 밀접하게 관련이 되어 도움을 주고 있다. [그림 1-2]는 로봇, 3D프린터, 스마트홈 등등 우리가 필요로 하는 것들을 아두이노를 활용하여 만들 수 있음을 보여준다.

(a)

(b)

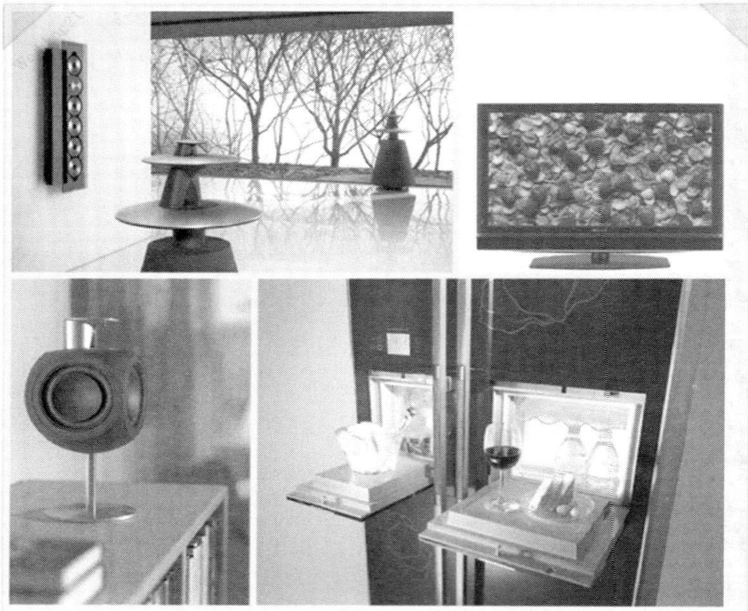

(c)

[그림 1-2] 아두이노를 이용한 만들 수 있는 제품 (a) 쿼드콥터 (b) 3D프린터 (c) 스마트 홈

2.3 아두이노 특징

아두이노가 다른 마이크로컨트롤러에 비해 가지는 몇 가지 장점은 다음과 같다.

- **쉽고 간단한 프로그래밍 환경** : 아두이노 프로그래밍 환경은 다양한 운영체제를 지원하여 기존 AVR보다 쉽고 간단한 환경에서 개발을 할 수 있다. 또한 아두이노 IDE를 활용하여 하드웨어나 프로그래밍에 경험이 적은 초보자들도 쉽게 접근할 수 있도록 쉽고 간단하게 만들어져 있다.

- **저렴한 가격** : 아두이노 보드는 다른 마이크로컨트롤러 플랫폼에 비해 상대적으로 가격이 낮은 편이다. 아두이노 보드는 저렴한 가격으로 직접 조립할 수도 있으며 아두이노 Uno R3 보드의 경우 국내 온라인 사이트에서 3만원대의 가격으로 구입 가능하다.
- **오픈소스 소프트웨어** : 아두이노 개발 소프트웨어는 오픈 소스를 바탕으로 하고 있어 기능 확장을 원하는 고급 사용자들이 확장할 수 있도록 하고 있다. 아두이노 개발 언어는 C++을 기반으로 구성되어 있어 라이브러리를 통해 그 기능을 확장할 수 있음은 물론이거니와 아두이노가 기반하고 있는 AVR용 C 언어를 아두이노 프로그램에 직접 사용할 수도 있다.
- **오픈소스 하드웨어** : 기존에 오픈 소스 개념은 소프트웨어에서 주로 사용되는 용어였지만 아두이노는 하드웨어가 개방되어 있어 이를 기반으로 누구나 참여하고 다양한 응용을 할 수 있도록 제공하고 있는 오픈 소스 하드웨어이다.

제3절 아두이노 보드

아두이노 보드는 [그림 1-3]과 [표 1-1]에서 보는 바와 같이 다양한 종류가 존재하며 각 보드는 대표적인 특징과 사양을 가지고 있어 설계 요구사항에 적절한 아두이노 보드를 선택하여 사용할 수 있다. 본 절에서는 아두이노 보드와 쉴드(Shield)들의 특징을 알아보고 2.3절에서는 본 교재에서 계속적으로 다룰 아두이노 Uno에 대해서 자세히 알아보겠다. 여기서 쉴드는 다양한 추가 모듈과 연결 할 수 있는 역할을 수행하는 확장보드로 아두이노에서 제공하지 않는 기능을 부가적으로 수행할 수 있다.

[그림 1-3] 다양한 아두이노 보드

3.1 아두이노 보드 종류

[표 1-1] 아두이노 보드 종류별 사양

보드	프로세서	동작 전압	출력	디지털/아날로그/PWM/UART	플레쉬 메모리
Arduino Uno	ATmega328	5V	16MHz	14/6/6/1	32KB
Arduino Leonardo	ATmega32U4	5V	16MHz	20/12/7/1	32KB
Arduino Due	AT91SAM3X8E	3.3V	84MHz	54/12/12/4	512KB
Arduino Mega2560	ATmega2560	5V	16MHz	54/16/14/4	256KB
Arduino Mega ADK	ATmega2560	5V	16MHz	54/16/14/4	256KB
Arduino Ethernet	ATmega328	5V	16MHz	14/6/4/1	32KB
Arduino Mini	ATmega328	5V	16MHz	14/8/6/1	32KB
LilyPad Arduino	ATmega168V/ ATmega328	2.7-5.5V	8MHz	14/6/6/1	16KB
Arduino Micro	ATmega32u4	3.3V	16MHz	20/12/7/1	32KB
Arduino Nano	ATmega328	5V	16MHz	14/8/6/1	32KB
Arduino Pro Mini	ATmega168	5V	8MHz or 16MHz	14/6/6/1	16KB
Arduino Pro	ATmega328	3.3V or 5V	8MHz or 16MHz	14/6/6/1	16KB
Arduino Fio	ATmega328P	3.3V or 5V	8MHz	14/8/6/1	32KB

[표 1-1]에 나와있는 다양한 아두이노들 중에서 주로 많이 사용되고 있는 아두이노들의 특징을 알아보자.

1) 아두이노 Uno

처음 아두이노를 접하는 사람들이라면 아두이노의 기본인 아두이노 Uno를 사용하는 것을 권장한다. 아두이노 Uno는 가장 보편적으로 사용하고 있으며, 기본적인 기능을 제공하고 있기에 초급 및 중급 개발자에게 적합하기 때문이다. 현재 R3 버전이 가장 보편적이며 본 도서에서도 아두이노 Uno를 이용하여 실습을 진행할 것이다. 아두이노 Uno USB 통신을 위한 FTDI 칩을 기본으로 내장하고 있어 별도의 변환기 없이 PC등에 바로 USB로 연결해서 사용할 수 있다. 5V, 3.3V 지원을 위한 레귤레이터(Regulator)가 내장되어 있고, USB 전원을 사용 가능하며 외부 입력 전원도 지원한다. 또한 안드로이드(Android) 표준 보드로, 핀 배열 등이 아두이노 Uno를 기준으로 맞춰져 있으므로 확장 쉴드 등을 사용하는데 최적화 되어있다.

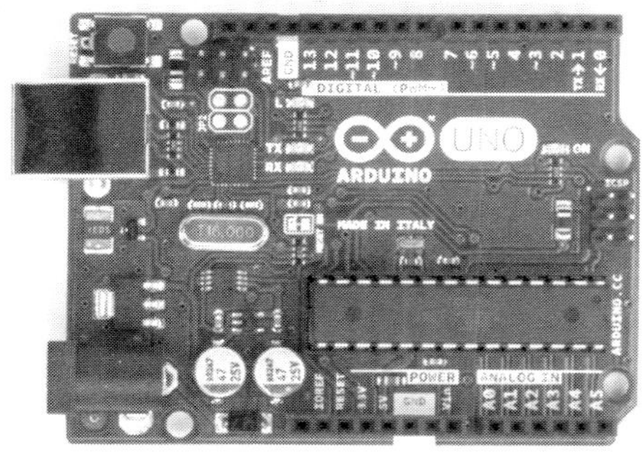

[그림 1-4] 아두이노 Uno

2) 아두이노 레오나르도

아두이노 레오나르도(Arduino Leonardo) 보드는 아두이노 Uno와 비슷하게 생겼지만 다소 차이가 있는 보드이다. ATmega32u4를 기반으로 한 보드이고 다른 보드와 차이점이라면 핀의 개수가 좀 더 많고, USB 통신 칩이 메인 프로세서에 내장되어 있어 추가 드라이버가 필요가 없다는 것이다. 그리고 디지털/아날로그 핀 수와 인터럽트(Interrupt) 핀과 같은 몇 가지 중요한 특징이 아두이노 Uno와는 다소 차이가 있기 때문에 아두이노 Uno용 라이브러리들이 동작하지 않을 수도 있다. 아두이노를 처음 접하게 된다면 굳이 레오나르도 보드를 사용하실 필요는 없지만, 다양한 프로젝트를 진행하다 보면, 특히 시리얼 통신을 하는 모듈들을 사용하는 프로젝트인 경우 레오나르도 보드가 더 효율적인 경우가 있다.

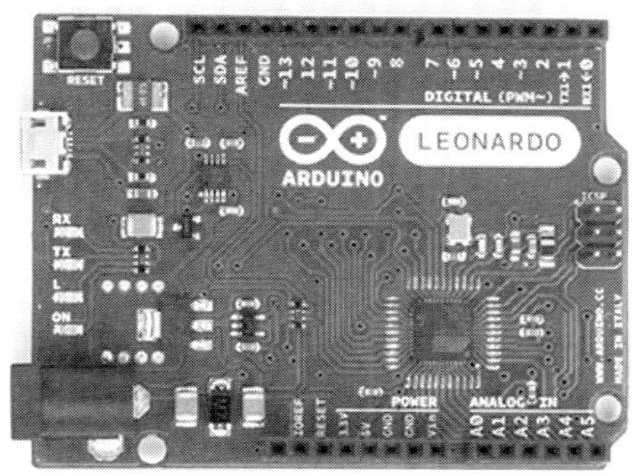

[그림 1-5] 아두이노 레오나르도

3) 아두이노 Nano

아두이노 Uno의 소형화 버전으로 미니 아두이노, 브레드 보드용 아두이노라고 할 수 있다. 아두이노 Uno와 같은 ATmega328 칩을 사용하므로 아두이노 Uno의 기능을 그대로 제공하므로 사용 방법도 동일하고 라이브러리도 그대로 쓸 수 있으며 mini-B 타입 USB도 내장되어 있다. 아두이노 Nano보다는 Pro mini가 조금 더 작지만 아두이노 Nano는 직접 USB로 업로딩이 가능하며 3.3v, 5v 전원 핀을 가지고 있기 때문에 외부 센서의 전압을 맞추기가 훨씬 더 간편하다. 브레드 보드에 직접 꽂아서 사용하면 회로 구성하기도 편리한 점도 장점이라고 볼 수 있다.

[그림 1-6] 아두이노 Nano

4) 아두이노 Micro

아두이노 Nano가 아두이노 Uno의 소형화 버전이라면, 아두이노 Micro는 레오나르도 보드의 소형화 버전이다. 레오나르도 보드처럼 ATmega32u4 칩을 탑재하고 있기 때문에 특징도 레오나르도 보드와 거의 동일하다고 볼 수 있다. 아두이노 Nano 보드와 비교할 때 핀의 개수가 훨씬 많기 때문에 긴 사각형 형태를 띄고 있다. 아두이노 Nano 보드처럼 브레드 보드와 친화적인 보드이고 9V 배터리를 통해 휴대용으로 만들 수 있다.

[그림 1-7] 아두이노 Micro

5) 아두이노 Pro / Pro mini

Pro가 붙은 보드들은 아두이노 제품군 중 가장 작고 얇은 제품들이지만 아두이노 Uno처럼 ATmega328 칩을 사용하여 Uno와 동일한 기능을 제공한다. 다만 USB 통신, 동작전압과 전원 관련된 부분들이 아두이노 Uno와는 큰 차이를 보인다. Pro 시리즈의 경우 핀이 납땜되어 있지 않기 때문에 본인이 직접 해야 한다는 수고스러움이 발생 할 수 있다. 휴대용 기구를 제작할 경우 많이 사용하게 되지만 아두이노 Uno 등 표준 보드를 이용해 먼저 테스트를 하고 최적화 한 후에 아두이노 Pro/Pro mini 로 옮기는 작업을 하는 것이 좋다. Pro 시리즈 보드들은 배터리와 같은 외부 전원을 연결할 때 VCC 핀이 아닌 RAW 핀에 넣어줘야 한다.

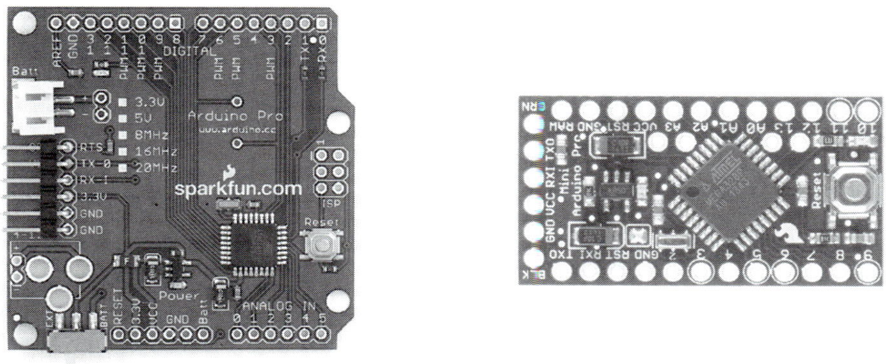

(a) (b)

[그림 1-8] 아두이노 (a) Pro (b) Pro mini

6) 아두이노 Mega2560

아두이노 Uno의 확장판이라고 생각하면 된다. Mega라는 이름에 걸맞게 고성능과 많은 IO 핀을 제공하는 것이 특징이다. 로봇이나 이미지, 음성, 영상 등 상대적으로 고성능이 필요한 곳에 사용될 수 있다. 다만 표준 아두이노 Uno 보드와 핀 배열, 특징이 완전히 다르기 때문에 아두이노 Mega2560을 처음 만질 때 다소 까다로움이 발생할 수 있다. 온라인 상에서 공유되는 대부분의 튜토리얼이나 라이브러리가 아두이노 Uno에 맞추어져 있는 관계로 소스 컴파일이 제대로 실행되지 않아 원하는 동작이 불가하기도 하며, 결합한 확장 쉴드가 제대로 동작하지 않을 수도 있다. 예를 들어 SPI(Serial Peripheral Interface) 통신을 하는 센서를 사용하는 경우, 아두이노 Uno와 아두이노 Mega2560에서 할당하는 핀 번호가 다르다. 그렇기에 아두이노 Uno에 익숙해진 사용자가 아두이노 Mega2560를 사용하는 데에 있어서 불편함이 발생 할 수도 있다. 처음 아두이노를 접할 경우, 문제점이 어디에서 발생하였는지 찾기가 힘들 수도 있다. 성능이 좋은 보드에서 넉넉한 핀을 가지고 싶다고 선택하기 보다는 보드 특성을 파악하고 선택하는 것을 추천한다.

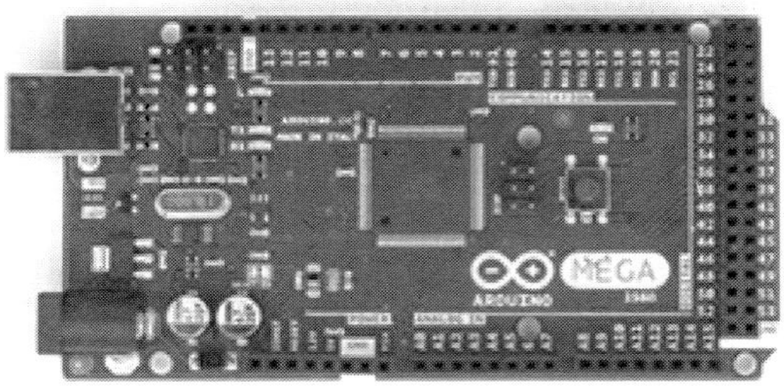

[그림 1-9] 아두이노 Mega2560

7) 아두이노 Lily Pad

이름과 같이 꽃처럼 생긴 독특한 모양의 이 보드는, 바느질로 보드 및 센서, 액세서리를 옷에 장착하는 의류용으로 개발 된 특수 보드이다. 세련된 외관과 함께 전도성 실과 패브릭 소재 등을 활용해 옷에 다양한 기능을 추가하고 디자인 효과를 낼 수 있다.

[그림 1-10] 아두이노 Lily Pad

3.2 아두이노 쉴드

아두이노의 또 다른 특징으로는 아두이노 쉴드(Shield)로 불리는 다양한 추가 모듈과 연결할 수 있는 표준 연결 방식이 정의되어 있다는 점이다. 아두이노 쉴드는 일종의 확장 보드로 생각할 수 있으며 아두이노 보드에 수직으로 장착하면 아두이노 보드에서 제공하지 않는 기능을 쉽게 구현할 수 있도록 해준다. [그림 1-11]과 같이 아두이노 보드와 아두이노 쉴드를 연결할 수 있으며 여러 개의 아두이노 쉴드를 적층하여 동시에 사용하는 것도 가능하다.

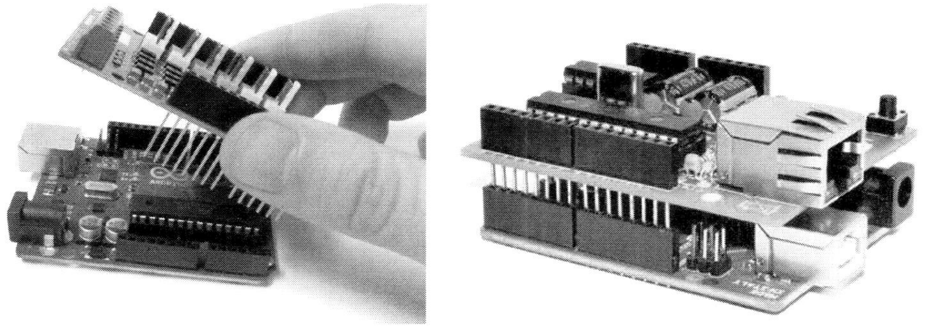

[그림 1-11] 아두이노 쉴드를 적층한 모습

1) Wi-Fi 쉴드

[그림 1-12] Wi-Fi 쉴드

무선으로 Wi-Fi 네트워크에 접속하여 네트워크를 이용한 제어를 사용하는데 사용한다.

2) Ethernet 쉴드

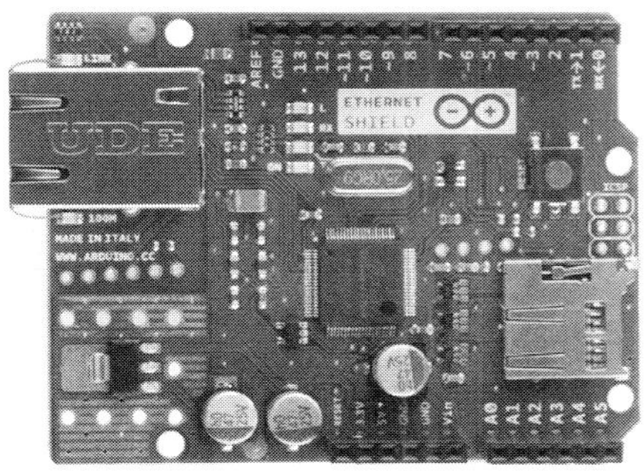

[그림 1-13] Ethernet 쉴드

Ethernet 쉴드는 아두이노를 인터넷에 접속할 수 있도록 만들어주는 장치이다. LAN선을 이용하는 것으로 네트워크 제어나 웹 서버를 제어하는 것에 사용한다.

3) 모터 쉴드

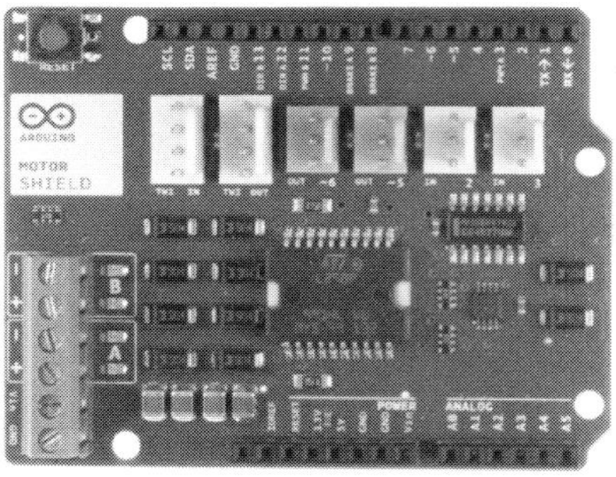

[그림 1-14] 모터 쉴드

모터(Motor)를 사용할 수 있도록 만들어주는 쉴드이다. 모터를 돌리기 위해서는 종류에 따른 모터드라이버가 존재하는데 이러한 드라이버를 구현해주는 쉴드이다.

4) GPS 쉴드

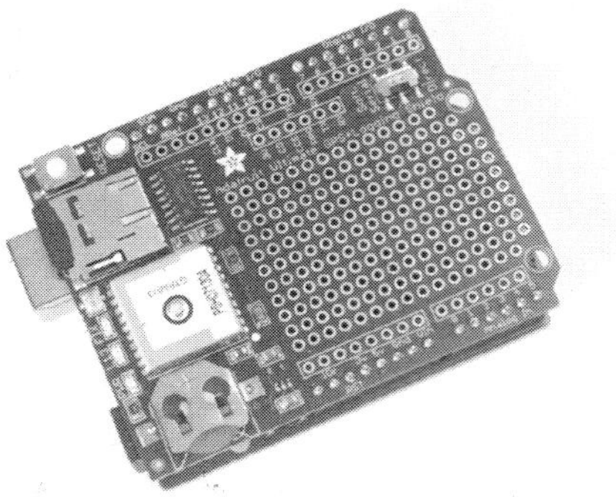

[그림 1-15] GPS 쉴드

GPS를 수신하여 제어를 하는 데에 사용하는 쉴드이다.

3.3 아두이노 Uno 보드 구성

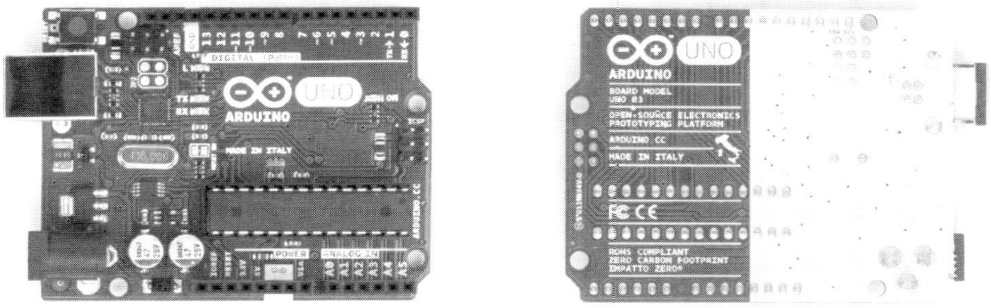

(a) (b)

[그림 1-16] 아두이노 Uno (a) 전면 (b) 후면

아두이노 Uno는 ATmega328을 사용한 마이크로컨트롤러이다.

아두이노 Uno는 6개의 아날로그 Input핀과 14개의 디지털 Input/Output핀이 있다. 14개의 디지털 핀 중 6개는 PWM Output핀으로도 사용가능 하다. PWM은 핀 앞에 '~' 표시를 통해 구분 할 수 있다. 또한, 아두이노 Uno는 16MHz의 세라믹공진기(Ceramic Resonator)와 USB 연결기(Connection), 파워잭(Power Jack), ICSP Header, 리셋 버튼으로 이루어져 있다.

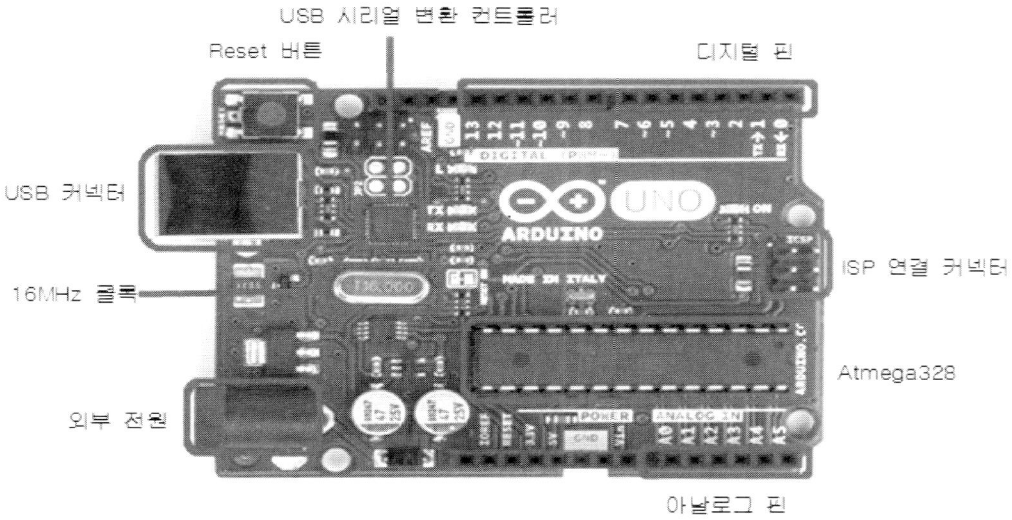

[그림 1-17] 아두이노 Uno 구성

[표 1-2] 아두이노 Uno 주요 스펙

항 목	내 용
마이크로컨트롤러	ATmega328
동작 전압	5V
입력 전압(적정)	7-12V
입력 전압(한계)	6-20V
디지털 Input/Output 핀	14개(6개는 PWM Output)
아날로그 Input 핀	6개
Input/Output 핀에 흐르는 직류전류	40mA
3.3V전원에 흐르는 직류전류	50mA
Flash Memory	32kB(0.5kB는 부트로더로 사용)
SRAM	2kB(ATmega328)
EEPROM	1kB(ATmega328)
클락 속도(Clock Speed)	16MHz

제2장 실습환경 준비

이전 장에서는 아두이노 보드에 대하여 알아보았다. 본 장에서는 아두이노 보드에서 실행할 수 있는 소스코드를 작성하고 컴파일, 업로드 할 수 있는 개발환경에 대하여 살펴본다. 아두이노 IDE(Integrated Development Environment)는 아두이노를 쉽게 사용할 수 있도록 아두이노 사용자들에게 무료로 제공되는 통합개발 환경이다. 이 아두이노 IDE는 기존의 Visual Studio와 같은 아두이노 IDE를 접해본 사용자들뿐만 아니라, 처음 접하는 사용자들에게도 낯선 느낌이 들지 않게 구성되어 있다.

제1절 아두이노 IDE 준비

1.1 아두이노 IDE 설치

1) 아두이노 공식사이트인 http://www.arduino.cc를 접속하여 'Download' 메뉴에서 [그림 2-1]과 같이 먼저 운영체제에 맞는 버전을 선택해 설치파일을 다운로드한다.

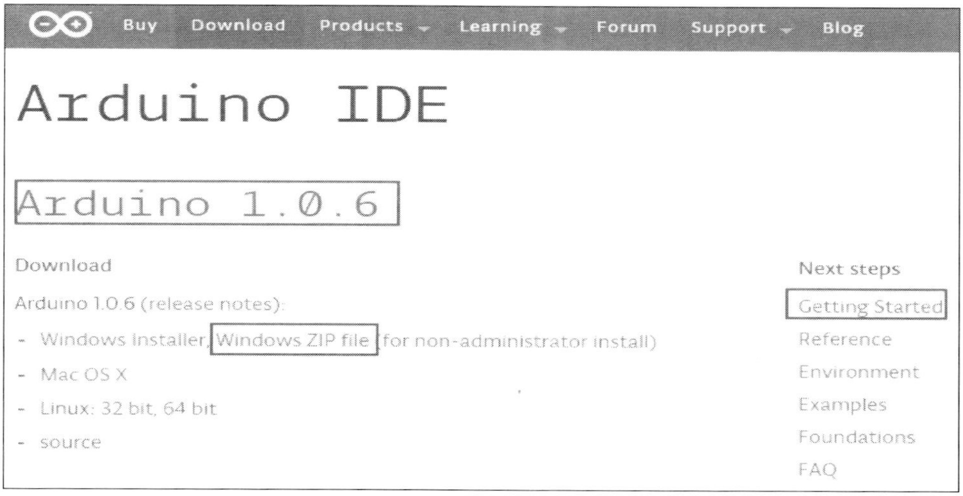

[그림 2-1] 아두이노 공식 웹사이트

2) [그림 2-2]와 같은 과정을 통해 아두이노 IDE를 설치한다. [그림 2-2] (a)는 설치 옵션이고, [그림 2-2] (b)는 아두이노 IDE의 설치 경로에 관한 설정이다. 설치를 시작하게 되면 [그림 2-2] (c)와 같은 진행상황을 볼 수 있을 것이며, 설치 도중 [그림 2-2] (d)와 같은 [Windows 보안]창이 뜨면 설치 버튼을 눌러준다.

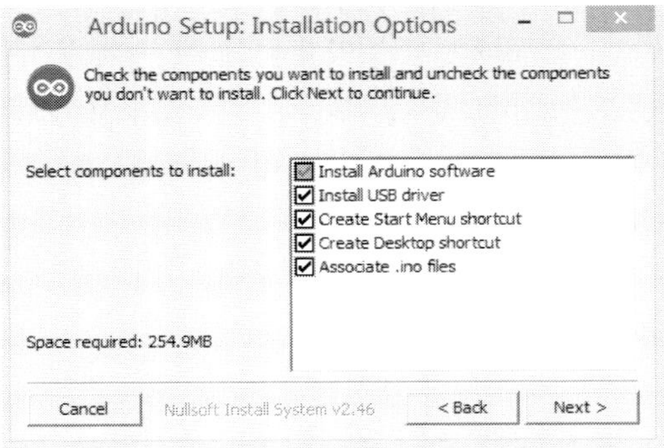

(a)

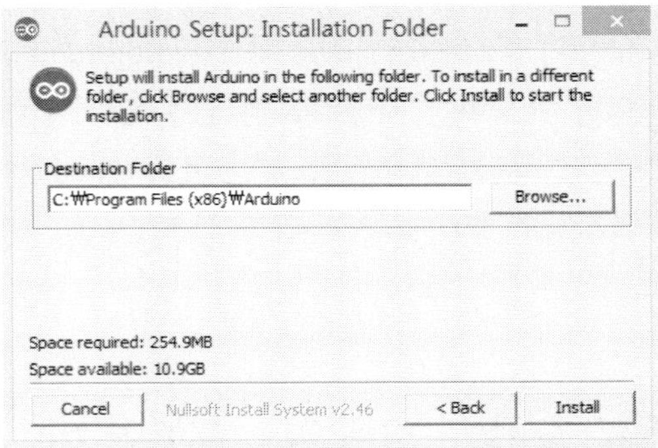

(b)

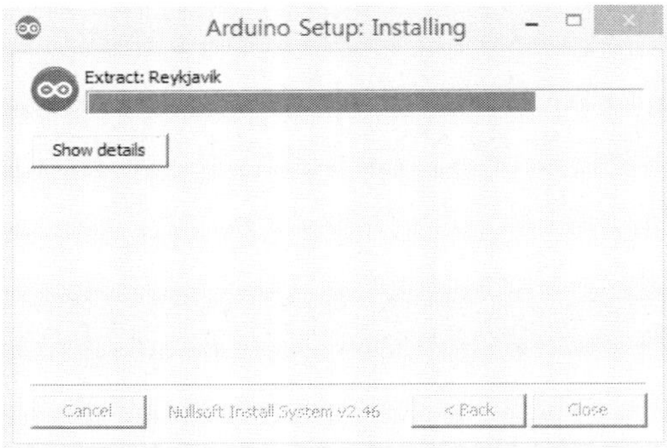

(c)

(d)

[그림 2-2] 아두이노 IDE 설치과정 (a) 설치관련 옵션 (b) 경로설정 (c) 설치 중 (d) 보안관련 문구

3) 설치된 아두이노 파일을 실행시켜 주면 [그림 2-3]과 같은 창을 확인할 수 있다.

[그림 2-3] 아두이노 IDE 실행화면

1.2 아두이노 IDE 환경

아두이노 IDE는 [그림 2-4]와 같이 구성되어 있다.

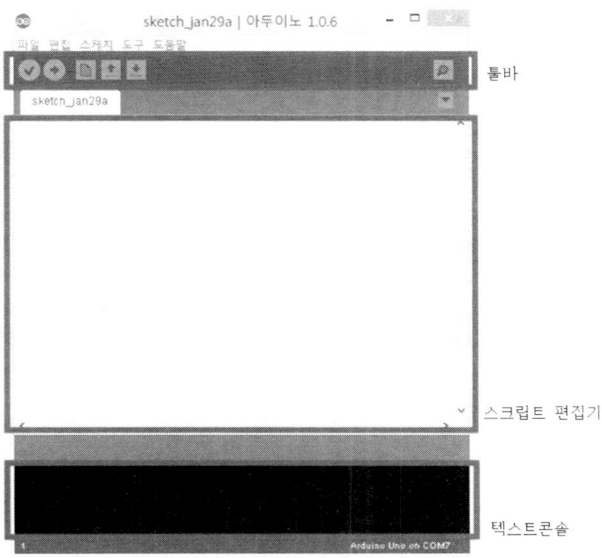

[그림 2-4] 아두이노 IDE 메인 화면

- 툴바(Toolbar) : 자주 쓰이는 몇 개의 메뉴들을 간단한 아이콘과 연결해놓은 곳이다.
- 스크립트(Script) 편집기 : 스케치를 작성할 수 있는 공간이다.
- 텍스트 콘솔(Text Console) : 현재 상태를 텍스트로 확인할 수 있는 칸으로, 진행상황이나 오류메시지, 스케치크기 등을 확인할 수 있다.

확인(Verify)	현재 스케치 윈도우에 작성되어있는 스케치가 문법에 적합한지 확인해주며, 아두이노에 적합한 기계어로 번역해주는 컴파일 역할을 한다.
업로드(Upload)	현재 스케치를 확인 후 아두이노 보드로 업로드시켜준다.
새 파일(New)	현재 스케치를 지우고, 빈 스케치 창을 띄운다. 이전에 저장이 되지 않은 스케치가 있다면, 저장 여부에 관해 물을 것이다.
열기(Open)	이전에 저장시킨 파일이나, 다운로드한 파일, 간단한 예제들을 열 때 사용한다.
저장(Save)	현재 스케치한 파일을 저장시킬 때 사용한다.
시리얼모니터 (Serial Monitor)	시리얼 모니터를 통해 아두이노에 직접 데이터 값을 보내거나, 받을 수 있으며, 보내고 있는 데이터값을 확인할 때 사용한다.

제2절 아두이노 보드 연동

이전 절에서 아두이노 IDE 설치와 그에 대한 환경을 살펴보았다면, 이제 USB 드라이버 설치와 실제 보드와 연동, 간단한 예제까지 살펴보도록 하겠다.

2.1 USB드라이버 설치

1) 먼저, 아두이노 보드와 USB 연결선을 이용해 컴퓨터에 연결해 준다. 정상적으로 연결되었다면, [그림 2-5] (a) 아두이노 Uno의 ON의 LED에 초록색 불이 켜질 것이다.

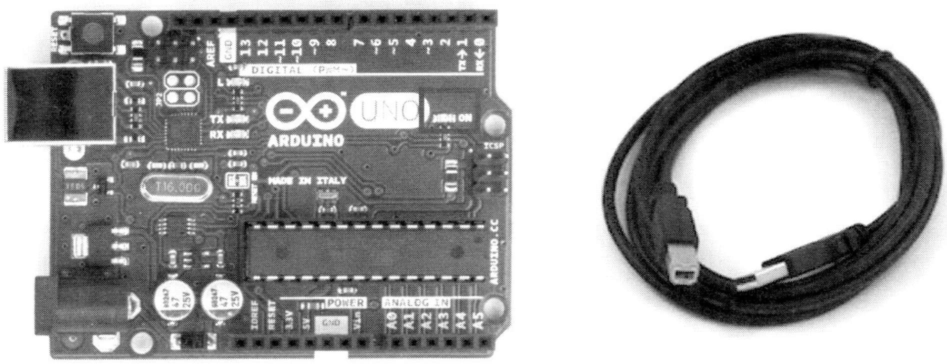

(a) (b)

[그림 2-5] 아두이노 Uno 구성 (a) 아두이노 보드 (b) USB 연결선

2) [제어판] - [시스템 및 보안] - [시스템] - [장치관리자]로 들어가 [포트(COM & LPT)]를 열어준다. 아두이노 IDE 설치과정 중에 USB 드라이버가 정상설치 되었다면, [그림 2-6] (a)와 같이 Arduino Uno(COM 포트번호)를 확인할 수 있으며, 그렇지 않은 경우에는 [그림 2-6] (b)와 같이 알 수 없는 장치가 기타장치에 나타난 것을 볼 수 있다. 정상설치 되었다면, 다음 3)부터 진행되는 USB 드라이버 설치하기 부분은 그냥 넘어가도 좋다.

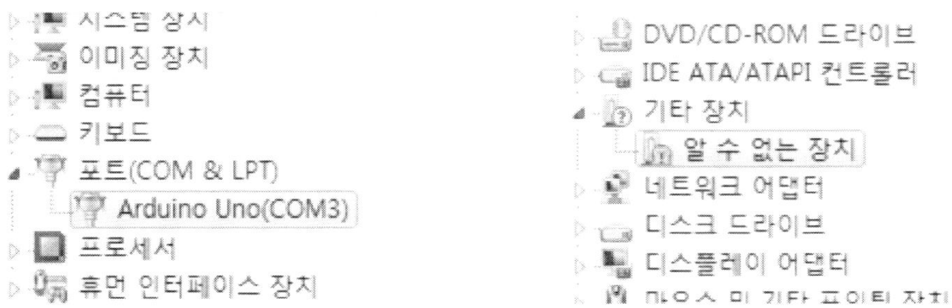

(a) (b)

[그림 2-6] (a) 정상 설치된 USB 드라이버 (b) 비정상 설치된 USB 드라이버

3) 비정상 설치된 경우, USB 드라이버 설치를 위해 [그림 2-7]과 같이, 마우스 오른쪽 버튼을 눌러, '드라이버 소프트웨어 업데이트'를 눌러 준다.

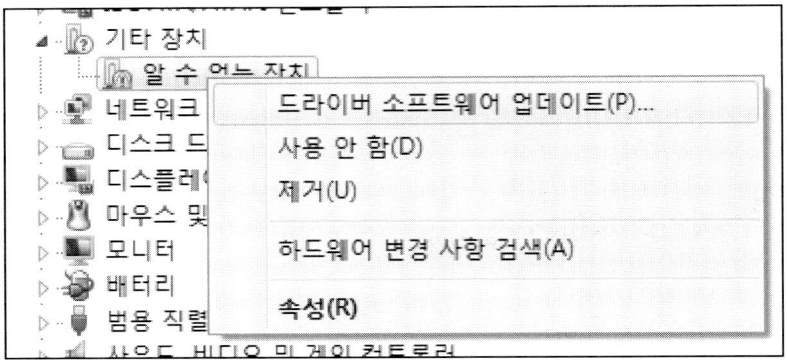

[그림 2-7] 알 수 없는 장치 오른쪽 클릭

4) [그림 2-8]과 같은 창에서 '컴퓨터에서 드라이버 소프트웨어 찾아보기'를 선택한다.

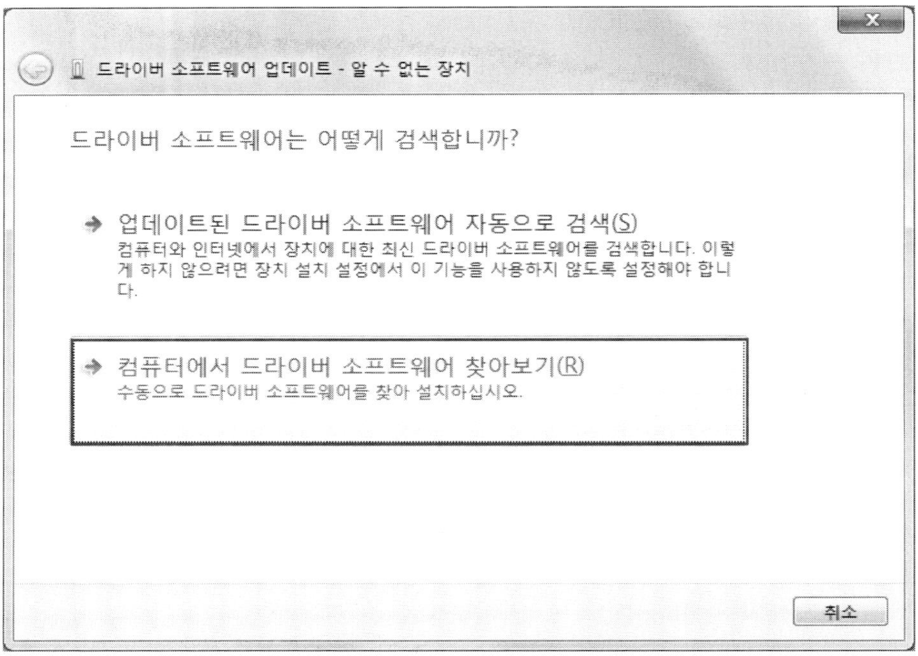

[그림 2-8] 드라이버 소프트웨어 업데이트

5) [그림 2-9]와 같이, 아두이노 IDE를 설치한 Arduino 폴더의 하위폴더인 drivers 폴더로 경로 설정을 해준다.

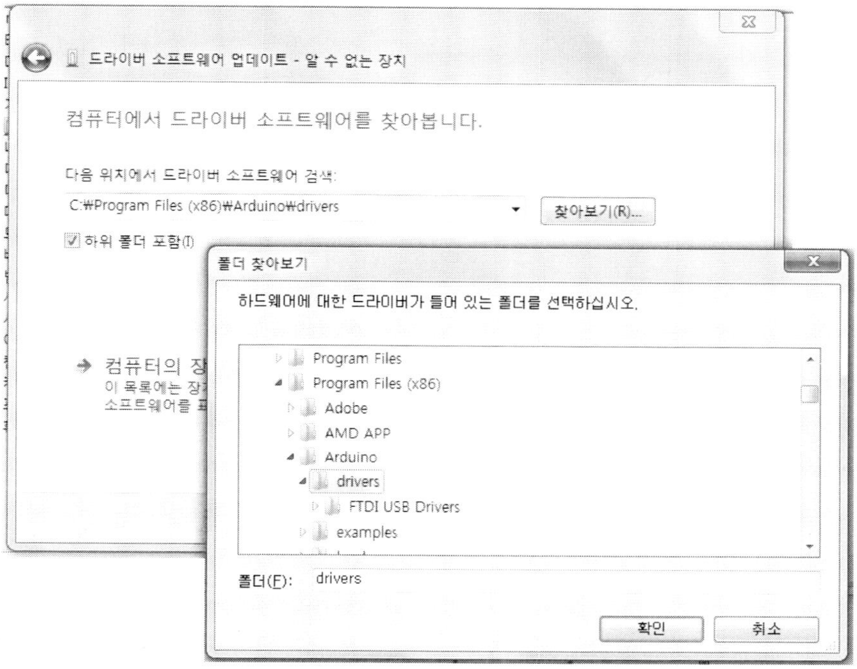

[그림 2-9] 드라이버 소프트웨어 경로설정

6) 설치 중 [그림 2-10]과 같은 보안관련 창이 뜨면 설치를 눌러준다.

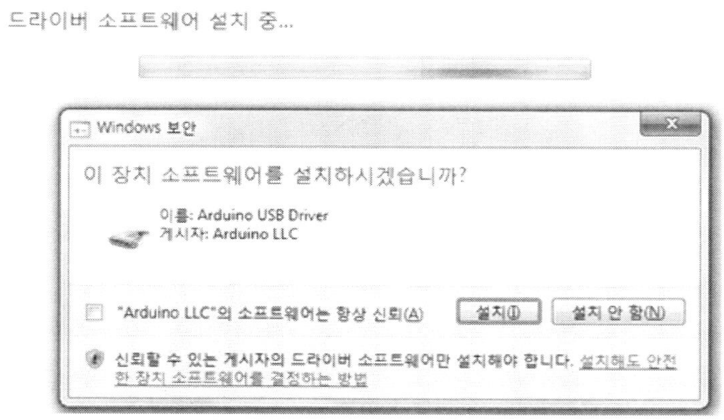

[그림 2-10] Windows 보안관련 창

7) 설치가 완료되었다면, [그림 2-11]과 같은 창을 확인할 수 있을 것이다. COM3은 컴퓨터에서 아두이노 보드로 할당된 포트번호로써, 아두이노 IDE와 연동 시 필요하므로 기억하도록 한다. [그림 2-7] (a)에서도 확인할 수 있다.

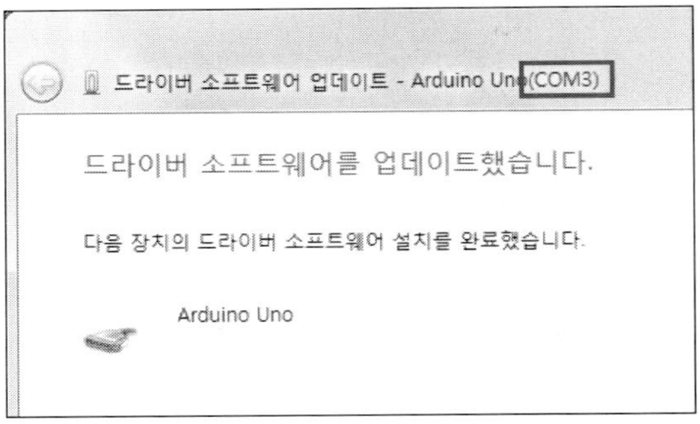

[그림 2-11] 설치완료 창

2.2 스케치 업로드

앞에서 USB 드라이버 설치를 완료 하였으면 이제 사용자 PC와 아두이노 보드를 연동시키면 된다. 여기까지 하였다면 기본적인 실습환경 준비는 되었으며, 아두이노 IDE 개발환경에서 스케치(소스코드)를 작성하여 실제로 업로드 시키는 과정을 알아보자. 스케치 작성은 뒤에 3장에서 자세하게 알아보고 여기서는 기본 예제를 통해 스케치 업로드를 해보는 것에 의미를 둔다.

1) [그림 2-12]와 같이 [도구]-[보드]에서 자신이 선택할 보드를 선택한다. 이 책에서는 아두이노 Uno 보드를 사용하므로 [Arduino Uno]를 선택한다.

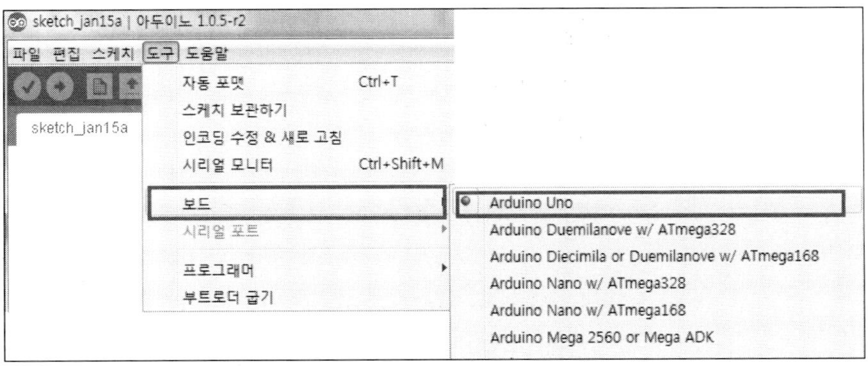

[그림 2-12] [도구]-[보드]-[Arduino Uno]

2) [그림 2-13]과 같이 [도구]-[시리얼 포트]에서 아두이노 보드와 연결된 포트를 선택한다. 이 책에서는 [COM3]을 선택한다.

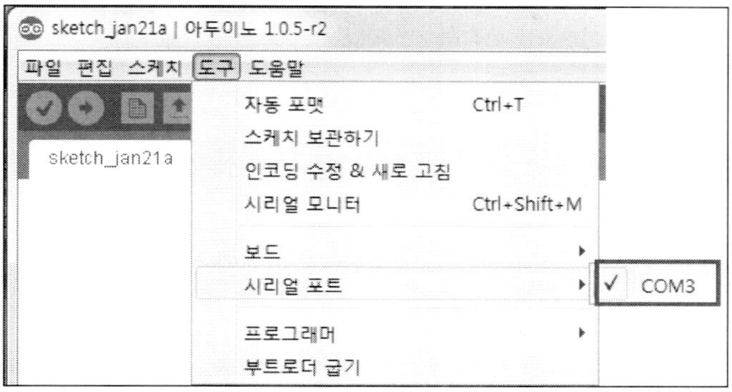

[그림 2-13] [도구]-[시리얼 포트]-[COM3]

3) [그림 2-14]와 같이 [파일]-[예제]-[01.Basics]-[Blink]를 눌러 LED 깜빡임 예제를 불러온다.

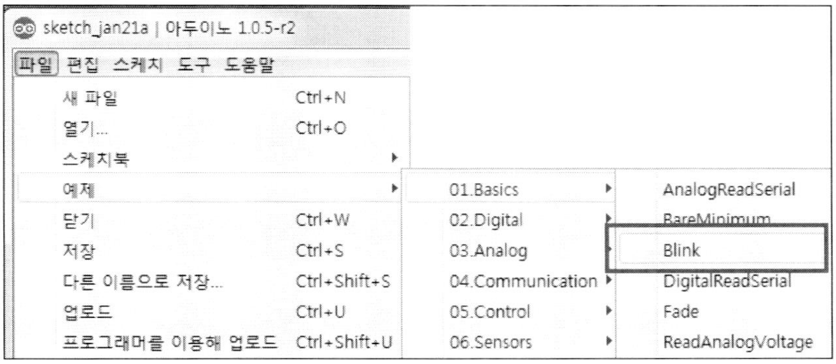

[그림 2-14] [파일]-[예제]-[01.Basics]-[Blink]

4) 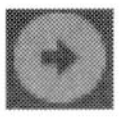 '업로드' 버튼을 눌러 업로드 시킨다. 업로드 시켜주게 되면 [그림 2-15]의 과정을 통해 스케치가 보드로 업로드된다.

(a)

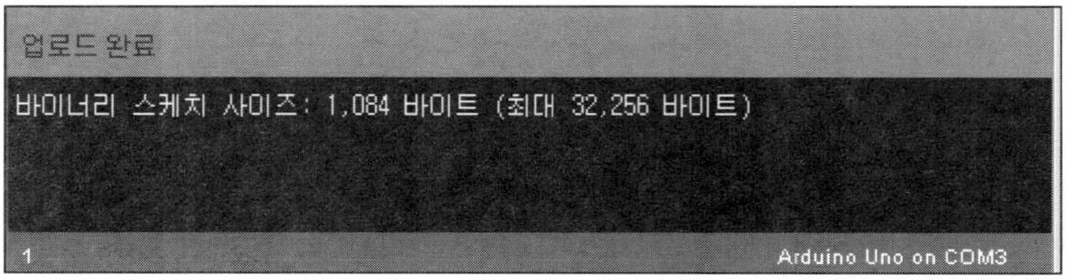

(b)

[그림 2-15] (a) 스케치 컴파일 중인 상태 (b) 업로드가 완료된 상태

5) 업로드를 하게 되면, [그림 2-16]에서의 RX, TX 및 LED의 몇 번의 깜빡임 후에 주기적으로 깜빡이는 주황색 내장 LED를 확인할 수 있다.

[그림 2-16] 아두이노 우노 보드와 내장 LED

PART 02

제3장 아날로그, 디지털 입출력

아두이노에서는 디지털과 아날로그 두 가지 신호를 이용한다. 본 장에서는 내용에 들어가기에 앞서 아날로그와 디지털은 무엇이고, 아두이노 Uno에서는 어떻게 사용되는지 알아보도록 한다.

아날로그 신호는 현실 세계에 나타나는 빛, 소리, 온도 등 연속적으로 변화하는 물리량을 나타내는 신호이다. 아날로그 신호는 세밀한 표현이 가능하다는 장점이 있지만, 신호를 전달할 때 변형되기 쉽다는 단점이 있다. 반면 디지털 신호는 컴퓨터나 휴대 전화 등 대부분의 기계에서 사용되는 신호이다. 특정한 값을 단위로 불연속적, 이산적인 값을 표현한다. 디지털 신호는 아날로그 신호와 반대로 저장과 전달이 쉽다는 장점이 있지만, 현실의 정보를 그대로 표현하기에는 다소 무리가 있다.

아두이노 Uno에는 다른 장치들과 신호를 주고받을 수 있는 여러 핀이 있다. [그림 3-1]과 같이 디지털 입출력을 위한 0번부터 13번까지 14개의 핀, 아날로그 입출력을 위한 A0부터 A5까지 6개의 핀이 있다. 그 중, 0, 1번 핀은 시리얼 통신을 위한 핀이고, ~표시가 되어 있는 3, 5, 6, 9, 10, 11번 핀은 PWM 출력이 가능한 핀이다. 그 밖에도 그라운드로 사용되는 GND 핀, 전원으로 사용되는 VCC 핀 등이 있다.

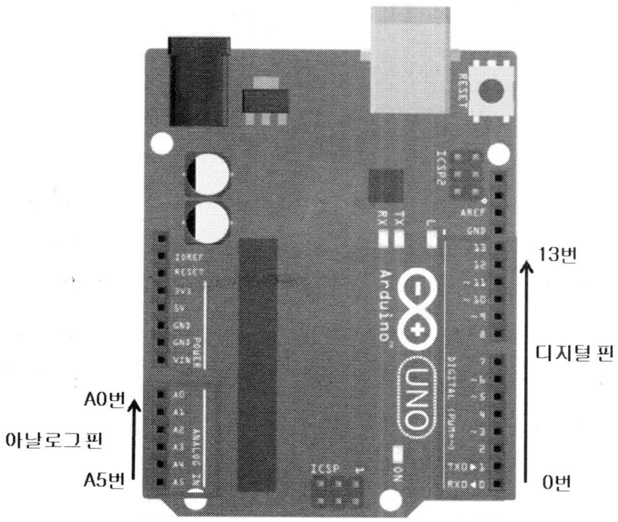

[그림 3-1] 아두이노 핀의 위치

1절에서는 아두이노 보드와 LED를 사용하여 아날로그와 디지털 출력을 실습해 볼 것이다. 이 과정을 통해 아두이노에서 PWM이 어떻게 사용되는지 확인한다. 그리고 2절에서는 시리얼 통신에 대하여 설명한다. 마지막으로 3절에서는 아두이노 보드에 가변저항을 연결하여 아날로그 값을 읽는 실습을 한다.

제1절 아날로그, 디지털 출력

1.1 아날로그, 디지털 출력에 사용되는 함수

본 절에서는 아날로그와 디지털 출력에 대해 알아본 후, LED를 통해 직접 신호를 출력해 볼 것이다. 디지털 출력은 1 또는 0을 출력하며 아날로그 출력은 연속적인 값을 출력한다. [그림 3-2]와 같이 디지털 출력을 할 때는 **digitalWrite()** 함수를, 아날로그 출력은 **analogWrite()** 함수를 사용한다. 함수를 사용할 때 매개 변수에는 **digitalWrite()**의 경우에는 **(Pin number, HIGH or LOW)**, **analogWrite()**의 경우에는 **(Pin number, 0~255**사이의 출력 값**)**을 넣는다.

```
analogWrite(11, 0~255);
digitalWrite(13,HIGH);
digitalWrite(13,LOW);
```

[그림 3-2] 출력 함수 사용 예시

아두이노 Uno는 디지털 신호를 이용하는 장치이지만 소리의 볼륨, LED의 밝기 등과 같이 아날로그 신호를 필요로 할 때가 있다. 이 때, 아날로그 신호를 인코딩하여 디지털화하는 PWM(Pulse Width Modulation) 기법을 이용한다. PWM은 디지털 장치에서 아날로그 값을 표현하고자 할 때 널리 사용되는 기법이다. PWM은 펄스 폭 변조라고도 불리며, [그림 3-3]은 PWM을 설명한 그림이다. PWM은 일정한 PWM 주기 안에서 펄스 폭의 크기를 0~100%로 조절하여 신호의 세기를 결정한다.

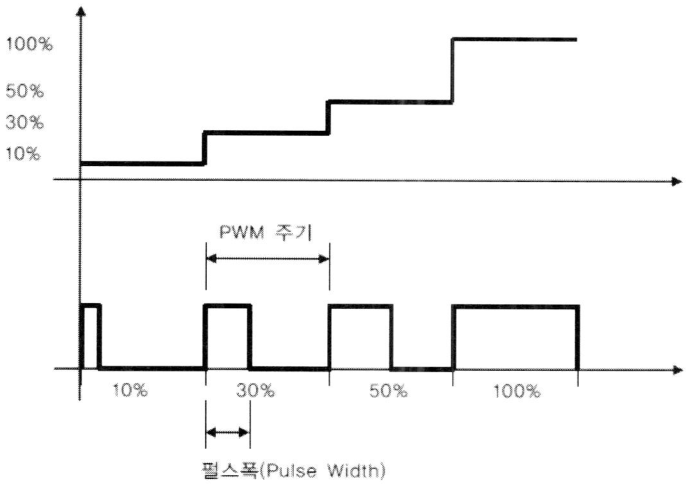

[그림 3-3] PWM의 변조 방식

1.2 실습

본 실습에서는 LED를 사용해 아날로그, 디지털 신호를 출력한다. PWM기법을 사용하여 아날로그 값을 출력할 수 있으며, PWM기법은 아두이노의 **analogWrite()** 함수를 통해 구현할 수 있다. 디지털 신호를 출력할 때는 **digitalWrite()** 함수를 사용한다. 함수의 사용법은 아래와 같다.

```
void setup() {
   pinMode(11, OUTPUT);
   pinMode(13, OUTPUT);
}

void loop() {
  for(int i=0; i<256 ;i++){
   analogWrite(11, i);          // 0부터 255까지 밝기가 변화한다.
   digitalWrite(13, i%2);       // 점멸을 반복한다.
   delay(100);
  }
}
```

- Line 01~04 : 11번 핀과 13번 핀을 출력 핀으로 설정한다. 11번 핀은 PWM을 지원하는 핀으로 아날로그 신호를 출력할 것이고 13번 핀은 디지털 신호를 출력할 것이다.
- Line 06~12 : 11번 핀에는 **analogWrite** 함수를 사용하여 0부터 255까지의 값을 증가시키며 출력한다. 1ms마다 값이 1씩 증가하고 값이 증가함에 따라 11번 핀에 연결되어 있는 LED의 밝기가 증가할 것이다.

13번 핀에는 **digitalWrite** 값을 사용하여 **i%2** 값을 출력한다. % 연산자는 나눗셈을 한 나머지 값을 나타내는 것이다. 연산 결과로 0과 1을 반복하는 값이 출력될 것이며 1은 **HIGH**, 0은 **LOW**를 나타낸다. 그 결과 13번 핀에 연결되어 있는 LED가 1ms마다 켜지고 꺼지는 것을 반복한다.

제2절 시리얼 통신

아두이노는 컴퓨터와 같은 다른 장치와 시리얼 통신을 할 수 있다. 아두이노 Uno에서 0번 핀과 1번 핀에 각각 RX, TX라고 표시되어 있는 것을 볼 수 있다. 시리얼 통신을 할 때, 0번 핀 RX는 수신, 1번 핀 TX는 송신에 이용한다. 시리얼 통신에는 주로 시리얼 라이브러리가 사용되며, 값의 확인은 시리얼 모니터를 통해 할 수 있다.

2.1 시리얼 함수

1) 송신 함수

아두이노에서 데이터를 송신할 때는 주로 `Serial.print()`, `Serial.println()`, `Serial.write()` 함수를 사용한다. `Serial.println()` 함수는 `Serial.print()`와 같으나, 출력 마지막에 새로운 줄을 추가하는 문자인 `\n` 들어간다는 점이 다르다. [표 3-1]은 송신 함수의 문법과 매개 변수에 대한 설명을 정리해놓은 표이다. 모든 함수의 반환 값은 표현하는 데이터의 바이트 수이다.

[표 3-1] 송신 함수의 문법과 매개 변수

함수명	문법	매개 변수
Serial.print()	Serial.print(val) Serial.print(val, format)	val : 전송할 값 format : 표현할 형식 (BIN, OCT, DEC, HEX, 소수점 자리 수)
Serial.println()	Serial.println(val) Serial.println(val, format)	Serial.print()와 동일
Serial.write()	Serial.write(val) Serial.write(str) Serial.write(buf, len)	val : 전송할 값 str : 전송할 문자열 형식의 데이터 buf : 전송할 배열 형식의 데이터 len : 전송할 바이트 수

2) 수신 함수

시리얼 통신을 통해 데이터를 수신할 때는 Serial.read(), Serial.peek() 등의 함수를 주로 사용한다. Serial.read() 함수는 수신한 데이터에서 한 바이트를 반환한다. 한 바이트를 반환한 후 그 값을 삭제하여 다음 데이터를 받도록 한다. Serial.peek() 함수도 수신한 데이터에서 한 바이트를 반환하지만, Serial.read() 함수와는 다르게 반환한 값을 삭제하지 않는다. 두 함수 모두 시리얼 통신을 통해 수신한 데이터가 없을 경우엔 -1을 반환한다.

2.2 실습

1) 송신 함수

1.1에서 학습한 Serial 라이브러리의 함수 중 송신 함수를 사용하는 실습이다. Serial.print() 함수는 Serial.println()와 사용법이 같기 때문에, 주로 Serial.println() 함수를 사용하였다.

```
void setup(){
  Serial.begin(9600);
}

int test = 65;

void loop(){
```

```
08      Serial.println(test);
09      Serial.println(test, BIN);
10      Serial.println(test, OCT);
11      Serial.println(test, DEC);
12      Serial.println(test, HEX);
13      Serial.println(1.12345, 3);
14
15      Serial.write(65);
16      Serial.print('\n');
17      int returnBytes = Serial.write("Hello");
18      Serial.print('\n');
19      Serial.println(returnBytes);
20
21      delay(10000);
22      }
23
```

- Line 01~03 : 시리얼 통신을 사용하기 위해 전송 속도를 설정하는 함수이다. 단위는 bps로 최소 300, 최대 115200까지 설정 가능하다. 이번 실습에서는 전송속도를 9600으로 설정한다.
- Line 08~12 : **Serial.println()** 함수에서 **test**라는 정수형 변수를 표현 형식만 달리하여 출력한 것이다. 아무 표현 형식도 입력하지 않았을 때는 10진수 형식으로 출력되고, 표현 형식을 **BIN**, **OCT**, **DEC**, **HEX**로 설정했을 때는 각각 2진수, 8진수 10진수, 16진수 형식으로 **test** 변수의 값 **65**가 출력된 것을 볼 수 있다.
- Line 13 : 소수점 이하로 3개의 숫자를 표현한 함수이다. 1.12345라는 데이터를 입력했지만 3을 두 번째 매개 변수로 입력했기 때문에 1.123까지만 출력된 것을 볼 수 있다.
- Line 15~19 : **Serial.write()** 함수를 사용하여 출력하는 부분이다. **Serial.write()** 함수는 한 바이트 단위로 출력하기 때문에 65라는 숫자는 ASCII 코드에 따라 A로 출력된다. **returnBytes**라는 정수형 변수에 **Serial.write("Hello")**의 반환 값을 대입했다. 그 결과 문자열 Hello의 바이트 수인 5가 저장된 것을 확인할 수 있다. **\n** 과 같은 문자는 Escape sequence라고 불리며 특수한 기능을 하는 문자이다. Escape sequence는 앞에 \ 기호를 붙여 사용하며 [표 3-2]와 같이 다양한 종류가 있다.

[표 3-2] Escape sequence

사용법	명칭	표현
\n	줄 바꿈(New line)	다음 줄로 넘어감
\t	탭(tab)	탭 삽입
\b	백 스페이스(Back space)	한 칸 뒤로
\’	작은 따옴표	’
\”	큰 따옴표	”
\\	역 슬래시	\

[그림 3-4]는 시리얼 모니터의 출력 화면이다. 위에서 업로드한 소스 코드의 실행 결과를 확인할 수 있다. 제목 표시줄에는 컴퓨터와 연결되어 있는 USB 포트의 번호인 COM7이 표시되어 있다. 오른쪽 아래의 스크롤 버튼에서 시리얼 통신 속도를 소스 코드에서 설정한 값과 같도록 설정해야 한다.

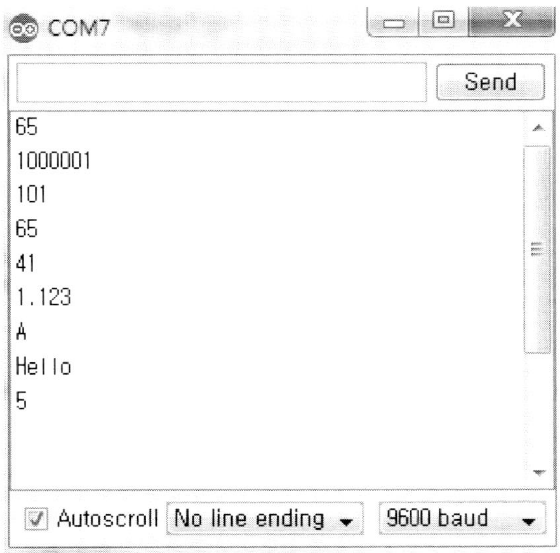

[그림 3-4] 시리얼 모니터 출력 화면

2) 수신 함수

시리얼 통신에서 값을 수신하는 함수인 `Serial.read()` 함수를 사용하는 실습이다.

```
01    void setup() {
02      Serial.begin(9600);
03    }
04
05    void loop() {
06      int incomingByte = Serial.read();
07
08      Serial.print("Arduino received: ");
09      Serial.println(incomingByte, DEC);
10
11      delay(3000);
12    }
```

- Line 01~03 : 시리얼 통신을 사용하기 위해 전송 속도를 설정하는 함수이다.
- Line 06 : **Serial.read()** 함수를 통해 수신한 값을 정수형 변수 **incomingByte**에 대입한다.
- Line 09 : **incomingByte**에 저장되어 있는 값을 10진수 형태로 출력한다.

[그림 3-5]는 시리얼 모니터에서 ABC를 전송한 후 출력된 화면이다. 우선 전송하기 전에는 반환할 값이 없으므로 −1을 출력한다. ABC가 입력되면 차례대로 A, B, C에 해당하는 ASCII 코드 값을 10진수 형태로 출력한다. **Serial.read()** 함수는 반환한 값을 지우고 다음 값을 받기 때문에 수신한 값이 모두 반환한 후에는 반환할 값이 없으므로 다시 −1이 출력된다.

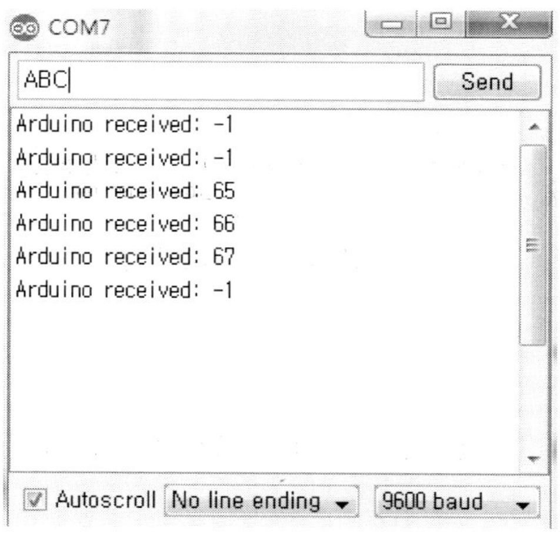

[그림 3-5] 시리얼 모니터 출력 화면

제3절 아날로그, 디지털 입력

3.1 아날로그, 디지털 입력에 사용되는 함수

아날로그, 디지털 출력에 사용되는 함수는 각각 analogRead(), digitalRead()이다. analogRead()는 아날로그 핀을 통해 아날로그 값을 읽어들이는 함수이다. 아두이노 Uno에는 6개의 아날로그 핀 A0~A5 핀이 있으며, 10bit 성능의 아날로그 디지털 변환기(Analog-to-Digital Converter)를 가지고 있다. 이 변환기를 사용하여 analogRead() 함수는 0~5V 사이의 값을 정수 값 0~1023으로 변환한다. 아두이노 Uno는 10bit 아날로그 디지털 변환기를 가지고 있고 2진수 10자리는 1024이기 때문에 0~1023의 값을 반환하는 것이다. 반환되는 정수의 단위인 1은 5V/1024인 4.9mV를 나타내며 한 값을 입력 받기 위해 100ms가 걸린다. 함수의 사용은 [그림 3-6]과 같이 한다. analogPin에서 입력 받은 아날로그 값을 analogRead() 함수가 정수 값으로 읽어들이고 value라는 정수형 변수에 반환한다.

```
int value = analogRead(analogPin);
```

[그림 3-6] analogRead() 함수의 사용 예시

디지털 값을 읽어들이는 함수는 digitalRead() 함수이다. 핀의 값을 HIGH 또는 LOW로 읽어들인다. analogRead() 함수와 사용법은 똑같으며, HIGH일 경우 1을, LOW일 경우 0을 반환한다.

3.2 실습

아날로그 값의 입력은 가변저항을 사용하며, 디지털 값의 입력은 스위치를 사용한다. 디지털 값의 입력 실습의 소스코드는 다음과 같다.

```
int buttonPin = 2;
int ledPin =  13;

int buttonState = 0;

void setup() {
  pinMode(ledPin, OUTPUT);
```

```
08      pinMode(buttonPin, INPUT);
09    }
10
11    void loop(){
12      buttonState = digitalRead(buttonPin);
13
14      if (buttonState == HIGH) {
15        digitalWrite(ledPin, HIGH);
16      }
17      else {
18        digitalWrite(ledPin, LOW);
19      }
20    }
```

- Line 01~02 : 버튼과 LED를 연결한 핀의 번호를 설정한다.
- Line 04 : 버튼이 눌렸는지에 대한 정보를 저장할 변수를 선언한다.
- Line 07~08 : **LED** 핀은 출력, 버튼 핀은 입력 용도로 설정한다.
- Line 12 : **digitalRead()** 함수를 사용하여 버튼의 상태를 **buttonState**에 저장한다.
- Line 14~19 : 버튼의 상태가 **HIGH**이면 LED를 켜고, 아니면 LED를 끈다.

사용한 스위치는 P2285-PS-A17이다. 제조사는 BBJ이며 누른 상태일 때 ON, 미작동시에는 OFF 상태를 유지한다. 내부 회로도는 [그림 3-7](b)와 같으며, 1, 2번 핀 혹은 4, 5번 핀에 연결하여 사용하면 된다.

(a) (b)

[그림 3-7] 스위치 (a) 실제 모습 (b) 회로도

두 번째 실습은 가변저항을 이용하여 아날로그 값을 입력하는 것이다. 아두이노 Uno와 가변저항의 연결은 [그림 3-8]과 같이 한다. 가변저항의 1, 3번 핀은 각각 5V, GND 핀에 연결하며, 2번 핀은 아두이노 보드의 입력 핀과 연결한다.

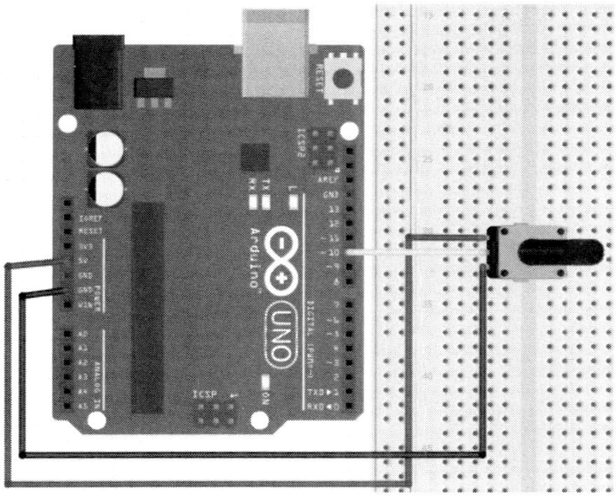

[그림 3-8] 아두이노 보드와 가변저항의 연결

```
01    int Potentiometer = 10;
02    int value = 0;
03    void setup()
04    {
05      pinMode(Potentiometer, INPUT);
06      Serial.begin(9600);
07    }
08
09    void loop()
10    {
11      value = analogRead(Potentiometer);
12      Serial.println(value);
13      delay(100);
14    }
```

- Line 01 : 가변저항을 연결한 핀의 번호를 설정한다. PWM을 지원하는 핀으로 설정한다.
- Line 05~05 : **Potentiometer**을 연결한 핀을 입력으로 설정하며, 시리얼 통신을 시작한다.
- Line 11 : 가변저항의 전압 값을 읽어 **value**라는 값에 저장한다.
- Line 12 : **value**에 저장되어 있는 값을 시리얼 모니터로 출력한다.

제4장 센 서

최근 IoT(Internet of Things)에서 가장 중요하게 부각되는 기술은 센서기술이다. 센서는 물리적 신호를 전기적 신호로 변환하여 전자기기에서 처리할 수 있도록 구성된 소자로써, 아날로그 형태의 입출력 동작을 수행한다. 아두이노 보드는 센서 대부분을 지원할 수 있도록 설계되어 있다. 본 장에서는 대표적 센서들의 물리적 특성 및 아두이노 보드와의 연결 과정을 다루게 될 것이다. 여기서 센서들의 물리적 변화 값은 아두이노 보드의 아날로그 입력 형태로 시리얼 모니터 또는 LED의 밝기를 통하여 표시되게 된다. 우리는 손쉽게 사용할 수 있는 조도 센서, 거리 센서, 온도 센서, 압력 센서, 기울기 센서, 로드셀에 대해 간단하게 다룰 것이다.

제1절 조도 센서

1.1 기술 특성

조도 센서는 빛의 양을 측정하는 센서이며 조도 센서의 종류로는 CdS Cell, Photo Diode, Photo Transistor 등이 있다. CdS Cell은 광도전 효과(Photoconductive Effect)를 이용한 조도 센서이고 Photo Diode와 Photo Transistor는 광기전력 효과(Photovoltaic Effect)를 이용한 조도 센서이다. Photo Transistor가 Photo Diode와 다른 점은 Photo Transistor는 Transistor에 의한 증폭 작용을 한다는 것이다. 그리고 CdS Cell은 Photo Diode나 Photo Transistor에 비하여 특성이 정밀하지 않은 단점이 있으나 가격이 낮은 편이고 크기가 작은 장점이 있다. CdS Cell이 정상적으로 동작하기 위한 허용 온도 범위가 -30℃에서 70℃까지 이므로 이용자들은 상온에서도 문제없이 CdS Cell을 사용할 수 있다. 이러한 이유 때문에 조도 센서 중에서 CdS Cell이 가장 보편적으로 사용된다.

CdS Cell은 황화 카드뮴을 주성분으로 한 소자로써 빛의 양이 적으면 CdS Cell의 저항값이 커지게 되고 빛의 양이 많으면 저항 값이 작아지는 특성이 있다. 또한 CdS Cell은 30ms의 느린 반응 시간 때문에 즉각적인 반응을 필요로 하는 경우에는 부적합하다. 그리고 [그림 4-1]은 CdS Cell 중에서 가장 많이 사용되고 있는 GL5537의 실제 모습과 이를 치수로 나타낸 도면이며 치수 도면의 길이 단위는 모두 밀리미터(Millimeter)이다.

(a)

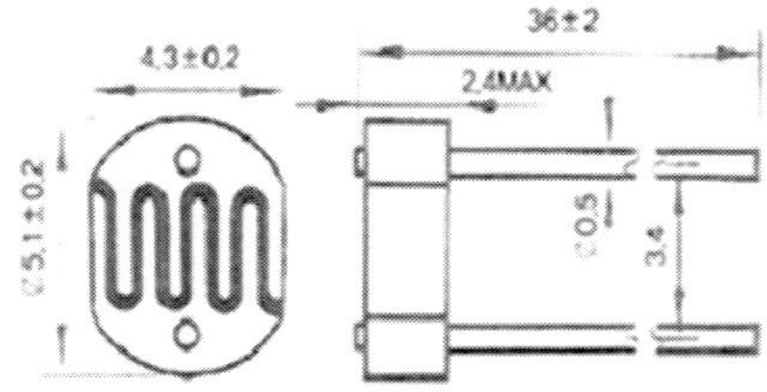

(b)

[그림 4-1] GL5537 (a) 실제 모습 (b) 치수 도면

[표 4-1]을 통해서 GL5537의 구체적인 특성을 알 수 있으며 [그림 4-2]는 GL5537의 조명에 따른 저항의 특성 곡선이다. 곡선들 중에서 제일 아래에 있는 굵은 선이 GL5537의 특성 곡선이며 가로의 조명 축과 세로의 저항 축은 모두 로그 스케일(Scale)이다. CdS Cell에 10Lux의 빛이 들어온다면 CdS Cell의 저항은 20kΩ이 되고 0Lux의 빛이 들어온다면 CdS Cell의 저항은 2MΩ이 된다.

[표 4-1] GL5537의 제품 규격

모델명	최대허용전압 (Vdc)	정격출력 (mW)	빛 저항 (kΩ)		어두운 저항 (MΩ)	응답시간 (ms)	
			10Lux	100Lux	0Lux	증가	감소
GL5537	150	100	20~50	4~10	2.0	20	30

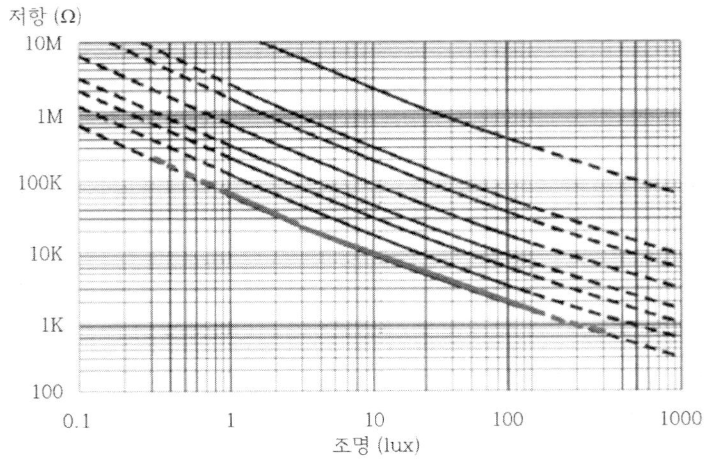

[그림 4-2] GL5537의 특성 곡선

1.2 실습 준비

조도 센서 실습을 위하여 [그림 4-3]과 같이 아두이노 Uno, 브레드 보드, 아두이노 USB 연결 케이블, 점프선, 조도 센서 GL5537, LED, 500kΩ 저항, 1kΩ 저항을 준비한다.

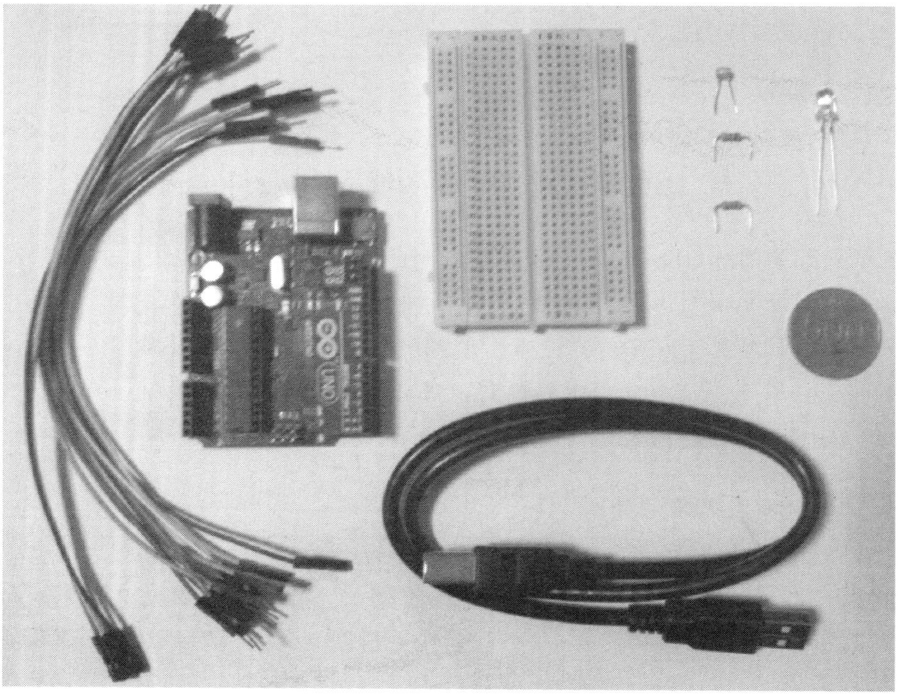

[그림 4-3] 조도 센서 실습 준비물

1.3 실습

일상 생활에서 우리는 어두울 때 밝은 빛의 조명을 필요로 한다. 그러나 밝을 때에도 필요 이상으로 밝은 빛의 조명이 사용된다면 에너지가 비효율적으로 낭비된다. 이 절에서는 CdS Cell을 이용하여 밝은 때는 자동으로 LED가 어두워지고 어두울 때는 자동으로 LED가 밝아지는 예제를 실습할 것이다. [그림 4-4]는 이 절에서 실습할 예제의 실제 회로이고, [그림 4-5]는 이해를 돕기 위해서 만든 실제 회로의 간단한 등가회로이다. 우리는 100Lux의 빛이 들어올 때와 0Lux의 빛이 들어올 때 [그림 4-4]의 회로가 각각 어떻게 동작하는지 소스코드를 통해 분석할 것이다.

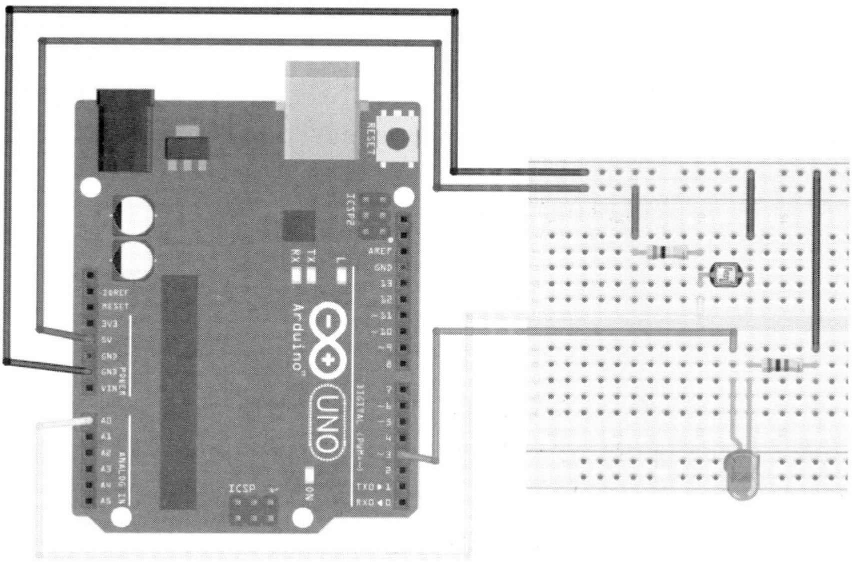

[그림 4-4] 조도 센서 실습 회로

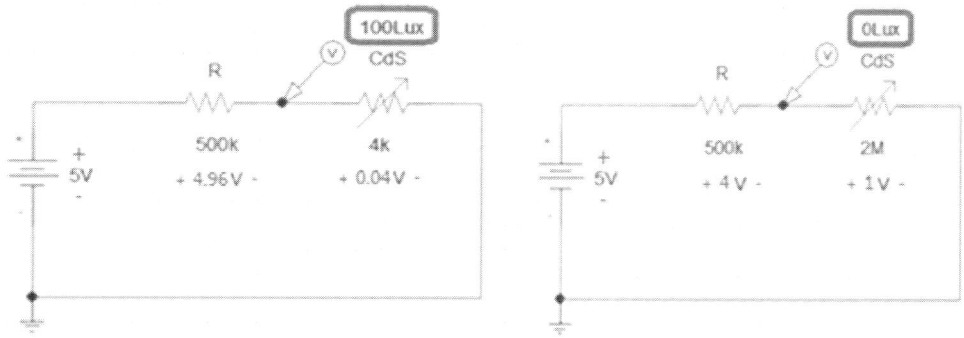

(a) (b)

[그림 4-5] 조도 센서 실습의 등가회로 (a) 100Lux일 때의 회로도 (b) 0Lux일 때의 회로도

```
int LED = 3;

void setup(){
        pinMode(LED, OUTPUT);
}
```

```
06
07      void loop(){
08              int value = analogRead(A0);
09              int mappedval = map(value, 0, 1023, 0, 255);
10
11              analogWrite(LED, mappedval);
12
13              delay(500);
14      }
```

- Line 01 : 디지털 3번 핀(PWM)을 LED의 밝기를 조절할 핀으로 선언하였다.
- Line 04 : LED의 밝기를 조절하는 핀을 출력 핀으로 설정하였다. 만약 100Lux의 밝은 빛이 조도 센서에 들어온다면 CdS Cell의 저항은 4kΩ이 된다.
- Line 08 : 100Lux의 밝은 빛이 들어왔을 때 아날로그 0번 핀에는 0.04V(=5V*4k/504k)의 전압이 입력으로 들어오게 된다. 왜냐하면 5V의 아두이노 보드 전압이 500kΩ과 4kΩ의 저항에 각각 4.96V와 0.04V로 걸리게 되기 때문이다. 아날로그 0번 핀에서 0.04V의 전압이 들어오게 되고 정수 타입의 변수 **value**에는 8(=1023*0.04/5)이라는 값이 들어간다.
- Line 09 : 0~1023의 범위를 가지는 **value**을 0~255의 범위를 가지는 **mappedval**로 매칭하기 위해 **map()** 함수를 사용하였다. **map()** 함수를 사용하여 우리는 아날로그 입력인 8의 **value**을 디지털 출력으로 사용될 2(=255*8/1023)의 **mappedval**로 바꾸었다.
- Line 11 : 아두이노 보드는 **mappedval**의 정수 값인 2를 디지털 3번 핀으로 내보낸다. 따라서 LED는 0~255의 밝기 중에서 2의 밝기로 빛나게 된다. 정수 타입의 변수 **mappedval**의 값이 높을수록 LED는 밝아지게 된다.

만약 0Lux의 어두운 빛이 CdS Cell에 들어온다면 CdS Cell의 저항은 2MΩ이 된다. 아날로그 0번 핀에는 4V(=5V*2M/2.5M)의 전압이 입력으로 들어오게 된다. 위에서와 같이 정수 타입 변수 **value**에는 818(=1023*4/5)라는 값이 들어간다. **mappedval**에는 204(=255*818.4/1023)라는 값이 적용되고 LED는 0~255의 밝기 중에서 204의 밝기로 빛나게 된다. [표 4-2]는 100Lux의 빛이 들어올 때와 0Lux의 빛이 들어올 때의 아날로그 입력 값과 디지털 출력 값을 표로 나타낸 것이고 [그림 4-6]은 조도 센서 실습의 결과를 사진으로 나타낸 것이다.

[표 4-2] 조도에 따른 입출력 값

	아날로그 입력 값 (0~1023)	디지털 출력 값 (0~255)
100Lux	8	2
0Lux	818	204

[그림 4-6] 조도 센서 실습 결과

제2절 거리 센서

거리 센서는 주변 물체와 센서 사이의 거리를 측정하는 센서이며 거리 센서의 종류로는 초음파 거리 센서와 적외선 거리 센서 등이 있다. 초음파 거리 센서와 적외선 거리 센서는 용도에 따라 서로 다른 분야에서 많이 쓰이기 때문에 해당 절에서 우리는 초음파 거리 센서와 적외선 거리 센서 모두를 다룰 것이다. 초음파 거리 센서는 음파를 사용하기 때문에 빛의 간섭에 자유롭고 적외선 거리 센서에 비해서 정확한 거리 측정이 가능하다. 따라서 초음파 거리 센서는 조명이 강하여 빛의 간섭이 심하지만 소음이 없는 조용한 곳에 비교적 적합하다. 그러나 여러 개의 초음파 거리 센서를 동시에 사용하는 경우에는 다른 초음파의 간섭으로 인해 정확한 거리 측정이 용이하지 않은 단점이 있다. 적외선 거리 센서는 적외선을 사용하기 때문에 소리의 간섭에 자유롭지만 사물 표면의 적외선 반사 정도에 따라 오차가 많이 생길 수 있다. 따라서 적외선 거리 센서는 소리와는 상관없이 빛의 간섭이 심하지 않은 환경에 적합하다.

2.1 기술 특성

1) 초음파 거리 센서

초음파 거리 센서는 초음파를 이용하여 거리를 측정하는 센서이다. 초음파는 주파수가 가청주파수대역보다 커서 인간의 청각으로는 들을 수 없는 음파이다. 가청주파수는 16Hz에서 20,000Hz 사이의 주파수이며 우리는 20,000Hz 이상의 주파수를 가지는 음파를 초음파라고 정의한다. 초음파는 파장이 짧아서 직진하려는 성질이 강하고 공기 중에서 340m/s의 일정한 속도를 가진다. 또한 초음파는 기체, 액체, 고체에서 모두 이용 가능하다.

초음파 거리 센서의 종류로는 HC-SR04, NT-TS601, DYP-ME009, SRF-02 등이 있이 있으며 이 초음파 거리 센서들의 성능이나 최대 측정 거리는 유사하다. 우리는 초음파 거리 센서 중 가격이 가장 저렴한 [그림 4-7]의 HC-SR04에 대해서 알아볼 것이다.

(a) (b)

[그림 4-7] HC-SR04의 실제 모습 (a) 전면 (b) 후면

HC-SR04는 총 4개의 핀으로 이루어져 있으며 VCC 핀, TRIG 핀, ECHO 핀, GND 핀으로 구성되어 있다. VCC 핀과 GND 핀은 HC-SR04의 동작 전원 핀으로 VCC 핀에는 5V의 DC 전압을 인가하고 GND 핀에는 그라운드(Ground)를 주면 된다. HC-SR04의 기본적인 동작 원리에 대해 설명하기에 앞서 [그림 4-8]을 참조하여 10us의 펄스 파형을 HC-SR04의 TRIG 핀에 인가하였을 때의 신호와 그로 인해서 발생한 송신부의 초음파 신호와 물체에 부딪혀서 반사되어 되돌아온 수신부의 초음파 신호를 비교하여 보도록 한다.

TRIG 핀을 통해 10us의 펄스 파형을 인가하면 [그림 4-8]와 같이 HC-SR04 외부의 초음파 송신부는 40kHz 펄스를 갖는 초음파 8개를 연속으로 내보낸다. 일정 시간이 지나면 물체에 부딪혀서 반사되어 되돌아온 초음파가 HC-SR04 외부의 수신 센서로 들어오고

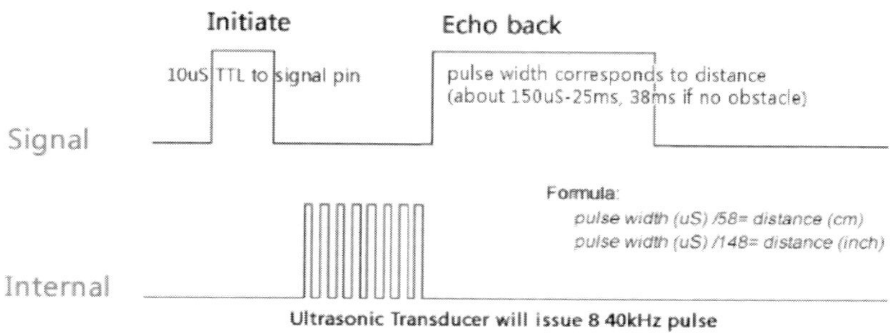

[그림 4-8] HC-SR04의 신호 파형

초음파가 되돌아온 시간과 초음파의 속도를 곱하여 물체와 초음파 센서가 떨어진 거리를 계산할 수 있다.

[표 4-3] HC-SR04의 제품 규격

모델명	동작 전압 (Vdc)	대기 상태에서의 전류 (mA)	유효 측정 각도 (°)	유효 측정 거리 (cm)	측정 해상도 (mm)	무게 (g)	크기 (mm^3)
HC-SR04	5	2 이하	15 이하	2~500	3	15	20×43×15

HC-SR04는 2cm에서 500cm까지의 거리를 측정할 수 있으며 [표 4-3]을 통해 자세한 제품 규격을 확인할 수 있다. [그림 4-9]는 HC-SR04를 치수로 나타낸 도면과 HC-SR04의 유효 측정 각도를 나타낸 그림이다.

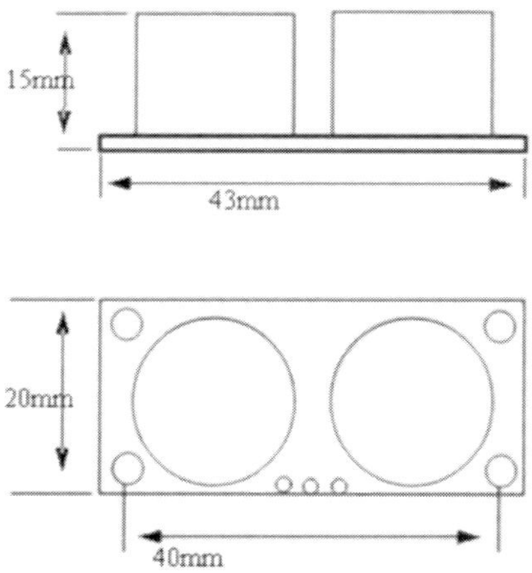

(a)

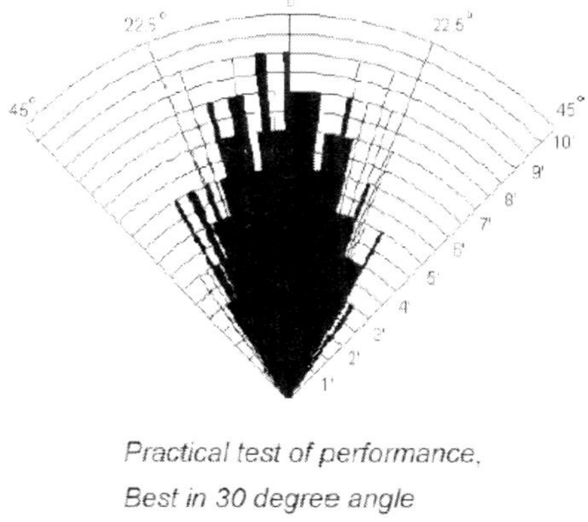

(b)

[그림 4-9] HC-SR04 (a) 치수 도면 (b) 유효 측정 각도

2) 적외선 거리 센서

적외선 거리 센서는 적외선을 이용하여 거리를 측정한다. 적외선은 0.78μm에서 1,000μm 사이의 파장을 가지며 1kHz에서 1,000kHz 사이의 낮은 주파수를 가지므로 회절의 성질이 강하다. 적외선 거리 센서는 전기적 신호를 빛 신호로 바꾸어 내보내고 빛 신호인 적외선이 물체에 반사되어 되돌아오면 되돌아온 빛의 양을 통해 거리를 측정한다. 하지만 물체마다 사물 표면의 적외선 반사 정도가 다르기 때문에 약간의 오차가 생길 수 있다는 단점이 있다.

적외선 거리 센서의 종류로는 2Y0A21, GP2D12, 0A51SK 등이 있다. 우리는 적외선 거리 센서 중에서 [그림 4-10]의 2Y0A21에 대해서 알아볼 것이다. [그림 4-10]에 있는 치수를 측정한 도면의 길이 단위는 모두 밀리미터이다.

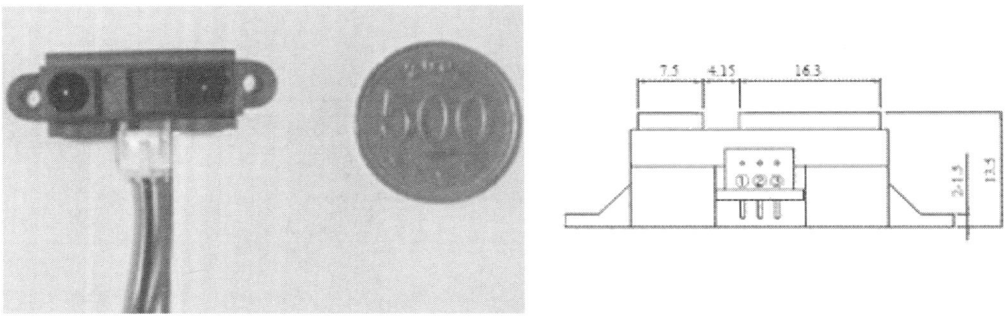

(a) (b)

[그림 4-10] 2Y0A21 (a) 실제 모습 (b) 치수 도면

2Y0A21은 총 3개의 선으로 이루어져 있으며 빨간색의 VCC 핀, 검정색의 GND 핀, 노란색의 Output Signal 핀으로 구성되어 있다. 적외선 거리 센서의 송신부에서는 VCC 핀과 GND 핀을 통해 전기적 신호를 빛 신호로 바꾸어 적외선을 내보낸다. 수신 센서에서는 반사되어 되돌아온 적외선을 받아 빛 신호를 전기적 신호로 변환하고 전기적 신호의 전압 값을 Output Signal 핀으로 내보낸다. 물체와 센서 사이의 거리가 가까울수록 적외선이 많이 반사되어 되돌아오므로 수신 센서에서는 더 많은 전류가 흐르게 되고 Output Signal 핀으로 보내지는 전압 값이 높아진다. 따라서 [그림 4-11]과 같이 우리는 Output Signal 핀으로 내보내진 전압 값을 통해서 전압 값이 높으면 측정하려는 물체와의 거리가 가깝고 전압 값이 낮으면 측정하려는 물체와의 거리가 멀다는 것을 알 수 있다. 2Y0A21은 10cm에서 80cm까지의 거리를 측정할 수 있으며 [표 4-4]를 통해 제품 규격을 확인할 수 있다.

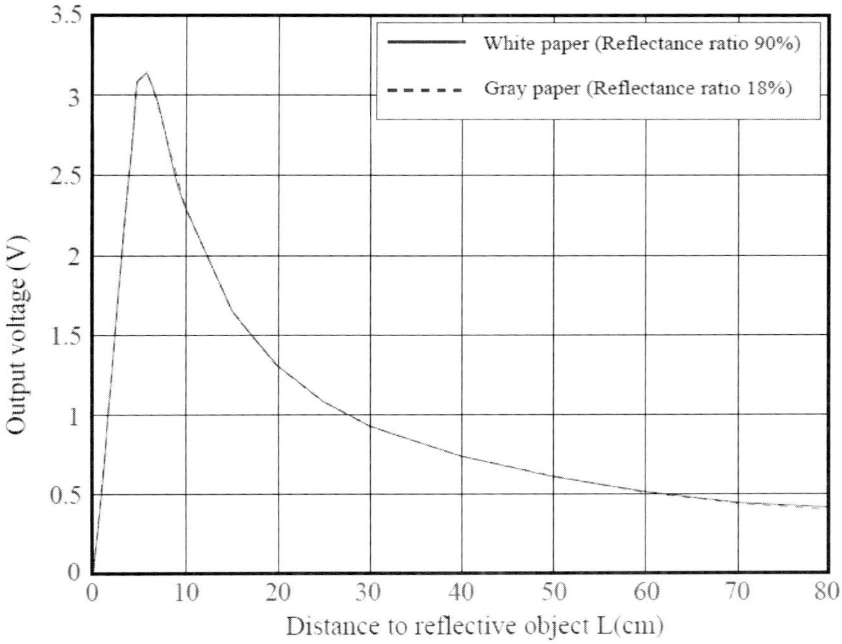

[그림 4-11] 거리에 따른 전압 그래프

[표 4-4] 2Y0A21의 제품 규격

모델명	동작 전압 (Vdc)	평균 공급 전류 (mA)	출력 전압 (Vdc)	유효 측정 거리 (cm)	동작 온도 (℃)
2Y0A21	4.5~5.5	30~40	0.25~3.2	10~80	−10~60

2.2 실습 준비

초음파 거리 센서와 적외선 거리 센서의 실습을 위하여 [그림 4-12]와 같이 아두이노 Uno, 브레드 보드, 아두이노 USB 연결 케이블, 점프선, 초음파 거리 센서 HC-SR04, 적외선 거리 센서 2Y0A21을 준비한다.

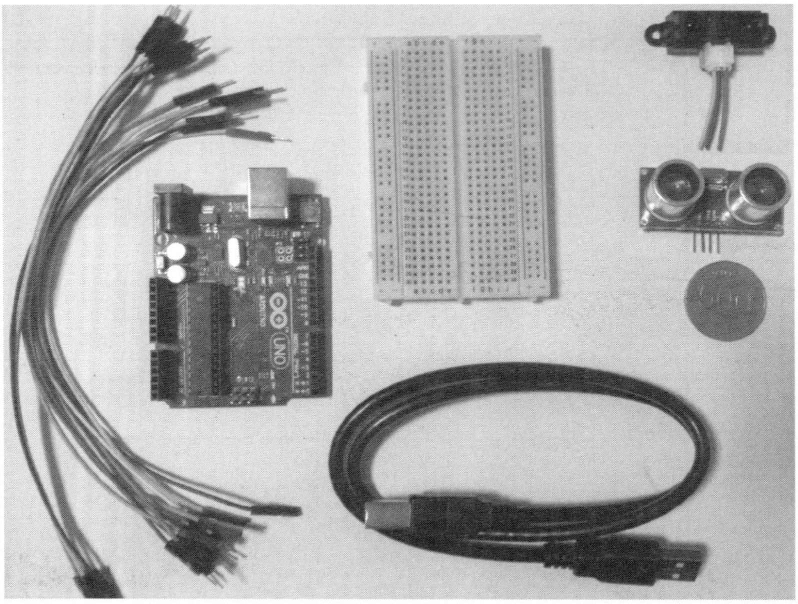

[그림 4-12] 거리 센서 실습 준비물

2.3 실습

1) 초음파 거리 센서

우리는 측정 대상 물체와 센서 사이의 거리를 초음파 거리 센서로 측정하고 이 값을 PC의 시리얼 모니터에 출력하는 예제를 실습할 것이다. 초음파 거리 센서는 초음파가 물체에 반사되어 되돌아오는 시간을 계산하여 거리를 측정하므로 앞으로 우리가 사용할 소스 코드에는 시간에 대한 변수와 거리에 대한 변수의 관계식이 나올 것임을 예상할 수 있다. 또한 우리가 초음파 거리 센서로 사용할 HC-SR04의 유효 측정 거리인 2cm에서 500cm 사이의 거리를 벗어나게 되면 시리얼 모니터에 허용 범위를 벗어났다는 메시지가 나타나게 할 것이다. [그림 4-13]을 참조하여 HC-SR04의 VCC 핀과 GND 핀을 각각 아두이노 보드의 5V와 GND에 연결하고 TRIG 핀과 ECHO 핀을 각각 아두이노 보드의 디지털 13번 핀과 디지털 12번 핀에 연결한다.

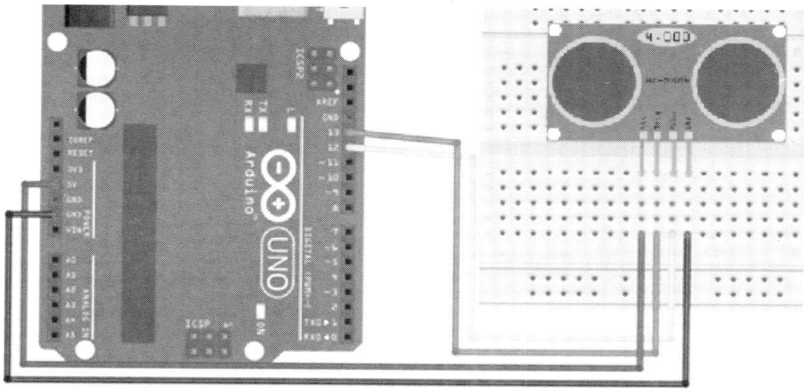

[그림 4-13] 초음파 거리 센서 실습 회로

```
void setup(){
        Serial.begin(9600);
        pinMode(13, OUTPUT);
        pinMode(12, INPUT);
}

void loop(){
        float duration, distance;

        digitalWrite(13, HIGH);
        delayMicroseconds(10);
        digitalWrite(13, LOW);

        duration = pulseIn(12, HIGH);
        distance = (duration/2)/29.1;

        if(distance>500 || distance<2){
                Serial.println("Out of Range");
        }
        else{
                Serial.print(distance);
                Serial.println("cm");
        }
        delay(500);
}
```

- Line 02 : 시리얼 통신을 위한 통신속도 설정이며 PC의 시리얼 모니터와 아두이노 보드가 9600bps의 속도로 데이터를 송수신한다.
- Line 08 : 시간에 대한 변수로 **duration**, 거리에 대한 변수로 **distance**를 선언하였다.
- Line 10~12 : HC-SR04의 TRIG 핀에 10us의 펄스 파형을 인가한다. TRIG 핀에 10us의 펄스 파형을 인가하면 HC-SR04 외부의 초음파 송신부는 40kHz 펄스를 갖는 초음파 8개를 연속으로 내보낸다.
- Line 14 : 물체에 부딪혀 반사되어 되돌아온 초음파의 **HIGH** 시간 값을 변수 **duration**에 저장한다.
- Line 15 : 물체에 부딪혀 반사되어 되돌아온 초음파의 **HIGH** 시간 값은 왕복 시간이기 때문에 변수 **duration**을 2로 나누고 그 값에 공기 중에서의 초음파 속도 340m/s (=1/29.1)를 곱하여 거리를 계산한다. 계산한 거리 값의 단위는 cm이며 그 값을 변수 **distance**에 저장한다.
- Line 17~23 : 변수 **distance**의 값이 2cm보다 작거나 500cm보다 크다면 시리얼 모니터에 "Out of Range"라는 메시지를 출력하며 그 밖의 경우에는 변수 **distance**의 값과 거리의 단위 "cm"를 시리얼 모니터에 출력한다. 소스 코드의 실행 결과는 [그림 4-14]와 같다.

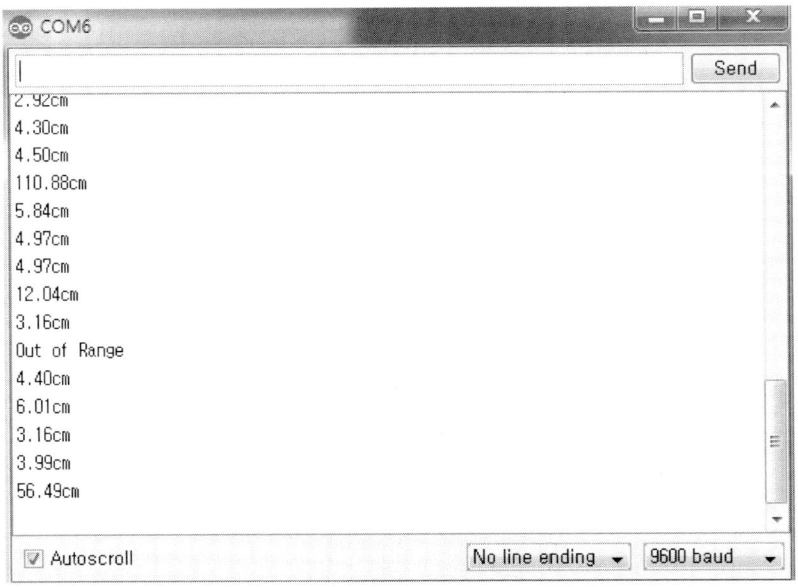

[그림 4-14] 초음파 거리 센서 실습 결과

2) 적외선 거리 센서

우리는 적외선 거리 센서 2Y0A21를 사용하여 물체와 센서가 떨어진 거리를 PC의 시리얼 모니터로 출력하는 예제를 실습할 것이다. [그림 4-15]를 참조하여 우리가 사용할 적외선 거리 센서인 2Y0A21의 빨강색 VCC 핀과 검정색 GND 핀을 각각 아두이노 보드의 5V와 GND에 연결하고 노란색 Output Signal 핀을 아두이노 브드의 아날로그 A0 핀에 연결한다.

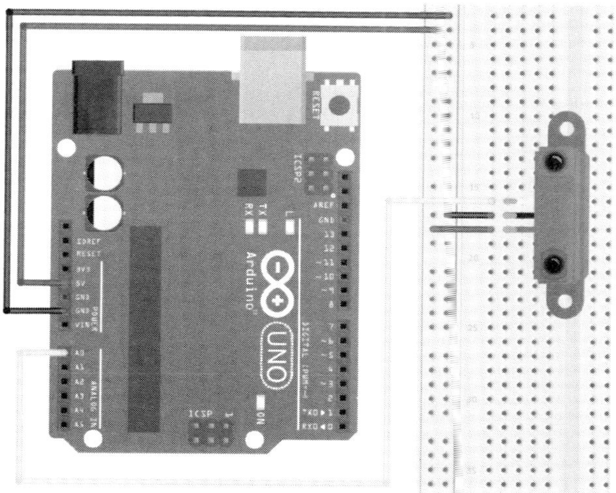

[그림 4-15] 적외선 거리 센서 실습 회로

```
void setup(){
        Serial.begin(9600);
}

void loop(){
        int value = analogRead(A0);
        int volt = map(value, 0, 1023, 0, 5000);

        int distance = (21.61/(volt-0.1696))*1000;

        Serial.print(distance);
        Serial.println("cm");

        delay(500);
}
```

- Line 06 : 2Y0A21의 Output Signal 핀에서 받은 신호 값을 변수 **value**에 저장한다.
- Line 07 : 0~1023의 아날로그 신호로 받은 변수 **value**의 값을 0~5000의 밀리볼트(Millivolt) 단위로 매칭하여 변수 **volt**에 저장한다.
- Line 09 : 밀리볼트의 단위의 변수 **volt**의 값을 거리의 단위인 cm로 변환하여 변수 **distance**에 저장한다.
- Line 11~12 : 변수 **distance**의 값과 거리의 단위인 cm를 시리얼 모니터로 출력한다. 소스 코드의 실행 결과는 [그림 4-16]과 같다.

[그림 4-16] 적외선 거리 센서 실습 결과

제3절 온도 센서

3.1 기술 특성

온도는 분자 또는 원자가 가지고 있는 미세한 범위 내에서 진동하는 운동에너지(Kinetic Energy)의 크기이며 반도체나 금속의 저항 값은 온도에 따라 변하는 성질을 지닌다. 온도를 측정하는 방법은 크게 두 가지로 나뉘며 접촉을 통하지 않고 온도를 측정하는 방법과 접촉을 통해 온도를 측정하는 방법이 있다.

접촉을 통하지 않고도 온도를 측정하는 방법은 모든 물체는 열방사 에너지를 방출하고 있고 물체의 온도가 높을수록 열방사 에너지는 크고 온도와 일정한 관계가 있다는 것을 이용하여 온도를 측정하는 것이다. 이 방법은 접촉을 통하여 온도를 측정하는 방법과 달리 높은 온도를 측정할 수 있지만 정밀도가 다소 떨어진다는 단점이 있다. 이 방식을 사용하는 온도 센서의 종류로는 초전형 온도 센서, 양자형 온도 센서 등이 있다.

접촉을 통한 방법은 측정하려는 물체와 온도 센서를 접촉하여 놓고 동일 온도를 유지하여 열평형 상태에서 열이 고온에서 저온으로 이동하려는 열전도 현상과 서로 접촉하고 있는 물체는 같은 온도가 되려는 열평형성 원리를 이용한 방법이다. 이 방법은 비교적 정확하게 온도를 측정할 수 있으나 열평형이 이루어진 이후에 온도가 측정되어야 하기 때문에 온도의 변화가 빠른 곳에서는 사용하기 힘들고 접촉 방식에 따라 큰 온도 차이가 생길 가능성이 있다. 이 방식을 사용하는 온도 센서의 종류로는 서미스터(Thermistor), 열전쌍(Thermocouple), 백금 측온 저항체, IC(Integrated Circuit) 온도 센서 등이 있다.

서미스터는 온도 변화에 따라 저항이 변하는 소자를 일컫는 말이다. 이러한 특성을 이용하는 서미스터는 금속산화물을 혼합한 후 신터링(Sintering)이라는 과정을 거쳐서 만드는 부품으로 저항이라기 보다는 반도체 소자에 가까운 부품이다. 그러나 일반적인 회로 안에서 서미스터의 전기적인 역할은 반도체 소자라기 보다는 저항이며 온도 센서의 역할을 한다. 서미스터를 크게 세 가지로 분류하여 보면 온도가 상승하면 저항 값이 감소하는 NTC(Negative Temperature Coefficient) 서미스터, 온도가 상승하면 저항 값이 증가하는 PTC(Positive Temperature Coefficient) 서미스터, NTC 서미스터와 비슷하지만 특정 온도 이상에서 저항 값이 급격하게 감소하는 CTR(Critical Temperature Resister) 서미스터로 나뉜다.

이들 중에서 가장 많이 사용되는 서미스터는 NTC 서미스터이며 컴퓨터의 메인보드에서부터 각종 냉온방기의 온도 센서로 널리 사용된다. 서미스터 소자의 온도 측정 범위는 -50℃에서 500℃까지 측정이 가능하지만 실제로는 실온 부근의 온도 측정에서 가장 많이 사용되며 보다 고온의 온도 측정에는 PT100 측온 저항체와 같은 다른 종류의 온도 센서들이 사용된다. 서미스터의 단점인 정확한 감도, 기준 온도 등을 보완한 것이 IC 온도 센서이며 이것은 실리콘 트랜지스터(Transistor)의 온도 의존성을 응용한 것으로서 트랜지스터의 베이스(Base)와 이미터(Emitter) 사이의 전압이 온도 변화에 거의 직선적으로 변화하는 현상을 효과적으로 응용한 것이다. IC 온도 센서는 여러 가지 신호의 회로와 온도를 측정하는 소자가 정밀하게 설계되어 있기 때문에 외부에서 회로의 조작을 거의 필요로 하지 않는다. IC 온도 센서는 비교적 좁은 범위의 온도 측정에 많이 쓰이며 대체적으로 [그림 4-17]의 LM35를 많이 사용한다. 이 절에서 우리는 트랜지스터 LM35Z를 사용한 아날로그 온도 센서인 LM35에 대하여 다룰 것이며 트랜지스터 LM35Z는 [그림 4-18]처럼 1℃의 온도 변화에 대하여 출력 전압이 10mV 변화하는 특성을 가지고 있고 제품 규격은 [표 4-5]와 같다.

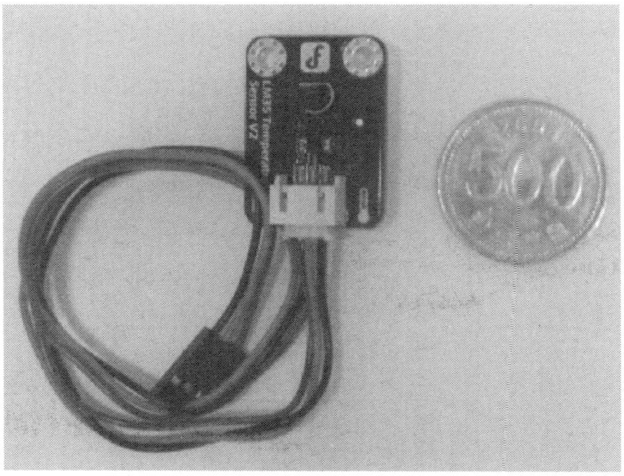

[그림 4-17] LM35의 실제 모습

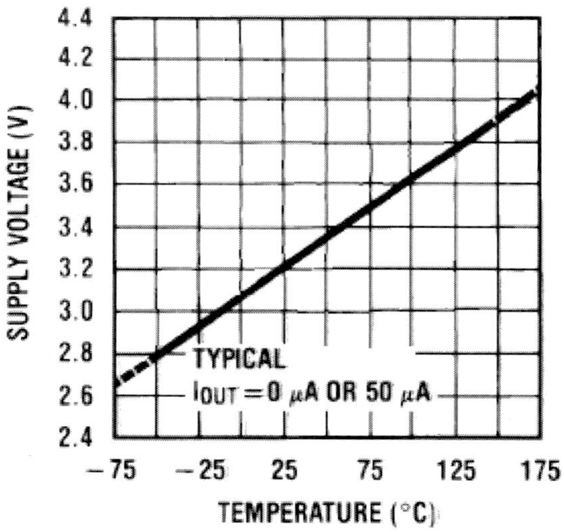

[그림 4-18] LM35Z의 특성 곡선

[표 4-5] LM35의 제품 규격

모델명	동작 전압 (Vdc)	온도 측정 범위 (℃)	드레인 전류 (uA)	오차 범위 (℃)
LM35	4 ~ 30	−55 ~ 150	60 이하	±0.25

3.2 실습 준비

온도 센서의 실습을 위하여 [그림 4-19]와 같이 아두이노 Uno, 브레드 보드, 아두이노 USB 연결 케이블, 점프선, 온도 센서 LM35를 준비한다.

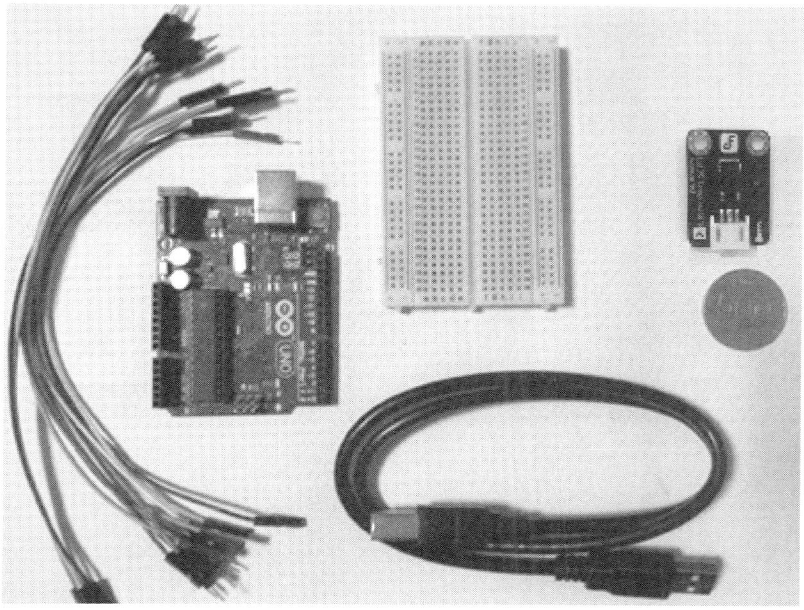

[그림 4-19] 온도 센서 실습 준비물

3.3 실습

이 절에서 우리는 온도 센서 LM35를 사용하여 트랜지스터 LM35Z에서 측정된 온도를 PC의 시리얼 모니터로 출력하는 예제를 실습할 것이다. [그림 4-20]을 참조하여 온도 센서 LM35의 빨강색 VCC 핀과 검정색 GND 핀을 각각 아두이노 보드의 5V와 GND에 연결하고 파란색 Output Signal 핀을 아두이노 보드의 아날로그 A0 핀에 연결한다.

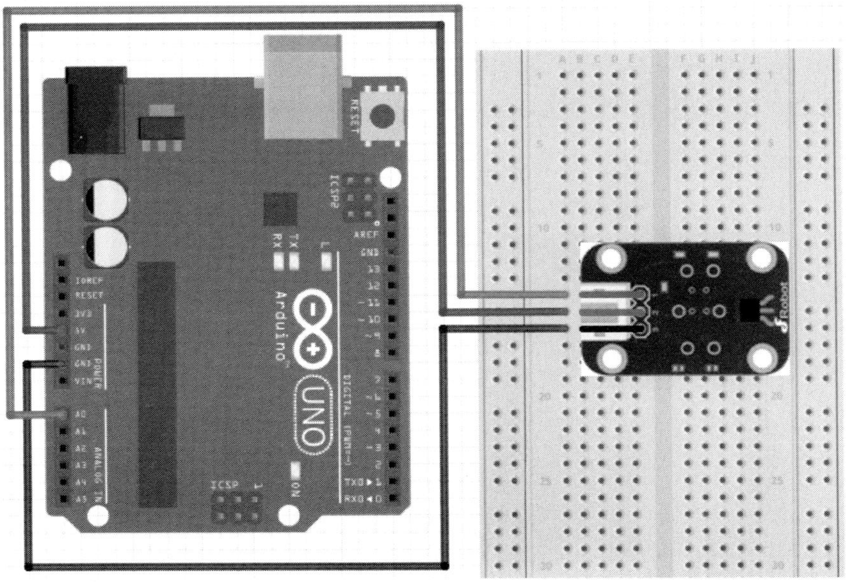

[그림 4-20] 온도 센서 실습 회로

```
void setup(){
        Serial.begin(9600);
}

void loop(){
        int value, data;

        value = analogRead(A0);

        data = (500*value)>>10;

        Serial.print("Current temperature is ");
        Serial.print(data);
        Serial.println("C.");

        delay(500);
}
```

- Line 06 : 아날로그 값을 저장할 변수인 **value**와 그 값을 온도 값으로 변환하여 저장할 변수인 **data**를 선언하였다.
- Line 08 : 온도 센서 LM35의 Output Signal에서 입력 받은 아날로그 값을 변수 **value**에 저장한다.
- Line 10 : 입력 받은 아날로그 값을 온도의 단위인 ℃로 변환하여 변수 **data**에 저장한다.
- Line 12~14 : 온도의 단위로 변환된 값을 PC의 시리얼 모니터로 출력한다. 소스 코드의 실행 결과는 [그림 4-21]과 같다.

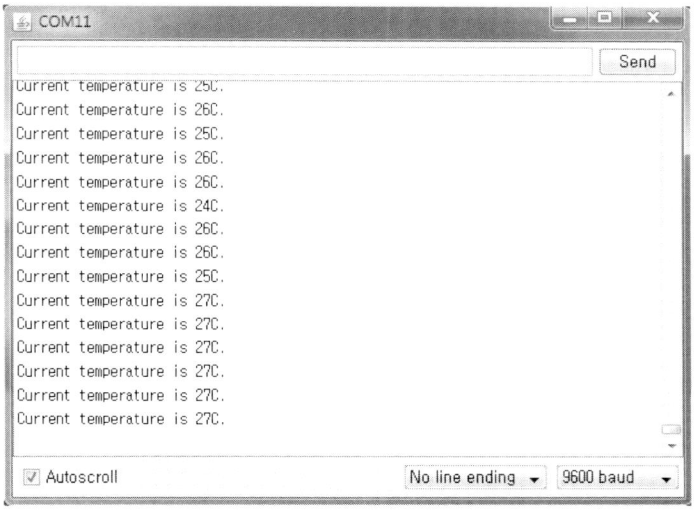

[그림 4-21] 온도 센서 실습 결과

제4절 압력 센서

4.1 기술 특성

압력 센서는 누르는 힘을 측정하는 센서로 이 절에서는 고가의 대형 압력 측정 장치가 아닌 일반인들도 쉽게 접할 수 있는 저가의 소형 압력 센서에 대해서 다룰 것이다. 소형 압력 센서는 크게 두 종류로 분류할 수 있으며 Surface Mount Pressure Sensor와 Force Sensing Resistor Sensor가 있다.

Surface Mount Pressure Sensor는 표면에 부착할 수 있는 SMD(Surface Mounted Device) 타입의 압력 센서로 피에조저항 효과(Piezoresistive Effect)를 이용한 실리콘 압

력 센서이다. 피에조저항 효과란 금속 혹은 반도체 결정에 외력을 가하면 반도체 결정의 저항비가 변화한다는 이론이다. Surface Mount Pressure Sensor는 작고 가벼우며 가격이 저렴하여 다양한 분야에 응용할 가능성이 높다는 특징이 있다. 대체로 1.8V에서 3.6V 사이의 동작 전압을 가지며 낮은 전력 소모량에 비하여 비교적 정밀한 측정이 가능하다. Surface Mount Pressure Sensor의 종류로는 MS5534, 33A-2210 등이 있다.

Force Sensing Resistor Sensor는 Surface Mount Pressure Sensor와 달리 동작 전압을 필요로 하지 않으며 일종의 수동 소자의 형태로 동작한다. Force Sensing Resistor Sensor는 누르는 힘에 의해서 저항 값이 변하는 센서로 누르는 힘이 커질수록 저항 값이 줄어드는 특성이 있다. Force Sensing Resistor Sensor의 종류로는 FSR-400, A201-1, SEN0136 등이 있으며 이 절에서 우리가 사용할 압력 센서는 소형 압력 센서 중에서 [그림 4-22]의 FSR-400이다.

[그림 4-22] FSR-400의 실제 모습

FSR-400은 폴리머 후막(Polymer Thick Film)으로 만들어진 압력 센서로 4mm 지름의 센싱 영역을 가지고 있다. FSR-400은 일종의 저항처럼 쉽게 다룰 수 있어 초보자도 간단하게 사용할 수 있지만 초정밀 센서는 아니기 때문에 정밀한 측정을 필요로 하는 저울과 같은 용도로는 부적합한 압력 센서이다. FSR-400에 압력이 가해지지 않은 경우 저항은 1MΩ 이상이고 압력이 가해짐에 따라 저항은 0.25kΩ까지 낮아진다. 압력 센서 FSR-400의 특성 곡선은 [그림 4-23]에 나타나 있으며 제품 규격은 [표 4-6]과 같다.

[표 4-6] FSR-400의 제품 규격

모델명	압력 감도 범위 (N/m^2)	압력 반복(%)		저항(kΩ)		동작 온도 (℃)
		한 부분	여러 부분	비액추에이터 유형	액추에이터 유형	
FSR-400	0.1 ~ 10	±2	±6	1000	0.25	-30 ~ 70

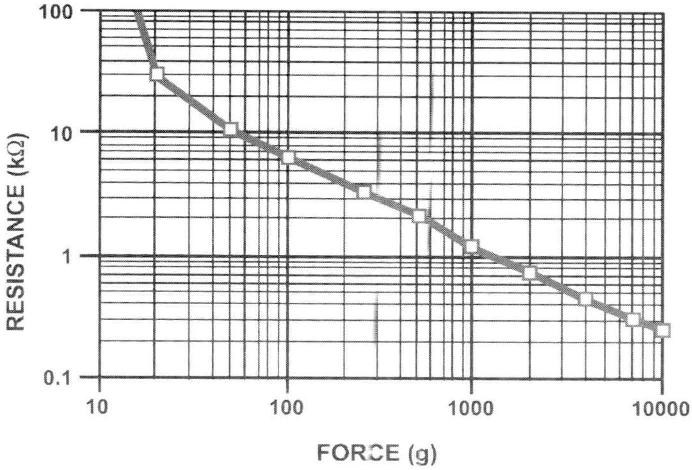

[그림 4-23] FSR-400의 특성 곡선

4.2 실습 준비

압력 센서의 실습을 위하여 [그림 4-24]와 같이 아두이노 Uno, 브레드 보드, 아두이노 USB 연결 케이블, 점프선, 압력 센서 FSR-400, 20kΩ 저항, LED 4개, 1kΩ 저항 4개를 준비한다.

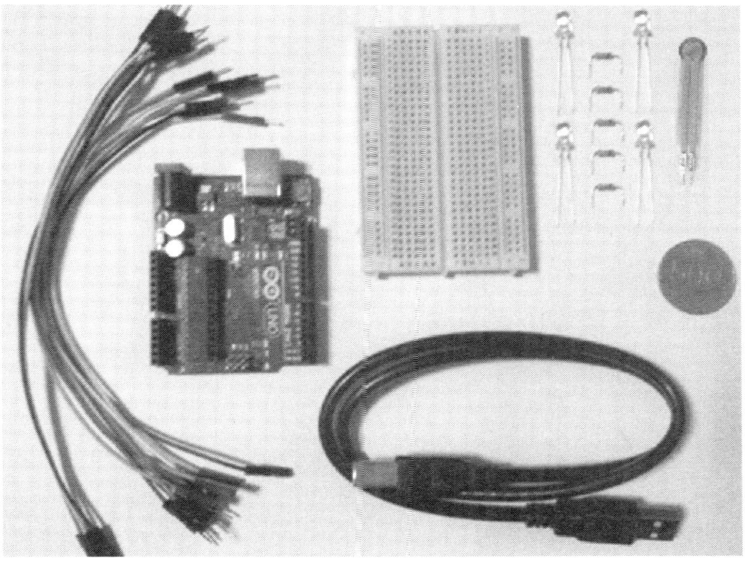

[그림 4-24] 압력 센서 실습 준비물

4.3 실습

이 절에서 우리는 압력 센서 FSR-400과 여러 개의 LED를 사용하여 압력 센서에 가해지는 압력이 크면 클수록 LED가 더 많이 켜지게 하는 예제를 실습할 것이다. 우선 [그림 4-25]를 참조하여 회로를 구성하고 구성한 회로를 분석하여 소스 코드에 적용한다. [그림 4-26]과 같이 압력 센서 FSR-400은 압력이 가해지지 않으면 1MΩ의 저항을 가지고 압력이 가해지면 최대 0.25kΩ의 저항을 가지는 가변 저항이다. 따라서 압력이 가해지지 않으면 20kΩ의 저항에는 0.098V(=5V*20/1020)의 전압 강하가 일어나고 압력이 가해지면 최대 4.938V(=5V*20/20.25)의 전압 강하가 일어난다.

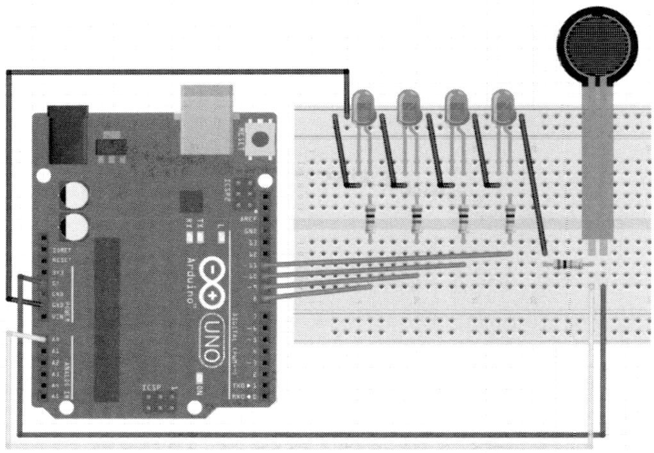

[그림 4-25] 압력 센서 실습 회로

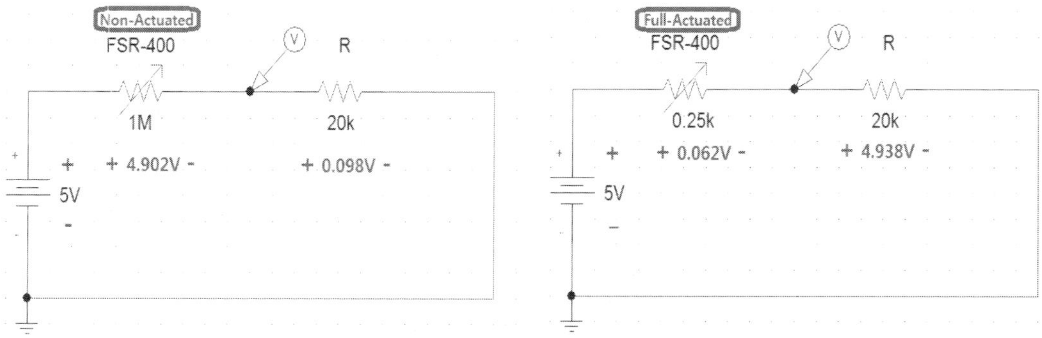

(a) (b)

[그림 4-26] 압력 센서 실습의 등가회로 (a) 최소 압력의 회로도 (b) 최대 압력의 회로도

```
01      int LED[] = {8, 9, 10, 11};
02
03      void setup(){
04              for(int i=0; i<4; i++){
05                      pinMode(LED[i], OUTFUT);
06              }
07      }
08
09      void loop(){
10              int value = analogRead(A0);
11
12              int mappedval = map(value, 0, 1023, 0, 5);
13
14              for(int i=0; i<mappedval; i++){
15                      digitalWrite(LED[i], HIGH);
16              }
17              for(int i=mappedval; i<4; i++){
18                      digitalWrite(LED[i], LOW);
19              }
20      }
21              delay(500);
22      }
```

- Line 01 : 아두이노 보드의 디지털 8번, 9번, 10번, 11번 핀을 LED를 켜는데 사용할 핀으로 선언하였다. 배열을 사용하여 변수 **LED[0]**, **LED[1]**, **LED[2]**, **LED[3]**을 각각 디지털 8번, 9번, 10번, 11번 핀으로 선언하였다.
- Line 04~06 : LED를 사용하기 위해서 배열로 선언하였던 디지털 8번, 9번, 10번, 11번 핀을 **for**문을 사용하여 아두이노 보드의 출력 핀으로 설정하였다.
- Line 10 : 아두이노 보드의 아날로그 0번 핀에서 받은 신호를 변수 **value**에 저장한다. 변수 **value**의 값은 20kΩ에 걸리는 전압 강하이므로 압력 센서에 가하는 힘에 비례한다. 압력 센서를 강하게 누르면 압력 센서의 저항 값은 작아지게 되므로 20kΩ에 걸리는 전압 강하가 커지고 압력 센서를 약하게 누르면 압력 센서의 저항 값은 커지게 되므로 20kΩ에 걸리는 전압 강하가 작아진다.
- Line 12 : 0~1023의 아날로그 변수 **value**를 0~5의 값으로 매칭시켜 변수 **mappedval**에 저장한다. 변수 **mappedval**은 압력 센서를 누르는 힘의 강도로서 최소 0부터 최대 5의 값을 가진다.

- Line 14~19 : for문을 사용하여 변수 mappedval의 값에 따라 각각의 LED가 켜지거나 꺼지도록 하였다. 압력 센서를 누르지 않을 때는 변수 mappedval의 값이 0이 되어 모든 LED가 꺼지게 되고 압력 센서에 적당한 압력을 가해 mappedval의 값이 1 또는 2가 된다면 1개 또는 2개의 LED가 켜지게 되며 압력 센서에 강한 압력을 가해 mappedval의 값이 4보다 크게 된다면 [그림 4-27]과 같이 모든 LED가 켜지게 될 것이다.

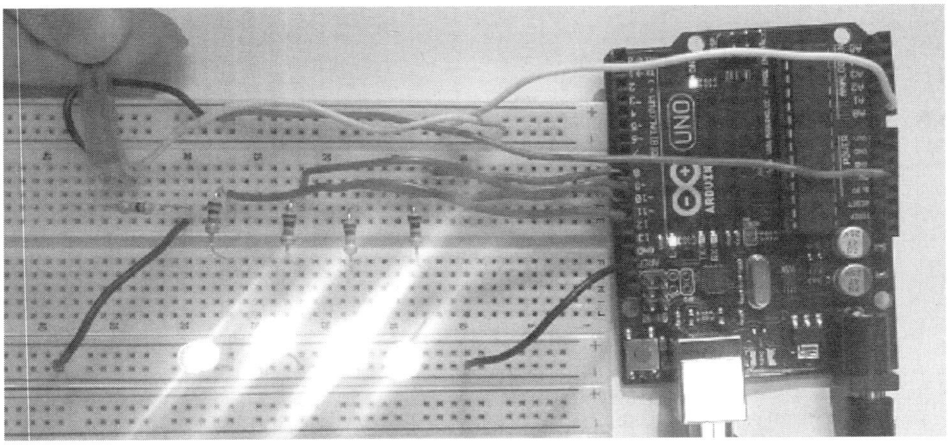

[그림 4-27] 압력 센서 실습 결과

제5절 기울기 센서

5.1 기술 특성

이 장에서는 기울어진 정도를 측정하는 기울기 센서에 대하여 다룰 것이다. 기울기 센서는 일반적으로 기울어진 각도에 따라서 그에 비례하는 출력 전압을 내보내어 기울기를 측정한다. 기울기 센서는 크게 두 종류로 분류할 수 있으며 자이로 기울기 센서와 가속도 기울기 센서가 있다. 자이로 기울기 센서는 회전하는 물체의 역학 운동을 이용한 개념으로 회전하는 물체의 회전각을 측정하며 위치 측정과 방향 설정 등에 활용된다. 자이로 기울기 센서는 스마트폰, 비행기, 위성 등에서 광범위하게 사용되고 있으며 자이로 기울기 센서의 종류로는 ITG-3701, A3G4250DTR, MPU-3300, P0-GMD-20-01 등이 있다.

가속도 기울기 센서는 물체의 변화하는 속도를 계산하여 기울기를 측정하는 센서이다. 가속도 기울기 센서는 질량이 있는 물체가 가속도를 받으면 힘이 발생하는 것을 이용하여 용수철 따위로 물체를 받쳐 두고 용수철의 늘어나고 줄어드는 정도에 따라서 가속도를 계산하여 기울기를 측정한다. 가속도 기울기 센서의 종류로는 DAS-M3, SCA121T-D05, ADXL345, P0073 등이 있다. 자이로 기울기 센서로 정확한 기울기를 측정하려면 가속도 기울기 센서와 혼합하여 사용하는 것이 좋다.

또한 가속도 기울기 센서는 전자식 가속도 기울기 센서와 전압식 가속도 기울기 센서로 분류할 수 있다. 전자식 가속도 기울기 센서는 적당한 질량을 가진 가동 장치(Movable Device)가 움직인 양을 자석과 코일의 기전력에 의하여 가속도를 계산해 기울기를 측정한다. 반면에 전압식 가속도 기울기 센서는 압력을 가하면 전압을 발생하는 압전 소자를 사용해 가해진 압력으로 가속도를 계산하여 기울기를 측정한다. 우리가 이 절에서 다룰 기울기 센서는 전자식 가속도 기울기 센서인 DAS-M3이다.

DAS-M3는 정전용량 방식의 전자식 센서 모듈로 입력 전압으로 5V의 DC 전압을 인가하면 기울어진 각도에 따라서 최소 2.341V에서 최대 2.678V까지의 출력 전압을 내보낸다. DAS-M3의 측정 각도 범위는 -70°에서 +70°까지 이고 기울어진 각도가 0°일 때 출력 전압은 2.5V이다. DAS-M3의 각도를 음의 각도로 이동하면 출력 전압이 감소하고 양의 각도로 이동하면 출력 전압이 증가한다. 예를 들어 DAS-M3는 최소 측정 각도인 -70°에서 2.341V의 출력 전압을 내보내고 0°에서는 2.5V의 출력 전압을 내보내며 최대 측정 각도인 +70°에서는 2.678V의 출력 전압을 내보낸다. [그림 4-28]의 DAS-M3는 사용법이 간단하여 다양한 분야에 활용되고 있으며 대표적으로 자동차 휠 얼라인먼트(Wheel Alignment) 교정 장비, 중장비 각도 제어, 안테나 위치정보시스템, 태양광 트래커(Solar Tracker) 등에 사용되고 있으다. DAS-M3의 제품 규격은 [표 4-7]과 같다.

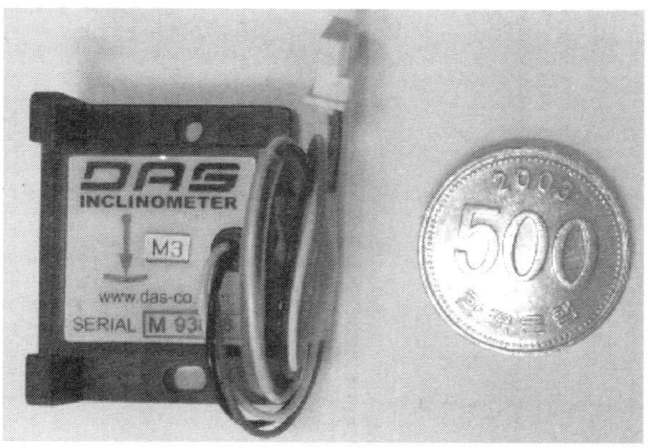

[그림 4-28] DAS-M3의 실제 모습

[표 4-7] DAS-M3의 제품 규격

제품명	측정 각도 (°)	반응 시간 (ms)	소비 전류 (mA)	동작 온도 (℃)	보관 온도 (℃)	무게 (g)
DAS-M3	-70 ~ 70	300	1 이하	-40 ~ 85	-45 ~ 90	22

5.2 실습 준비

기울기 센서의 실습을 위하여 [그림 4-29]와 같이 아두이노 Uno, 브레드 보드, 아두이노 USB 연결 케이블, 기울기 센서 DAS-M3, 점프선을 준비한다.

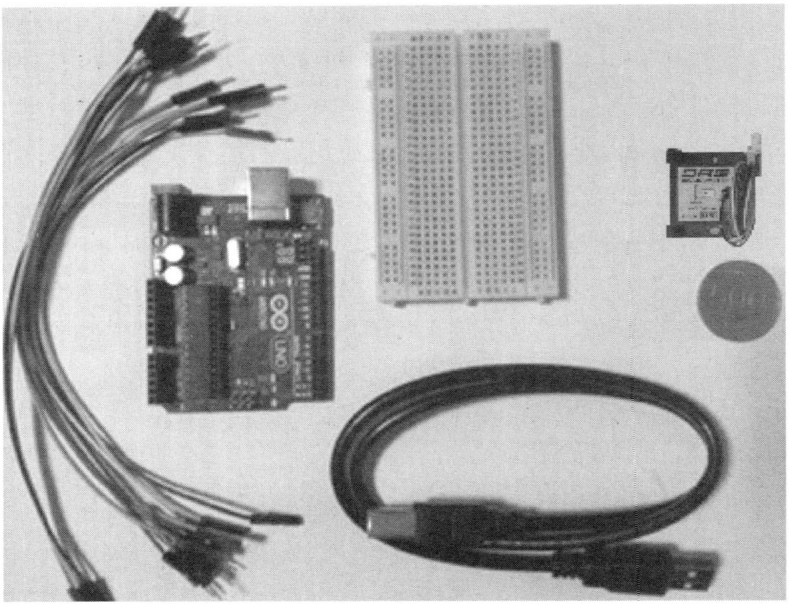

[그림 4-29] 기울기 센서 실습 준비물

5.3 실습

이 절에서는 기울기 센서 DAS-M3를 사용하여 기울어진 각도를 PC의 시리얼 모니터로 출력하는 예제를 실습할 것이다. [그림 4-30]을 참조하여 기울기 센서 DAS-M3의 빨강색 VCC 핀과 검정색 GND 핀을 각각 아두이노 보드의 5V와 GND에 연결하고 하얀색 Output Signal 핀을 아두이노 보드의 아날로그 A0 핀에 연결한다.

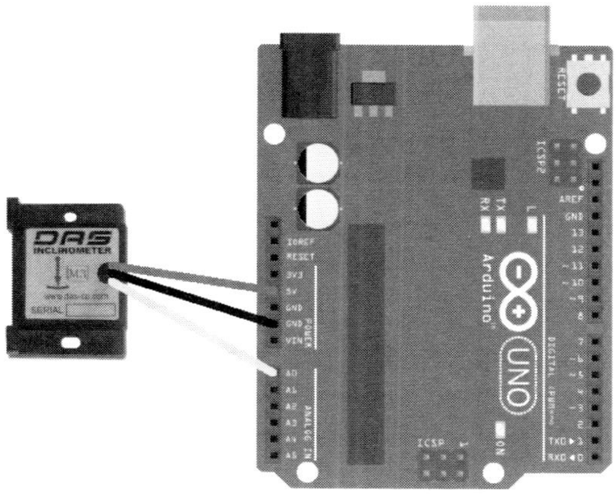

[그림 4-30] 기울기 센서 실습 회로

```
01	void setup(){
02		Serial.begin(9600);
03	}
04
05	void loop(){
06		int value = analogRead(A0);
07
08		int mappedval = map(value, 479, 548, -70, 70);
09
10		Serial.print("Current angle is ");
11		Serial.print(mappedval);
12		Serial.println("°.");
13
14		delay(500);
15	}
```

- Line 06 : 기울기 센서 DAS-M3가 보낸 출력 신호를 아두이노 보드의 아날로그 A0 핀으로 받아 변수 **value**에 저장한다. DAS-M3의 출력 전압은 2.341V에서 2.678V까지 이므로 아날로그 변수 **value**의 범위는 479에서 548까지 이다.
- Line 08 : 479~548의 아날로그 값을 −70에서 +70으로 매칭하여 각도의 단위로 변환하고 그 값을 변수 **mappedval**에 저장한다. 여기서 변수 **mappedval**에 사용되는 각도의 단위는 °이다.

- Line 10~12 : 각도의 단위로 변환된 변수 **mappedval**을 PC의 시리얼 모니터로 출력한다. 소스 코드의 실행 결과는 [그림 4-31]과 같다.

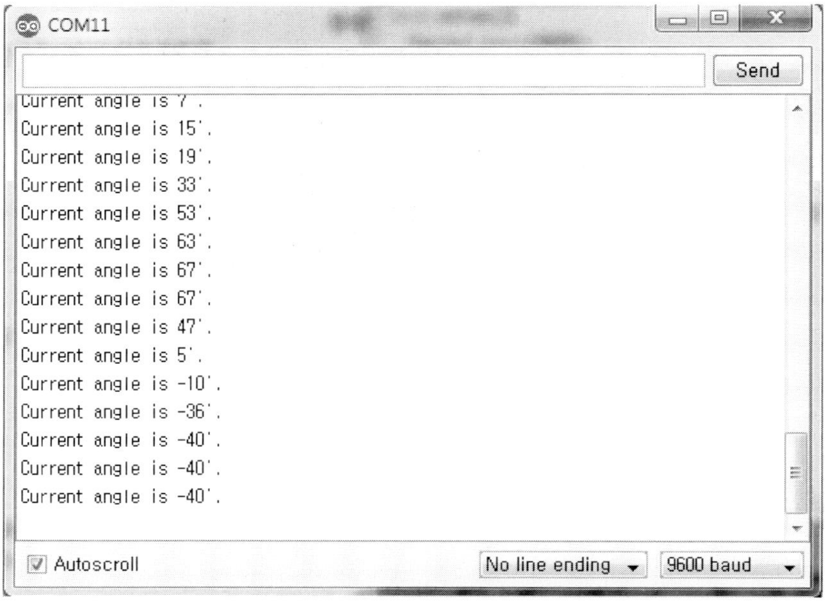

[그림 4-31] 기울기 센서 실습 결과

제6절 로드셀

6.1 기술 특성

이 장의 마지막 절에서는 물체의 무게를 측정하는 전자저울에 대하여 다룰 것이다. 저울의 균형기구, 판독기구 등에 전자기술을 도입한 저울을 전자저울이라 한다. 전자저울은 크게 두 종류로 분류할 수 있으며, 균형기구에 하중에 의한 저울대의 미묘한 변위를 전기적으로 검출하여 저울대가 수평이 되도록 전자기력을 가감하는 영위식(Zero Method)과 탄성체 블록에 스트레인게이지를 달아 탄성체의 변형에 비례한 전기 신호를 내는 로드셀에 하중을 직접 가하여 하중에 비례된 전기신호를 검출하는 로드셀식(Loadcell Method)이 있다.

스트레인게이지는 다시 전기식 스트레인게이지와 기계식 스트레인게이지로 분류된다. 전기식 스트레인게이지는 구조체가 변형을 일으킬 때 스트레인게이지의 전기적 저항이 변하여 이를 통해 변형률을 측정하는 것이며, 기계식 스트레인게이지는 두 점 사이의 물리적 거리변화를 기계적으로 측정하여 변형률을 측정하는 것이다.

전자저울은 로드셀을 통해 압력를 받으면 압축되거나 늘어나는 변형량을 전기적 신호로 검출하여 물체의 무게를 측정한다. 로드셀은 작게는 mg단위부터 크게는 톤 단위까지 측정이 가능하며 Single Point, S-Beam, Truck & Tank weighing, Canister, Pancake 등 여러 타입이 존재하며 우리는 이 절에서 Single Point타입의 4선식 로드셀인 P3307을 다룬다.

P3307은 평균 3kg이하의 무게를 측정할 수 있으며 0.5g 단위까지 정밀하게 측정 가능하다. 로드셀에 5V DC전압이 인가된 상황에서 물체가 로드셀 위에 올렸을 때 0~5mV의 출력신호를 내보낸다.

[그림 4-32]의 P3307은 로드셀 중에서 대체적으로 적은 g단위의 무게를 측정하는데 사용되며 P3307의 제품 규격은 [표 4-8]과 같다.

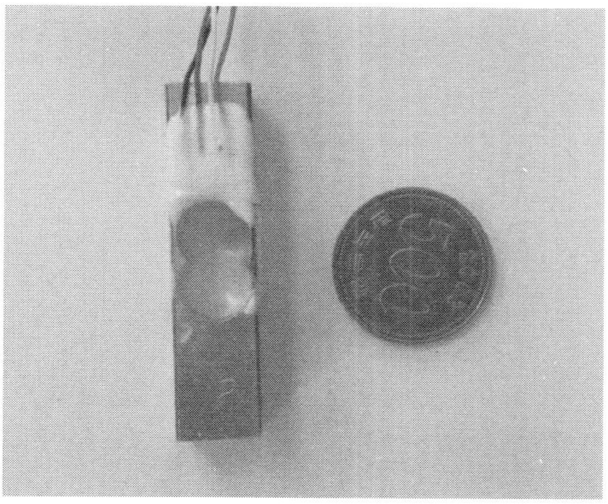

[그림 4-32] P3307의 실제 모습

[표 4-8] P3307의 제품 규격

제품명	용량 (kg)	정밀 수준 (g)	안전 하중 (kg)	최대 하중 (kg)	출력 감도 (mV)	작동온도 범위 (℃)
P3307	3	0.5	7.2	12	1.2	−10 ~ +40

로드셀의 무게에 따른 전압 출력은 아날로그 형식이다. 따라서 로드셀 mV 단위의 미세 신호를 증폭시키고, 디지털 신호로 변환하기 위하여 24bit A/D 신호 변환 모듈을 사용한다. 작동 전압은 2.7~5.5V 사이이며 이 절에서는 24bit A/D변환 모듈 중 HX24를 사용한다.

[그림 4-33]의 HX24의 모습이며 [그림 4-34]는 회로도 모습이다. HX24의 제품 규격은 [표 4-9]와 같다.

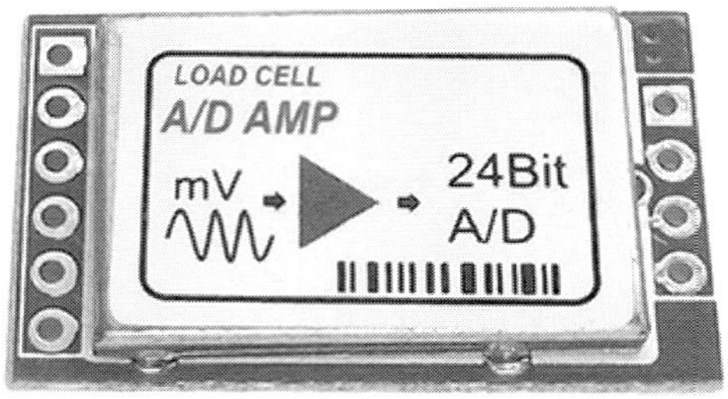

[그림 4-33] HX24의 실제 모습

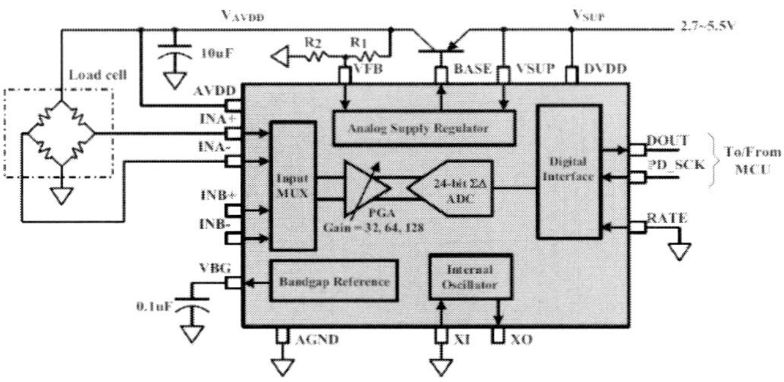

[그림 4-34] HX24의 회로도

[표 4-9] HX24의 제품 규격

제품명	A/D변환속도 (Hz)	동작 전류 (mA)	슬립시 (uA)	동작 전압 (V)	작동온도 범위 (℃)
P1085	J1오픈 → 80Hz J2쇼트 → 10Hz	1.6	1 이하	2.7 ~ 5.5	−20 ~ +75

6.2 실습 준비

로드셀 실습을 위하여 [그림 4-35]와 같이 아두이노 보드, 브레드 보드, 아두이노 USB 연결 케이블, 로드셀 P3307, 24비트A/D 변환 모듈, 점프선, 로드셀 받침대을 준비한다.

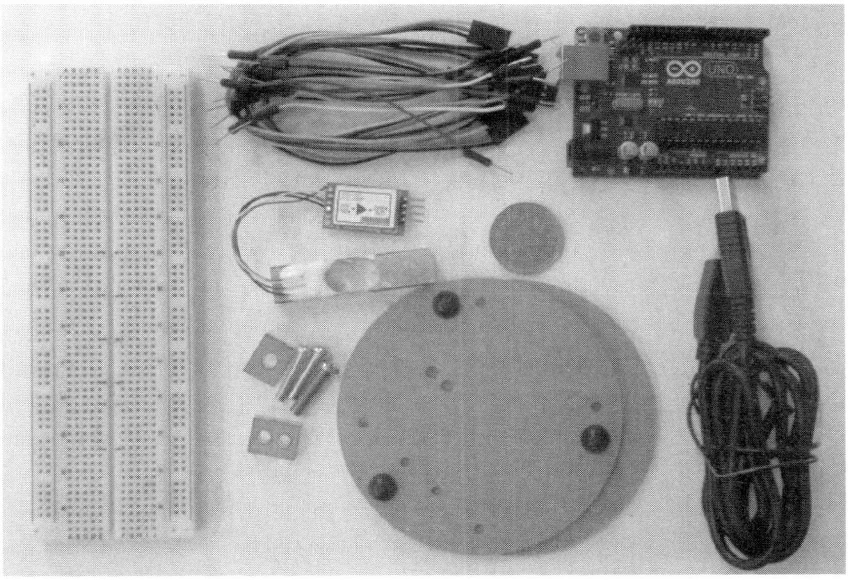

[그림 4-35] 로드셀 실습 준비물

6.3 실습

이 절에서는 로드셀 P3307를 사용하여 물체의 무게를 측정하여 시리얼 모니터로 출력하는 예제를 실습할 것이다. 실습에서 사용된 로드셀은 ±0.2~1mV/V의 출력 전압을 갖는다. 아두이노는 미세 전압을 측정하는데 어려움이 있으므로 반드시 로드셀과 아두이노 사이에는 미세 전압을 진폭시켜주고 디지털 신호로 변환시켜주는 24bit A/D변환 모듈을 사용해야 한다. [그림 4-35]와 같이 아두이노에서 5V의 전압과 GND를 연결하고, data OUT과 CLK IN은 디지털핀 4번 핀과 디지털핀 5번 핀에 연결하여 클락을 인가하고, 출력 신호를 받아들인다.

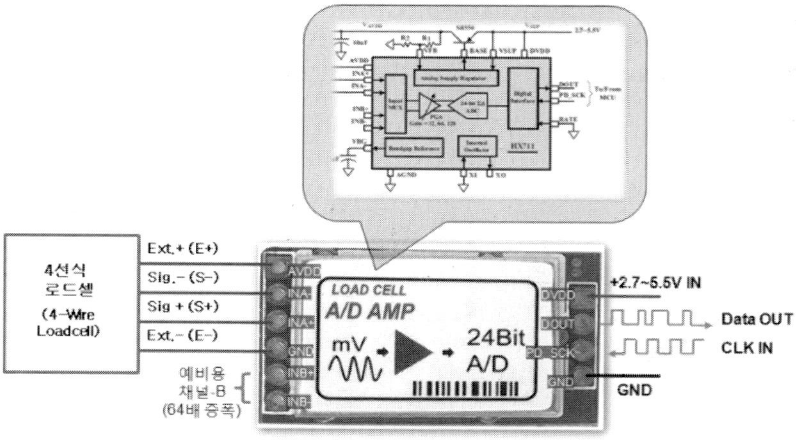

[그림 4-36] 기울기 센서 실습 회로

본 실험에 사용한 24bit A/D변환 모듈의 라이선스 문제로 소스코드를 공개하지 않는다. 공개된 소스를 활용하여 로드셀을 사용하기 위해서는 HX24 24bit A/D변환 모듈이 아닌, HX711 24bit A/D변환 모듈로 대체하여 물체의 무게를 측정해야 한다.

[그림 4-37] 로드셀 실습 결과

제5장 디스플레이 소자

디스플레이 소자 종류에는 텍스트를 입력하기 위허 제작된 소자와 그림을 표현할 수 있도록 제작된 소자가 있다. 디스플레이 소자는 크게 내부에 레지스터와 메모리가 포함되어 있는 소자와 LED의 배열만으로 정보를 출력하는 소자로 나뉘어진다. 디스플레이 내부에 레지스터와 메모리가 포함 될 경우 개발자는 구현되어 있는 함수를 사용하여 정보를 쉽게 출력할 수 있으며, LED의 경우 정보를 단순히 글자 표현에 끝나지 않고 형태를 지니지 않는 특이한 정보를 출력할 수도 있다. 본 절에서는 레지스터와 메모리를 가지고 있는 20*2 텍스트 LCD 소자와 8*8 LED Matrix를 소개할 것이다.

제1절 텍스트 LCD

LCD(Liquid Crystal Display)는 액정표시장치라고 하며, 디스플레이를 통해 메시지나 그림 등을 출력하는 장치이다. LCD에는 문자와 숫자 등을 표시할 수 있는 텍스트 LCD와 메시지와 그림 등을 정해지지 않는 위치에 표시할 수 있는 그래픽 LCD가 있다. 아두이노 개발이 영어 기반으로 되어 있어 텍스트 LCD는 한글 표시가 힘들고 한번에 표현할 수 있는 문자가 적기 때문에 활용할 수 있는 분야가 제한적이다. 그래픽 LCD는 텍스트 외 다양한 이미지를 표현할 수 특성을 가지며 이를 지원하기 위하여 많은 핀을 활용하여야 한다. 본 장에서는 텍스트 LCD 활용을 알아본다.

1.1 기술 특성

1) 텍스트 LCD 소자

이번 소절에서는 20*2 텍스트 크기의 Optoelectronics사의 LCD-020N002D 소자를 사용할 것이다. 16*2 소자와 20*2 소자는 표시할 수 있는 텍스트의 개수만 다를 뿐 회로를 연결하거나 프로그래밍 하는데 있어서는 차이점이 없다. 텍스트 LCD 소자는 16개의 인터페이스 핀을 가지고 있으며 이 중 3개의 제어 핀과 8개의 데이터 신호 핀으로 사용된다. [그림 5-1]은 텍스트 LCD 소자의 앞과 뒷면이다.

(a) (b)

[그림 5-1] 텍스트 LCD (a) 앞면 (b) 뒷면

텍스트 LCD 소자는 1번부터 16번까지 16개의 핀이 있으며, 1번 핀과 2번 핀은 각각 GND와 VCC이다. 자세한 핀 소개는 [표 5-1]에 정리하였다. GND와 VCC이외에 Vo 핀은 화면에 출력되는 글씨의 명암을 조절하는 것이며, LED+, LED- 핀은 텍스트 LCD 소자의 화면 밝기를 조절하는 것이다.

[표 5-1] 텍스트 LCD 소자 핀 설명

핀 번호	핀 역할	핀 번호	핀 역할	핀 번호	핀 역할	핀 번호	핀 역할
1	GND	5	R/W	9	DB2	13	DB6
2	VCC	6	E	10	DB3	14	DB7
3	Vo	7	DB0	11	DB4	15	LED+
4	RS	8	DB1	12	DB5	16	LED-

3개의 제어 핀은 RS(Register Select)핀과 R/W(Read/Write)핀, E(Enable)핀이 있으며 3가지 핀을 사용하여 텍스트 LCD 소자를 제어한다. 텍스트 LCD 소자를 제어하기 위해서는 제어 레지스터와 데이터 레지스터가 필요하며, RS 핀을 사용하여 두 레지스터 중 하나를 선택하게 된다. 또한 텍스트 LCD의 읽기와 쓰기 동작을 선택하기 위해 R/W 핀을 사용하며, E 핀은 데이터가 준비되었을 경우 텍스트 LCD로 전송을 시작하기 위해 사용한다. 나머지 8개의 데이터 신호 핀은 텍스트 LCD 소자로 데이터를 보내주는 역할을 하며, 텍스트 LCD 소자는 수신한 데이터에 따라 LCD에 표시한다. 텍스트 LCD 소자는 데이터 전송에 있어서 4비트 또는 8비트 모드로 동작할 수 있는데 4비트 모드에서는 4개의 데이터 핀을 필요로 하는데 반해 8비트 모드에서는 8개의 데이터 핀이 필요하다. 본 절에서는 아두이노 보드의 제한된 핀의 수를 고려하여 4개의 핀을 사용하는 4비트 모드를 사용할 것이다.

2) 텍스트 LCD 라이브러리

아두이노에서는 텍스트 LCD 소자를 사용하기 위한 LiquidCrystal 라이브러리를 제공한다. LiquidCrystal 라이브러리에는 LiquidCrysta lcd(), lcd.begin(), lcd.print(), lcd.clear(), lcd.setCursor(), lcd.bilnk() 등 LCD 표현에 필요한 함수를 포함하고 있으며 본 소절에서는 실습에서 사용하는 함수 중심으로 살펴볼 것이다.

- LiquidCrystal lcd() : LiquidCrystal lcd() 함수는 텍스트 LCD 소자의 핀을 초기화하는 함수이다. 4비트와 8비트 데이터 전송 모드에 따라 지정해야 할 데이터 핀의 수가 달라지며 R/W 신호는 쓰기만을 사용하므로 생략할 수 있다. 8비트 전송 모드를 사용할 경우 LiquidCrystal lcd(RS, R/W, E, DB0, DB1, DB2, DB3, DB4, DB5, DB6, DB7)와 같이 입력해야 하며, 4비트 전송 모드를 사용할 경우 LiquidCrystal lcd(RS, R/W, E, DB4, DB5, DB6, DB7)와 같이 입력해야 한다.
- lcd.begin() : 텍스트 LCD 소자의 크기를 설정하는 함수이며, 글자 크기도 도트 크기인 5*10 또는 5*8 크기로 지정할 수 있다. begin 함수는 lcd.begin(column, row, charsize)와 같이 입력해야 한다.
- lcd.print() : 지정한 값을 텍스트 LCD 소자에 출력한다. print() 함수는 문자열 뿐 만 아니라 숫자도 출력할 수 있으며 숫자 출력 시 정수는 진법을 지정할 수 있다. lcd.print(value, format)과 같이 입력하며 value에는 출력할 문자나 숫자를 표시하면 된다.
- lcd.setCursor() : 커서를 지정한 위치로 옮기는 함수이며, 좌측 상단의 좌표가 (0,0)이다. setCursor 함수는 lcd.setCursor(column, row)와 같이 입력한다.

1.2 실습 준비

1) 실습 재료

실습을 하기 위해서 [그림 5-2]와 같이 아두이노 Uno, 텍스트 LCD 소자, 아두이노 USB 연결 케이블, 점프선, 브레드 보드가 필요하다.

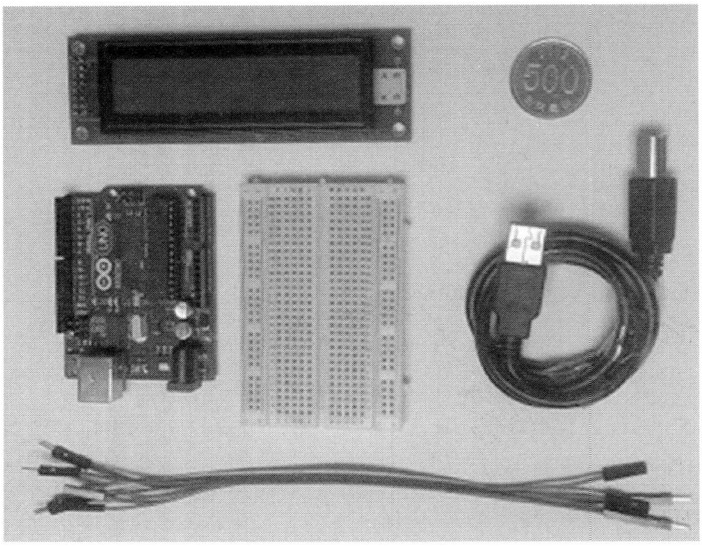

[그림 5-2] 텍스트 LCD 소자 실습재료

2) 아두이노 Uno와 텍스트 LCD 소자 연결

아두이노 Uno와 텍스트 LCD 소자의 연결은 [그림 5-3]과 같이 연결한다. RS 핀, E 핀은 각각 12, 11번 핀에 연결하며 R/W 핀은 텍스트 LCD 소자에 쓰기만 사용하기 때문에 GND에 연결한다. 본 소절에서는 DB4, DB5, DB6, DB7 데이터 핀을 각각 5, 4, 3, 2번 핀에 연결하였으며 개발자에 맞게 핀을 유동적으로 변경하여도 무방하다. 그러나 핀을 변경하였을 경우 실습코드에 있는 핀 설정을 다시 해야 한다.

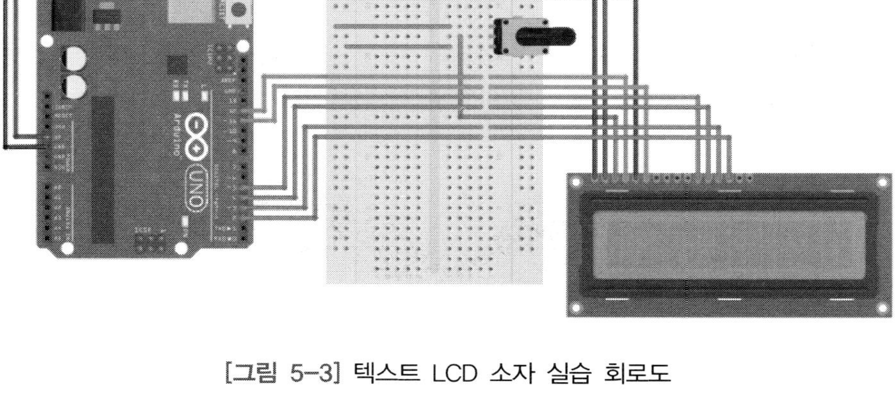

[그림 5-3] 텍스트 LCD 소자 실습 회로도

1.3 실습

본 소절에서는 2*20 텍스트 LCD 소자를 사용한다. 먼저 텍스트 LCD 소자에 간단한 텍스트를 표시할 것이며, 아두이노에서 제공하는 `LiquidCrystal` 라이브러리를 활용하여 몇 가지의 함수를 사용할 것이다.

1) 텍스트 LCD 소자에 간단한 텍스트 표시

이번 실습에서는 텍스트 LCD 소자를 사용하여 디스플레이에 `'Hello World'` 텍스트를 표시할 것이다. [그림 5—3]과 같이 회로를 구성하고 아두이노 보드에 다음 코드를 업로드 한다.

```
01      #include <LiquidCrystal.h>
02
03      LiquidCrystal lcd(12, 11, 5, 4, 3, 2);
04
05      void setup() {
06        lcd.begin(20, 2);
07        lcd.print("Hello World!");
08      }
09
10      void loop() {}
```

- Line 01 : 텍스트 LCD를 사용하기 위해 `LiquidCrystal` 라이브러리를 include한다.
- Line 03 : 텍스트 LCD 핀을 초기화 하는 함수이며, RS 핀과 E 핀은 각각 12, 11번 핀을 사용하였으며, DB4, DB5, DB6, DB7 핀은 각각 5, 4, 3, 2 핀을 사용한다.
- Line 06 : 텍스트 LCD 창의 크기 20열과 2행으로 정의하였다.
- Line 07 : `lcd.print` 함수를 사용하여 텍스트 LCD에 `'Hello World'`가 표시되도록 한다.

회로를 연결하고 코드를 업로드 하면 [그림 5-4]와 같이 텍스트 LCD에 `'Hello World'`가 표시된다.

[그림 5-4] 텍스트 LCD 실습1 결과 화면

2) 다양한 디스플레이 함수 사용

이전 실습에서는 텍스트 LCD 크기를 지정하였고 화면에 `'Hello World'` 문구를 출력해 보았다. 이번 실습에서는 다양한 디스플레이 함수들을 사용해서 텍스트 LCD 소자에 문구를 출력하고 삭제하며, 커서를 이동시켜 두 가지 문구를 동시해 출력할 것이다.

```
01  #include <LiquidCrystal.h>
02
03  LiquidCrystal lcd(12, 11, 5, 4, 3, 2);
04
05  void setup() {
06    lcd.begin(20, 2);
07    lcd.print("Hello World!");
08    delay(5000);
09    lcd.clear();
10    lcd.print("cpe");
11    lcd.setCursor(0,1);
12    lcd.print("second line");
13  }
14
15  void loop() {}
```

- Line 08 : `delay()` 함수를 사용하여 5초 동안 `'Hello World'` 문구를 유지시킨다.
- Line 09 : `lcd.clear()` 함수를 사용하여 `'Hello world'` 문구를 삭제한다.
- Line 11 : `lcd.setCursor()` 함수는 커서의 위치를 이동시키는 함수이며, 이 함수를 사용하여 커서를 0,1 위치로 이동시킨다.

결과는 [그림 5-5](a)와 같이 5초 동안 `'Hello World'` 문구가 출력되며, 그 이후 [그림 5-5](b)와 같이 `'cpe'` 문구와 다음 줄에 `'second line'`이라는 문구가 출력된다.

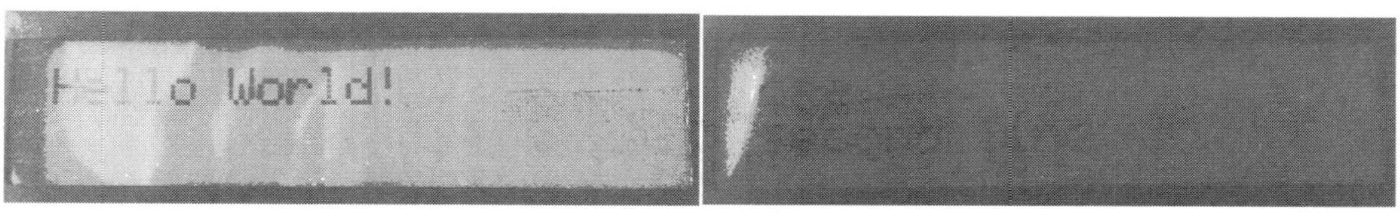

(a) (b)

[그림 5-5] 텍스트 LCD 실습2 결과 화면 (a) 첫 번째 화면 (b) 두 번째 화면

3) 이동하는 글자 표현

본 실습에서는 문구를 이동시키는 예제를 할 것이며, 함수를 복합적으로 사용하는 것에 대해 설명할 것이다. 함수를 사용하는 것에 있어 좀더 자유롭고 쉽게 이해할 수 있도록 하기 위해서 이와 같은 예제를 진행하였다.

```
#include <LiquidCrystal.h>

LiquidCrystal lcd(12, 11, 5, 4, 3, 2);

void setup() {
  lcd.begin(20, 2);
 for(int i=1;i<18;i++)
{
  lcd.setCursor(i,0);
  lcd.print("cpe");
  delay(300);
  lcd.clear();
}
  lcd.setCursor(8,0);
  lcd.print("cpe");
  for(int i=0;i<18;i++)
{
  lcd.setCursor(i,1);
  lcd.print("*");
  delay(300);
}
  lcd.clear();
}

void loop() {
  lcd.setCursor(8,0);
  lcd.print("cpe");
  lcd.setCursor(6,1);
  lcd.print("WELLCOME");
  delay(500);
  lcd.clear();
  delay(200);
}
```

- Line 07~13 : `lcd.setCursor()`, `lcd.print()`, `lcd.clear()` 함수를 `for`문을 사용하여 `'cpe'`문구가 왼쪽에서 오른쪽으로 이동하도록 하였다.
- Line 14~15 : `'cpe'` 문구가 위쪽 중앙에 위치하도록 하였다.
- Line 25~33 : `lcd.setCursor()`, `lcd.print()`, `lcd.clear()` 함수를 사용해서 위쪽 중앙에 `'cpe'`문구와 아래쪽 중앙에 `'WELLCOME'` 문구를 출력하도록 하였으며 0.5초 동안 깜박거리도록 하였다.

결과는 [그림 5-6] (a), (b)와 같이 `'cpe'` 문구가 이동하고, `'*'` 문구가 출력되며, 최종적으로 [그림 5-6] (c)와 같은 화면이 0.5초 간격으로 깜박거리는 것을 확인할 수 있다.

(a)

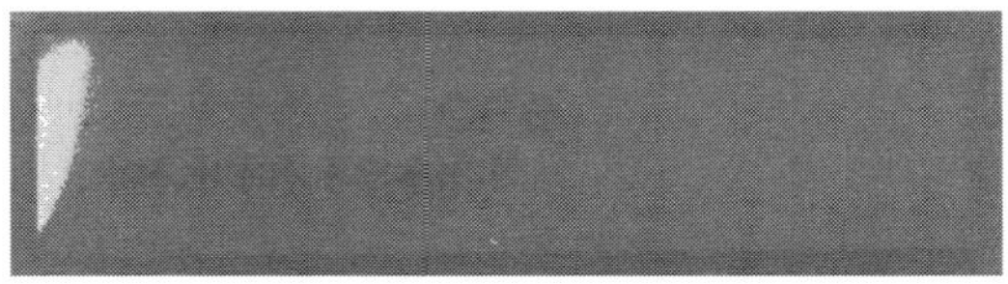

(b)

(c)

[그림 5-6] 텍스트 LCD 소자 실습3 결과 화면 (a) 이동화면 (b) '*' 출력화면 (c) 최종화면

제2절 LED Matrix

LED Matrix는 여러 개의 LED가 Matrix형태로 연결되어 있으며 LED 점멸을 이용하여 원하는 모양을 표현하는 디스플레이 장치이다. 앞에서 설명한 LCD에 비해 저렴하며 에너지 소모가 적다. 또한, 알파벳, 한글, 숫자, 간단한 그림 등을 쉽게 표현할 수 있기 때문에 안내판, 광고판, 전광판 등 다양한 용도로 사용되고 있다. [그림 5-7]은 야구 경기의 전광판 사진이며, 대형 LED Matrix가 사용되었다.

여러 개의 LED를 사용하여 직접 회로를 설계하고 구성할 수 있고, 설계되어 있는 하나의 소자로 구매도 가능하다. 구매 가능한 LED Matrix의 크기는 4×4, 8×8 등 다양하고 표현 가능한 LED의 색도 여러 종류가 있으며, 여러 가지 색을 표현할 수 있는 제품도 있다.

또한 LED Matrix를 작동하는 방법은 LED Matrix를 제어하는 전용 드라이버 칩을 사용하거나 사용자가 직접 핀을 제어 프로그래밍을 할 수 있다. 본 절에서는 직접 핀을 제어하여 LED Matrix를 사용할 것이다.

[그림 5-7] 야구 경기 전광판에 쓰인 LED Matrix

2.1 기술 특성

1) LED Matrix 소자

본 절에서 사용할 LED Matrix는 8x8크기의 SZ412388K-16P라는 소자로써 구동 드라이버는 포함되어 있지 않으며 제조사는 ARK사이다. LED의 색상은 빨간색이고 각 LED의 지름은 약 5mm, 작동 방식은 Anode 타입이다. [그림 5-8] (a)는 LED Matrix의 앞면, (b)는 뒷면의 사진으로 뒷면의 사진에서는 16개의 핀을 볼 수 있다.

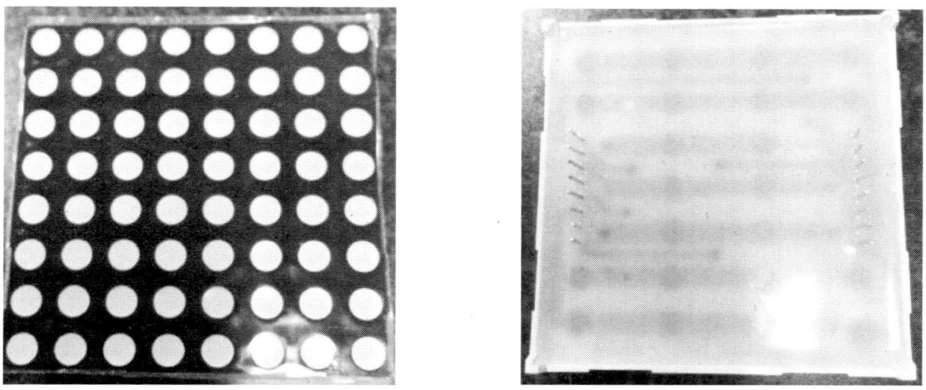

(a) (b)

[그림 5-8] LED Matrix의 (a) 앞면 (b) 뒷면

LED의 동작 방식에는 핀에 전원을 인가하는 방식에 따라 Cathode와 Anode 타입이 있다. Cathode 타입과 Anode 타입은 LED를 켤 때 연결하는 방식으로 구분한다. Cathode 타입의 경우 LED를 켤 때 행(Row)에 **LOW**, 열(Column)에 **HIGH**를 인가해주어야 한다. 반대로 Anode 타입의 경우 LED를 켤 때, 행에 **HIGH**, 열에 **LOW**를 인가해주어야 한다.

LED Matrix의 내부 회로는 [그림 5-9] (a)와 같이 구성되어 있다. 행 핀 번호는 차례대로 9, 14, 8, 12, 1, 7, 2, 5이고, 열(Column)의 핀 번호는 13, 3, 4, 10, 6, 11, 15, 16이다. 핀 배열이 1번부터 순서대로 되어있는 것이 아니기 때문에 와이어를 연결할 때 착오 없이 구성되도록 주의해야 한다. [그림 5-9] (b)는 LED Matrix의 핀 번호를 설명하기 위한 그림이다. 제품번호 인쇄되어 있는 면을 위로 두었을 때 왼쪽부터 1번 핀이고 그림과 같은 순서로 핀 번호가 배치되어 있다.

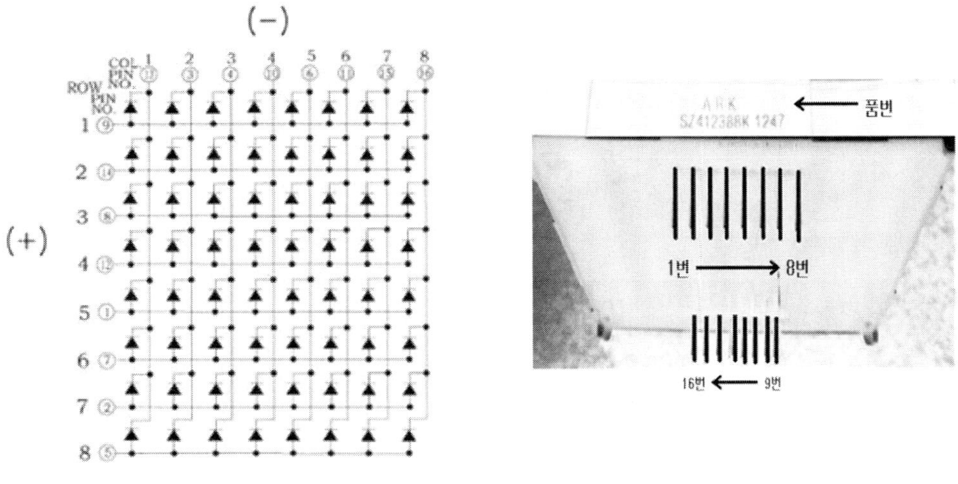

(a) (b)

[그림 5-9] LED Matrix의 (a) 회로도 (b) 핀 번호를 표시한 뒷면

2) LED Matrix 제어

LED Matrix의 내부 회로에서 볼 수 있듯이 LED Matrix는 한 줄을 한꺼번에 제어한다. 따라서 한 순간에 원하는 LED 만을 켜는 것은 불가능하다. 그렇다면 어떻게 원하는 위치의 LED만 켜진 것처럼 보이게 할 수 있을까? LED Matrix를 제어하는 방식에는 두 가지가 있다.

우선 행 단위로 제어하는 행 단위 스캔(Row Scan) 방식이 있다. 행 단위 스캔은 1행부터 8행까지 차례대로 원하는 열의 LED를 켜는 것이다. 이때, 다음 행의 LED를 켜는 주기를 1ms 정도로 매우 빠르게 설정한다. Anode 타입을 기준으로 설명하면, 한 행에 공통으로 연결된 핀에 HIGH를 가하고, 열에는 켜고자 하는 핀에만 LOW를 가한다. 이렇게 1행부터 8행까지 빠른 속도로 반복하면 잔상효과로 인해서 사람의 눈으로 볼 때는 1행부터 8행의 LED가 동시에 켜진 것처럼 보이게 된다.

행 단위 스캔과 반대로 동작하는 열 단위 스캔(Column Scan) 방식도 있다. 행 단위 스캔과 마찬가지로, 열 단위 스캔은 1열부터 8열까지 차례대로 LED를 켜는 것이다. Anode 타입의 경우, 한 열에 공통으로 연결된 핀에 LOW를 가하고, 행에는 켜고자 하는 핀에만 HIGH를 가한다. 이렇게 1열부터 8열까지 빠른 속도로 반복하여 모든 LED가 켜진 것처럼 보이도록 한다.

2.2 실습 준비

1) 아두이노 보드와 LED Matrix 연결

LED Matrix 제어를 위하여 16개의 핀이 필요하므로 아두이노 보드와 연결할 때 해당 신호 핀과 연결할 때 주의하여야 한다. [그림 5-10]과 같이 아두이노 보드의 2, 3, 4, 5, 6, 7, 8, 9번 핀을 LED Matrix의 1행~8행, 9, 14, 8, 12, 1, 7, 2, 5번 핀에 연결하고, 10, 11, 12, 13, A0, A1, A2, A3번 핀을 LED Matrix의 1열~8열, 13, 3, 4, 10, 6, 11, 15, 16 핀에 연결하였다. [표 5-2]는 연결될 핀 번호를 정리한 것이며 같은 행에 있는 번호의 핀끼리 연결한다. LED Matrix와 아두이노 연결할 때 실수를 방지하기 위하여 와이어에 테이프를 붙이고, 행과 열 번호를 표기하는 것도 좋은 방법이다.

[표 5-2] 아누이노 보드와 LED Matrix 핀 연결

아두이노 보드의 핀 번호	LED Matrix의 핀 번호	아두이노 보드의 핀 번호	LED Matrix의 핀 번호
2	9	10	13
3	14	11	3
4	8	12	4
5	12	13	10
6	1	A0	6
7	7	A1	11
8	2	A2	15
9	5	A3	16

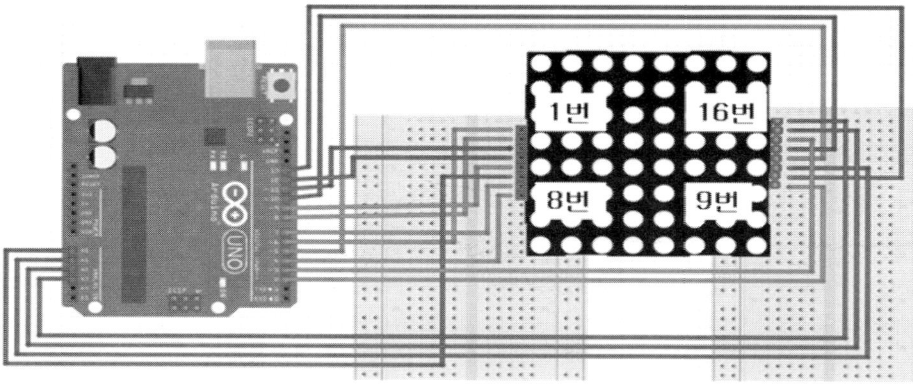

[그림 5-10] 아두이노 보드와 LED Matrix 연결 회로

[그림 5-11] 아두이노 보드와 LED Matrix를 연결한 모습

2) LED Matrix 제어방식 결정

본 절에서 사용하는 LED Matrix는 Anode 방식이기 때문에 LED를 켜려면 행에 HIGH, 열에 LOW가 인가되어야 한다. LED Matrix를 제어하는 방식인 행 단위 스캔과 열 단위 스캔 방식 중 행 단위 스캔을 사용한다.

실습에서는 한 행에서 원하는 LED를 켜는 것, 여러 행에서 켜는 것을 실습해볼 것이다. 이 실습을 토대로 메모리 큐브 프로젝트에서 LED Matrix를 사용할 것이다. 따라서 LED Matrix의 동작 원리를 잘 이해한다면, 뒤에 나오는 프로젝트 2를 수월하게 수행할 수 있을 것이다.

2.3 실습

1) 한 행에서 원하는 LED 점등

우선 한 행에서 원하는 LED를 켜보도록 한다. 이 실습은 행 단위 스캔 방식을 사용하는 가장 기초가 되는 실습이다.

```
01    int rows[] = {2, 3, 4, 5, 6, 7, 8, 9};
02    int cols[] = {10, 11, 12, 13, A0, A1, A2, A3};
03
04    void setup(){
05      for(int i = 0; i < 8; i++){
06        pinMode(rows[i], OUTPUT);
07        pinMode(cols[i], OUTPUT);
08      }
09    }
10    void clear(){
11      for(int i = 0; i < 8; i++){
12        digitalWrite(rows[i], LOW);
13        digitalWrite(cols[i], HIGH);
14      }
15    }
16    void loop(){
17      clear();
18      delay(500);
19      digitalWrite(rows[2], HIGH);
20      digitalWrite(cols[0], LOW);
21      digitalWrite(cols[1], LOW);
22      digitalWrite(cols[2], LOW);
23      delay(500);
24    }
```

- Line 01~02 : 행과 열의 핀 번호를 지정한다. 1행부터 8행은 2~9번 핀, 1열부터 8열은 10~13, A0~A3번 핀으로 지정한다.
- Line 04~09 : `setup()` 함수로 행과 열로 지정한 핀을 출력으로 설정한다.
- Line 10~15 : `clear()` 함수를 정의한다. `clear()` 함수는 모든 행과 열에 켜는 것의 반대의 값을 인가한다. 이번 실습에서 사용된 LED Matrix는 Anode 방식이기 때문에, 켜는 것의 반대로 행에 `LOW`, 열에 `HIGH`를 인가한다.

- Line 19~20 : 3행의 1, 2, 3열에 있는 LED를 켜도록 한다. Anode 방식이므로 행에 HIGH, 열에 LOW를 가한다.

소스코드를 컴파일 후 아두이노 보드에 업로드를 진행하면 [그림 5-12]와 같이, 3행의 1, 2, 3열에 있는 3개의 LED가 500ms의 주기로 꺼지고 켜지기를 반복한다. 이 소스코드를 기본으로 하여 코드를 수정해보며 여러 LED를 제어해보고, LED Matrix의 행과 열 방향을 알아내도록 한다.

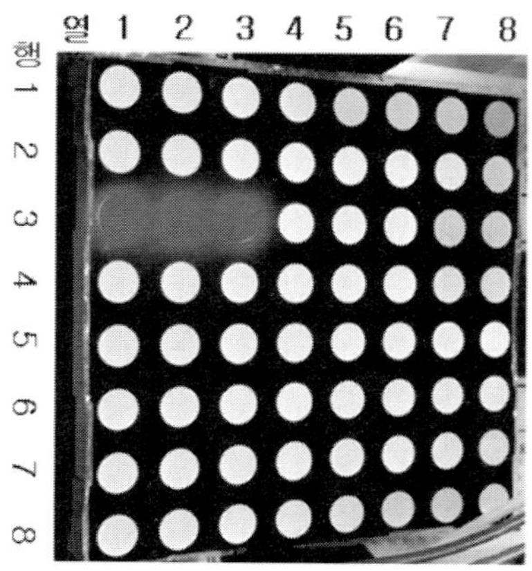

[그림 5-12] 실습 실행 결과

2) 여러 행에서 원하는 LED 점등

이번 실습에서는 여러 행의 LED를 켜보도록 한다. 이전에 언급했듯이 실제로 여러 행의 LED를 동시에 켤 수 없기 때문에, 행 단위 스캔 방식을 이용한다.

```
int rows[] = {2, 3, 4, 5, 6, 7, 8, 9};
int cols[] = {10, 11, 12, 13, A0, A1, A2, A3};

void setup(){
  for(int i = 0; i < 8; i++){
    pinMode(rows[i], OUTPUT);
    pinMode(cols[i], OUTPUT);
  }
}

```

```
11    void clear(){
12      for(int i = 0; i < 8; i++){
13        digitalWrite(rows[i], LOW);
14        digitalWrite(cols[i], HIGH);
15      }
16    }
17
18    int LED[] = {
19      1,0,0,0,0,0,0,0,
20      1,0,0,0,0,0,0,0,
21      1,0,0,0,0,0,0,0,
22      1,1,1,1,1,1,1,1,
23      1,0,0,0,0,0,0,1,
24      1,0,0,0,0,0,0,1,
25      1,0,0,0,0,0,0,1,
26      1,0,0,0,0,0,0,1};
27
28    void loop(){
29      for(int row = 0; row < 8; row++){
30        clear();
31        digitalWrite(rows[row], HIGH);
32        for(int col = 0; col < 8; col++){
33          if(LED[(row*8)+col]==1)
34          digitalWrite(cols[col], LOW); // ON
35          /*else
36          digitalWrite(cols[col], HIGH); // OFF */
37        }
38        delay(1);
39      }
40    }
```

- Line 01~16 : 이전 예제와 같은 부분이므로 앞의 설명을 참고한다. 핀을 출력으로 지정하고, **clear()** 함수를 선언한다.
- Line 18~26 : LED Matrix의 LED의 숫자와 같은 개수인, 64개의 데이터를 가진 **LED**라는 배열을 선언한다. 이 배열을 이용하여 켜고 싶은 LED를 지정하며, 데이터 값으로 1을 가진 위치의 LED를 켜도록 한다.

- Line 29~31 : 행 단위 스캔을 하기 위한 for반복문이다. 변수 **row**는 행의 번호를 나타낸다. 스캔하고 있는 행의 LED를 켜기 위해 **HIGH** 값을 인가한다.
- Line 32~36 : 배열 LED의 데이터 값이 1인 경우, 열에 **LOW**를 가하여 켜도록 한다. 데이터 값이 0인 경우, LED가 켜지지 않도록 **HIGH**를 가하는 것이 이론상 맞지만, 어차피 **for**문 내 **clear()** 함수에서 매번 **HIGH**를 인가하므로 Line 35~36은 추가하지 않아도 되기 때문에 주석처리 해두었다.
- Line 38 : 각 행의 LED들을 순차적으로 반복해서 켜기 위해 **delay()** 함수를 이용하여 Delay를 지정한다. Delay가 3ms 이상되면, 계속 켜지는 것이 아닌 깜빡이는 것으로 보이기 때문에, 켜져 있는 것처럼 보이기 위해서는 최대 2ms 이하로 설정하도록 한다.

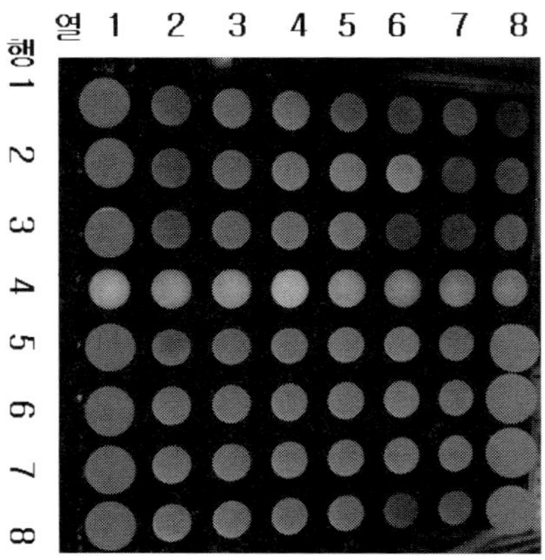

[그림 5-13] 소문자 h를 출력한 모습

제6장 통 신

아두이노 보드는 다른 임베디드 모듈처럼 시리얼 포트 또는 별도의 하드웨어 인터페이스를 통하여 다양한 통신기술을 지원하며 개발자는 통신 환경 및 요구사항에 따라 적절한 통신기술을 선택할 수 있다. 본 장에서 최근 많이 사용하는 Bluetooth, 적외선, Wi-Fi (Wireless Fidelity), NFC(Near Field Communication) 등을 소개한다. 이러한 통신기술들의 최대 전송거리 및 전송속도 등 대표적 특성을 정리하면 [표 6-1]과 같다. 이들 중 NFC 통신은 근접 통신 및 저속 전송속도 환경에 적합하며 Wi-Fi 통신은 비교적 원거리 및 고속 전송속도를 제공한다.

[표 6-1] 통신별 기술특성

	통신 거리(최대)	전송 속도
Bluetooth	100m	2.1Mbit/s
적외선	2m	4Mbit/s
Wi-Fi	500m	11Mbit/s
NFC	0.02m	424kbit/s

본 장에서는 모듈 형태로 간단하게 사용할 수 있고 SPI를 사용하지 않는 Bluetooth 통신과 적외선 통신에 대해 먼저 소개하며, SPI를 사용하지 않지만 사전 지식이 필요한 Wi-Fi 통신을 뒤이어 소개할 것이다. 마지막으로는 SPI를 사용하는 NFC 통신을 소개할 것이다. 모든 절에서 각각의 통신에 대한 정의와 역사에 대해 설명할 것이며, 데이터 전송 방식과 실습에서 사용되는 모듈과 쉴드에 대해 소개할 것이다. 실습을 통하여 쉽게 다가갈 수 있도록 하였으며, 코드에 대한 설명도 자세히 다룰 것이다.

제1절 Bluetooth 통신

1994년 Ericsson은 휴대폰과 주변장치를 연결하는 무선 솔루션을 연구를 시작하였다. 이후 Ericsson은 다른 휴대장치 제조사와 제휴를 추진했고 마침내 1998년 2월에 Nokia, IBM(International Business Machines Corporation), Toshiba, Intel 등의 대표적인 IT 회사로 Bluetooth SIG(Special Interest Group)를 구성하였다. Bluetooth SIG에는 현재

Motorola, Microsoft, Lucent Technology, 3Com 등 세계적인 기업이 참여하며 표준 규격으로 자리잡았다. Bluetooth 통신은 저렴한 가격에 저전력이고 주파수 대역을 나누기 때문에 데이터 주파수를 여러 주파수에 분할해 보낼 수 있다. 또한 1 : 7 통신을 지원하므로 부담 없이 사용가능하며 보안 위협에 상대적으로 안전하다. [그림 6-1]은 Bluetooth 로고이다.

[그림 6-1] Bluetooth 로고

Bluetooth는 IEEE(Institute of Electrical and Electronics Engineers) 802.15.1 규격으로 표준화가 확정되었으며 PANs(Personal Area Networks) 기술이다. Bluetooth가 사용하는 주파수는 2.4GHz ISM(Industry Science Medical) 대역을 이용하며 Bluetooth는 FSK(Frequency Shift Keying) 변복조기술을 사용한다. 고주파와 저주파를 활용하는 FSK는 ASK보다 Noise에는 강하기 때문에, Bluetooth 통신은 ASK를 사용하는 NFC 통신보다 더 긴 전송거리에서 활용할 수 있다. Bluetooth는 1.0버전을 시작으로 1.1, 1.2, 2.0, 2.1, 3.0, 4.0을 지나 최근 4.1까지 발표되었다. 1.0버전은 가장 초기 버전으로 제품 간의 상호 호환성이 어려웠으며 이러한 문제점을 해결하고 2002년 1.1버전으로써 IEEE 802.15.1 표준에 승인되었다. 1.2버전은 이전 버전보다 빠른 접속과 주파수 간섭문제에 대비하였으며, 데이터 속도를 3Mbit/s로 향상시킴으로써 2.0버전이 발표되었다. 속도를 최대 24Mbps로 향상시킴으로써 3.0버전이 발표되었으며, 저전력과 Wi-Fi기반으로 높은 스피드를 개선함으로 4.0버전이 발표되었다. 현재 4.1은 이전 버전보다 Bluetooth와 LTE 무선이 서로 통신 상태를 조정해 가까운 대역폭으로 인한 간섭 현상을 줄이고, 장치간의 거리가 증가되면 연결이 끊어지게 되는데 거리가 줄어들면 자동적으로 연결된다.

1.1 기술특성

1) 데이터 전송방식

Bluetooth 통신 네트워크는 Master-Slave 방식으로 연결되어 있으며, 하나의 Master Device에는 7개의 Slave Device까지 연결 가능하다. Slave Device는 Master Device에 의해 Clock이 동기화되고, 이러한 Clock에 맞춰 데이터가 전송된다. Bluetooth에서의 데이터 전송 방식은 TDD(Time Division Duplex)이며, TDD는 1MHz의 대역폭을 지닌 각각의 채널들을 625us의 타임 슬롯으로 할당 하고 그 타임 슬롯에 데이터를 전송하는 것을 말한다. 데이터는 각 타임 슬롯을 통해 Packet형태로 전송되며, 길이가 긴 데이터의 경우 5개까지의 슬롯으로 나누어져서 전송된다. Master와 Slave의 연결종류에 따라 데이터 전송 방식에 있어 차이점이 존재하게 된다. Master와 Slave가 Point-to-Point 연결인 경우에는 SCO(Synchronous Connection Oriented) link에 속하며, 625us의 일정한 시간 간격으로 예약이 된 타임 슬롯을 통해 데이터를 주고 받는다. 이와 다르게 Master와 Slave가 Point-Multi-Point 연결인 경우에는 ACL(Asynchronous Connection Less) link에 속하며, 데이터전송 요구에 따라 타임 슬롯을 통해 데이터를 주고 받는다. ACL link는 데이터 재전송(Retransmission)이 지원되며 일반적인 데이터 전송에 사용하지만, SCO link는 재전송이 지원되지 않으므로 시간적 요인이 중요하고 신뢰성이 크게 요구되지 않는 데이터 전송에 적합하다.

2) Bluetooth 모듈

아두이노 보드는 Bluetooth 쉴드 또는 모듈과 같은 인터페이스를 제공한다. [그림 6-2]는 본 절에서 사용한 OEM사의 HC-06이다. HC-06 모듈은 Slave device이며, 매우 제한적인 명령어가 존재한다. HC-06 모듈의 핀은 VCC, GND, TxD(Transmit Date), RxD(Receive Data) 총 4개로 구성되어있다. HC-06 모듈은 3.3V 전압에서 동작하므로 아두이노의 3.3V 핀에 연결한다. TxD 핀은 HC-06 모듈의 Serial Output이므로 아두이노 보드의 Rx 핀과 연결하여야 하며, RxD 핀은 Serial Input이므로 아두이노 보드의 Tx 핀과 연결해야 한다.

[그림 6-2] HC-06 모듈

1.2 실습 준비

1) 실습 재료

실습하기 위해서 [그림 6-3]과 같이 아두이노 보드, HC-06, 아두이노 연결케이블, 점프선, 브레드 보드가 필요하다. 암수커넥터가 있다면 직접 아두이노 보드와 연결을 해도 무방하다.

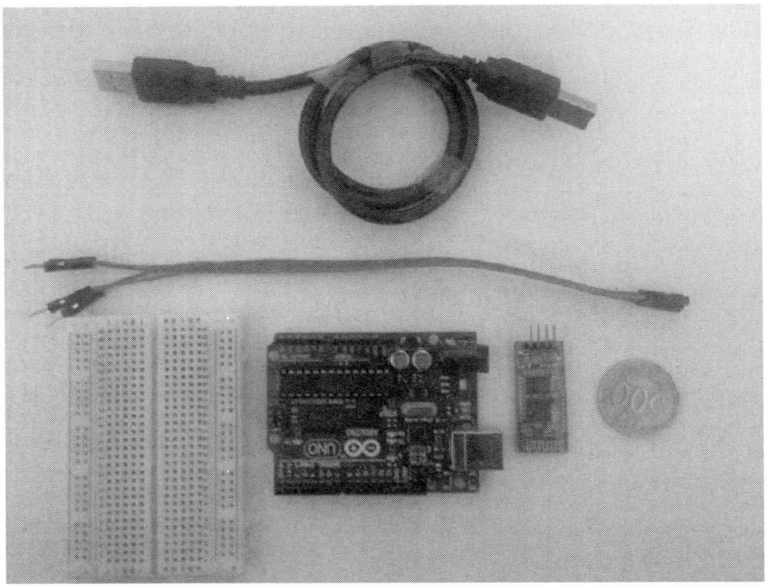

[그림 6-3] Bluetooth 통신 실습 재료

2) 아두이노 보드와 HC-06 모듈 회로 연결

실습에 들어가기 이전에 HC-06 모듈을 사용하는데 있어 주의할 점이 있다. 아두이노 보드는 Output핀에 5V 전압이 출력되므로 HC-06 모듈의 RxD 핀에 무리한 전압이 인가된다. HC-06 모듈을 짧은 시간 동안 사용하는데 문제는 발생하지 않으나 오랜 수명을 위해 RxD 핀에 3.3V 전압을 인가한다. 3.3V 전압을 인가하는 것은 [그림 6-4]를 참고한다. 두 실습 모두 같은 회로구성을 가지고 있으며 HC-06 모듈의 RxD 핀은 저항을 지나 아두이노 보드 2번 핀에 연결하며, TxD 핀은 3번 핀에 연결한다.

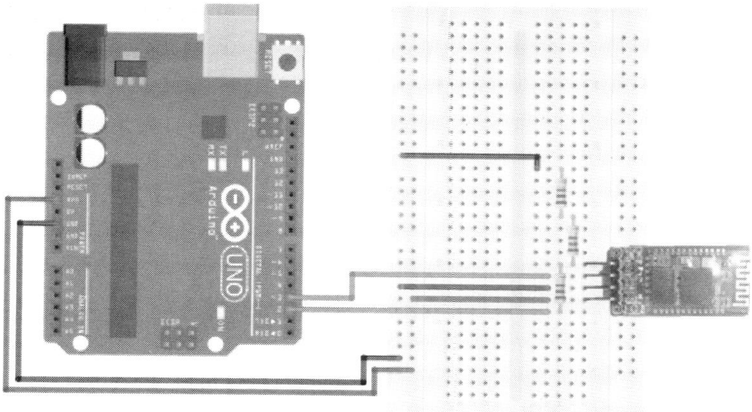

[그림 6-4] HC-06 모듈 연결 회로도

1.3 실습

본 소절에서는 HC-06 모듈을 사용하여 Bluetooth 통신을 실습한다. 먼저 HC-06 모듈의 Name을 변경하고 Password를 설정할 것이다. 다음으로 스마트폰과 아두이노 보드 사이에 Bluetooth 통신을 이용하여 데이터를 주고 받으며 이를 확인함으로써 예제를 마무리한다.

1) HC-06 모듈 Name과 Password 변경

HC-06 모듈은 초기에 통신 속도 값이 9600으로 설정되어 있으며, 초기 Name은 NULL, 초기 Password는 1234로 설정되어 있다. 통신 속도는 1200, 2400, 4800, 9600, 19200, 38400, 57600, 115200 총 8가지 중에 선택할 수 있으며, 이번 예제에서는 기본 값 9600을 사용한다. Name은 arduino로 설정할 것이며, Password는 4321로 설정한다.

```
#include <SoftwareSerial.h>

SoftwareSerial BTSerial(3, 2);

void setup(){
        Serial.begin(9600);
        Serial.println("Hello!");
```

```
08              BTSerial.begin(9600);
09      }
10
11      void loop(){
12              if (Serial.available()) {
13                      BTSerial.write(Serial.read());
14              }
15      }
```

- Line 01 : Bluetooth 통신을 사용하기 위하여 **SoftwareSerial** 헤더를 include한다.
- Line 03 : **SoftwareSerial** 라이브러리는 Interrupt핀을 사용하게 되어있는데, 아두이노 Uno에서는 2, 3번 핀을 Interrupt핀으로 사용하므로 **BTSerial(3, 2)**와 같이 지정한다.
- Line 05~09 : Serial과 Bluetooth 통신속도를 9600으로 지정한다.
- Line 11~15 : **Serial.available()** 함수를 사용하였는데, 이는 시리얼 통신이 사용 가능한 상태인지를 알려준다. 여기서 **if** 문을 사용하여 시리얼 통신이 사용 가능하면 시리얼 모니터에서 보낸 데이터를 HC-06 모듈을 통해 전송한다.

[그림 6-5] (a)는 시리얼 모니터 초기화면이며, [그림 6-5] (b)는 Name을 바꾸는 모습이다. Name을 바꾸기 위해 **AT+NAME**라는 명령어를 사용하고, 마지막으로 **AT+PIN** 명령어를 사용하여 [그림 6-5] (c)와 같이 Password를 변경한다. 명령어가 올바르게 입력되면 [그림 6-5] (d)와 같이 OKsetname과 OKsetpin 문구가 출력된다. 변경된 Name과 Password 확인하는 방법은 다음 예제를 통해 확인한다.

[그림 6-5] 출력화면 (a) 초기화면 (b) Name 변경화면 (c) Password 변경화면 (d) 최종화면

2) 안드로이드 어플리케이션과 통신

이전 예제에서 HC-06모듈의 통신 속도와 Name, Password를 변경하였다. 이번 예제에서 변경된 Name과 Password를 확인하고 Bluetooth 통신으로 스마트폰과 아두이노 보드 사이의 데이터 전송을 설명한다.

```
01      #include <SoftwareSerial.h>
02
03      SoftwareSerial BTSerial(3, 2);
04
05      void setup(){
06              Serial.begin(9600);
07              Serial.println("Hello!");
08              BTSerial.begin(9600);
09      }
10
11      void loop(){
12              if (BTSerial.available()){
13                      Serial.write(BTSerial.read());
14              }
15              if (Serial.available()) {
16                      BTSerial.write(Serial.read());
17              }
18      }
```

- Line 12~14 : **BTSerial.available()** 함수는 Bluetooth 통신이 가능하면 **True**가 출력되는 Boolean형 함수이다. **if**문을 사용하여 Bluetooth 통신이 가능하면 다른 Bluetooth device에서 보낸 데이터를 시리얼 모니터로 출력하도록 했다. 여기서는 Bluetooth device를 스마트폰으로 사용한다.

결과를 확인하기 전 스마트폰에 Bluetooth 통신이 가능한 어플리케이션을 설치한다. 이 예제는 play 스토어에서 Bluetooth Arduino를 다운로드 받아 사용한다. [그림 6-6] (a)는 어플리케이션 초기 화면이고, 여기서 connect bluetooth를 선택하면 [그림 6-6] (b)와 같이 선택화면이 나온다. 아래 부분에 arduino로 표시되어 있는데 이것은 앞선 예제에서 변경한 Name이다. arduino를 선택 시 화면이 [그림 6-6] (c)와 같이 변경되면 정상적으로 연결이 된 것이다. 정상적으로 연결이 되었다면 아래의 두 가지 버튼을 사용하여 시리얼 모니터로 데이터를 전송할 수 있다. [그림 6-7]은 Bluetooth 통신을 사용하여 스마트폰 어플리케이션에서 전송한 데이터이다.

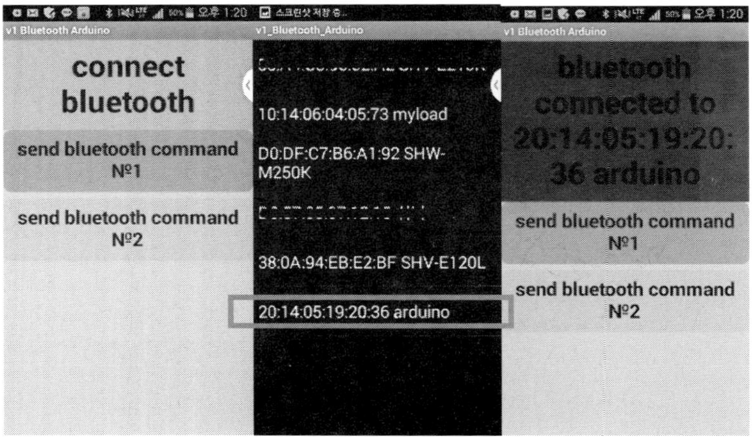

(a) (b) (c)

[그림 6-6] 스마트폰 어플리케이션 화면 (a) 초기화면 (b) 모듈 선택화면 (c) 연결된 화면

[그림 6-7] 시리얼 모니터 출력화면

첫 번째 실습에서 HC-06모듈의 Name과 Password를 변경하였고 두 번째 실습에서는 변경된 Name을 확인하고 스마트폰을 이용해 데이터를 전송 받아 이를 시리얼 모니터로 확인하였다. 이번 절에서 예제를 통해서 Bluetooth 통신에 대해 이론을 정리하였고 실습하였다. 이를 통해 개발자는 개발 환경에 맞게 Bluetooth 통신을 사용할 수 있을 것이며 활용할 수 있다.

제2절 적외선 통신

적외선통신이란 적외선 LED 형태의 송신기와 센서 형태의 수신기를 이용하여 무선으로 통신하는 방식이다. TV, 디지털 카메라, 휴대폰, 프린터 등을 무선으로 제어 및 통신에서 주로 사용되고 있다

적외선통신은 2000년대 초반 휴대폰 간 무선 데이터통신에 널리 사용되었다. 하지만 스마트폰이 등장한 이후 다양한 무선통신 방식이 가능해지면서, 최근 휴대폰에서는 이 기능을 지원하지 않고 있다.

초기 적외선통신에 대한 기술은 표준화되지 않고 기업들은 자체표준을 마련하여 제품간 호환이 되지 않았다. 그러던 중 1993년 IrDA(Infrared Data Association, 국제적외선통신데이터협회)가 결성되어 표준을 발표하면서 제품간 호환, 기술개발 등이 체계적으로 이루어지기 시작하였다. IrDA는 HP, IBM, Motorola, Nokia, Ericsson, Microsoft, Sony 등 세계 유수의 100여개 업체가 참여하였으며 IrDA 표준을 따르는 제품은 [그림 6-8] 로고를 사용한다.

Infrared Data Association SM

[그림 6-8] IrDA 로고

2.1 기술 특성

1) 적외선 수신 센서

적외선 수신 센서는 VISHAY사의 TSOP4P 소자를 사용한다. TSOP4P 소자는 [그림 6-9]와 같으며 3개의 핀이 있고 그 중 1번 핀은 적외선 센서를 통해 수신한 값을 내보내는 역할을 하고 2, 3번 핀은 각각 GND, VCC을 연결하는 핀이다. 이 센서의 수신 최대거리는 45m, 공급 전압은 2.7~5.5V, 반송 주파수는 38kHz이다.

MECHANICAL DATA

Pinning

1 = OUT, 2 = GND, 3 = V_S

[그림 6-9] 적외선 수신 센서

2) 데이터 전송 방식

적외선통신에서 이용되는 데이터 전송 방식은 RC-5, TC9012, D6121 등이 있다. RC-5 방식은 Philips사에서 개발되었으며 Philips를 포함한 유럽과 미국의 기업들에서 주로 사용된다. TC9012 방식은 삼성전자, LG전자의 TV 리모컨에서 사용되고 있다. D6121 방식은 NEC 방식이라고도 불리며, 시중에서 구할 수 있는 대부분의 리모컨이 채택하고 있는 방식이다. 이번 실습에서는 D6121방식에 대해 더 자세히 알아보도록 한다.

전송되는 데이터의 단위는 프레임(Frame)라고 불리며, TC9012 방식의 데이터 프레임은 [그림 6-10]과 같이 구성되어 있다. Lead Code 8 비트, Custom Code16비트, Data Code 8 비트, Data Code의 보수 8 비트로 이루어져있다. Lead Code는 프레임의 시작을 의미하고 Custom Code는 TV, 에어컨, Audio 등 기기의 종류를 구분하는 식별자이며 마지막으로 Data Code는 리모컨의 입력 값을 포함한다.

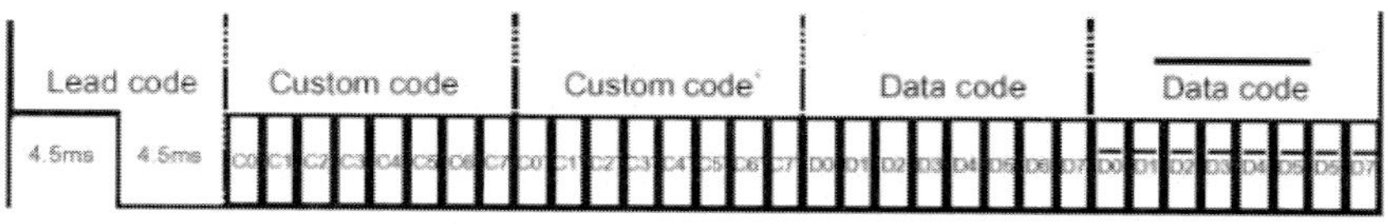

[그림 6-10] TC9012 Code

[그림 6-11]은 D6121 포맷에서 사용되는 프레임의 예시이다. 시작을 알리는 Lead Code는 9ms동안 1, 4.5ms동안 0으로 구성된다. Address는 위에서 말한 Custom Code에 해당되며 8비트 값과 이 값의 보수가 합쳐져 16비트로 이루어져 있다. Command는 Data Code에 해당되며 마찬가지로 8비트 값과 보수로 이루어져 16비트이다. 마지막 0.56ms 동안의 1은 프레임의 끝을 나타낸다. 예외적으로 같은 버튼을 반복해서 입력했을 때는 [그림 6-12]와 같은 프레임이 전송된다.

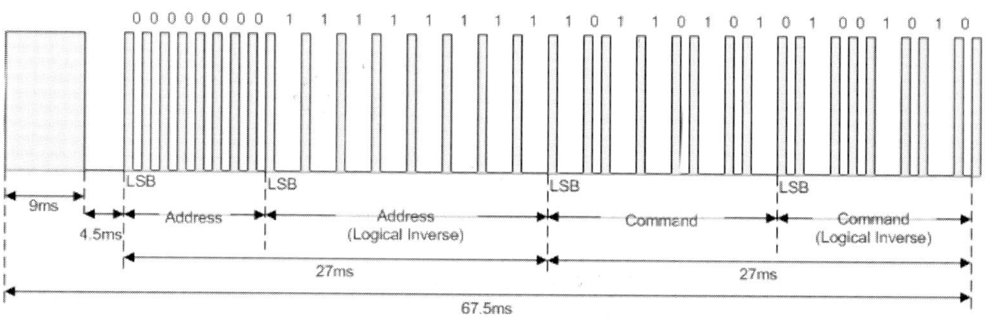

[그림 6-11] D6121 포맷의 프레임 예시

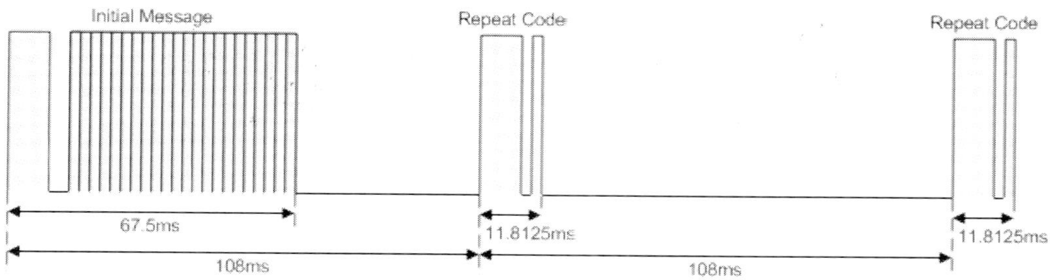

[그림 6-12] 반복 입력되었을 때의 프레임

[그림 6-13]은 0과 1을 표현할 때 사용되는 변조 방식에 대한 그림이다. Custom Code와 Data Code에서 0과 1의 표현할 때는 OOK(On-off Keying) 방식으로 변조한다. 0을 표현할 때는 한 구간을 1.125ms로 하고, 그 중 1이 앞의 0.56ms로 이루어져 있다. 1을 표현할 때는 한 구간을 2.25ms로 하고, 그 중 HIGH인 구간은 0일 때와 같이 0.56ms로 표현한다. 신호를 전송할 때 0과 1이 평균적으로 같은 비율로 나타난다고 가정한다면 전송속도는 약 593bps (bit per second)이다.

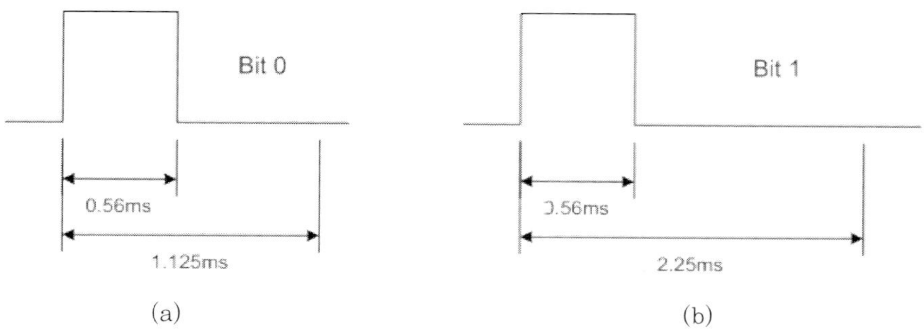

[그림 6-13] 데이터 표현방식 (a) 0 (b) 1

송신부와 수신 부는 위와 같은 데이터 전송에 대한 규칙을 공유한다. 송신부는 적외선 LED를 통해 신호를 전달한다. 적외선 LED는 눈에 보이지는 않지만, 휴대폰 카메라를 통해 보면 빠르게 켜지고 꺼지는 것을 확인할 수 있다. 수신부의 적외선 센서는 LED신호를 수신하고, 규칙을 이용하여 LED가 켜지고 꺼지는 패턴을 디코딩 하여 활용한다. [그림 6-14]는 TV를 예로 든 적외선 통신의 모식도이다.

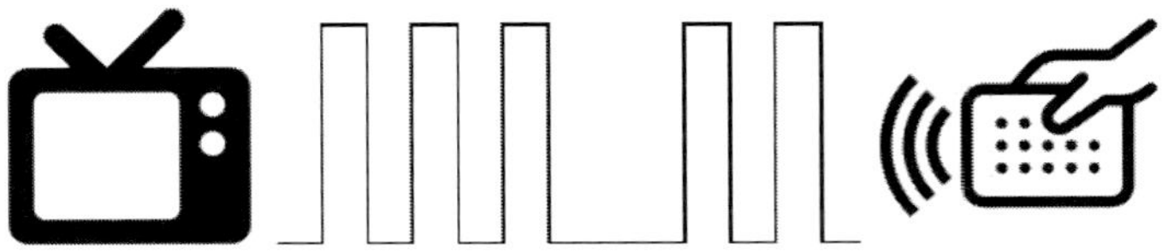

[그림 6-14] 적외선 통신의 모식도

2.2 실습 준비

1) 라이브러리 설치

아두이노 보드와 적외선센서를 연결하여 적외선통신을 이용하려면 적외선통신 오픈소스(Open Source) 라이브러리를 사용한다. 오픈소스 라이브러리는 데이터의 Lead Code, Custom Code, Data Code 등을 분석하고 해석하는 역할을 한다. 라이브러리는 https://github.com/shirriff/Arduino-IRremote에서 다운로드를 받을 수 있다. Download ZIP 버튼을 누르고 C:₩Program Files₩Arduino₩libraries에 압축을 푼다. 압축을 푼 후, 여러 소스코드 파일 중 **IRremoteInt.h** 파일의 일부분을 수정해야 한다. [그림 6-15]는 **IRremoteInt.h**의 일부분이다. 여기서 22번째 줄의 **WProgram.h**라고 쓰여있는 부분을 **Arduino.h**로 수정한 후 저장한다.

```
16 #ifndef IRremoteint_h
17 #define IRremoteint_h
18
19 #if defined(ARDUINO) && ARDUINO >= 100
20 #include <Arduino.h>
21 #else
22 #include <WProgram.h>
23 #endif
24
```

[그림 6-15] IRremoteInt.h의 코드

> * error: 'TKD2' was not declared in this scope가 발생했을 경우
> - 아두이노 1.60에서 IR 라이브러리를 사용할 때 발생하는 에러이다. 아두이노 스캐치가 설치되어 있는 폴더의 IRremoteTools.cpp와 IRremoteTools.h를 다른 대체 라이브러리로 바꿔주거나 삭제해주면 해결된다.
> (~\Arduino\libraries\RoborIRremote\scr\IRremoteTools.cpp.~\IRremoteTools.cpp.h)

2) 아두이노 보드와 적외선 센서 연결 회로

[그림 6-16]은 아두이노 보드와 적외선 센서를 연결한 모습이다. 적외선 수신 센서의 1번 핀은 출력 핀이므로 아두이노 보드의 디지털 핀인 11번 핀과 연결하고, 센서의 2번 핀과 3번 핀을 각각 아두이노 보드의 그라운드 핀인 GND 핀, 전원 핀인 VCC 핀에 연결한다.

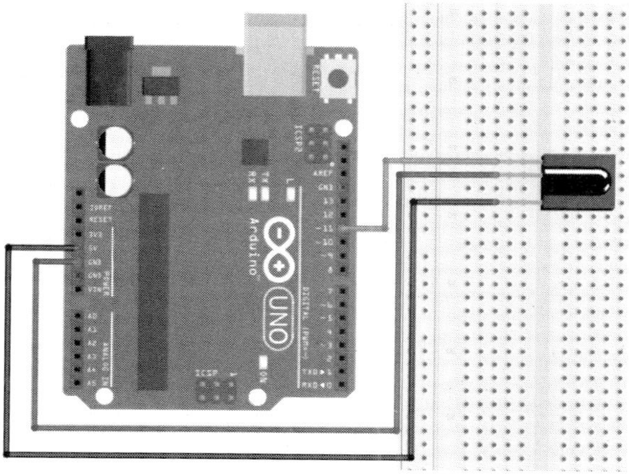

[그림 6-16] 아두이노와 적외선 센서 연결 회로

2.3 실습

1) 리모컨 신호 수신

처음으로 실습해 볼 예제는 센서를 통해 리모컨의 키 값을 입력 받는 예제이다. 라이브러리가 정확하게 설치되었다면 예제 메뉴에 IRrecvDemo라는 이름의 예제가 있을 것이다. 소스코드는 다음과 같다.

```
#include <IRremote.h>

int RECV_PIN = 11;

IRrecv irrecv(RECV_PIN);

decode_results results;

void setup()
```

```
10    {
11      Serial.begin(9600);
12      irrecv.enableIRIn(); // Start the receiver
13    }
14
15    void loop() {
16      if (irrecv.decode(&results)) {
17        Serial.println(results.value, HEX);
18        irrecv.resume(); // Receive the next value
19      }
20    }
```

- Line 01 : 라이브러리를 사용하기 위해 **IRremte.h** 헤더파일을 include한다.
- Line 03 : 센서의 출력 핀을 아두이노 보드의 11번 핀과 연결했기 때문에 **RECV_PIN**이라는 정수형 변수에 11을 대입한다.
- Line 05 : **irrecv**라는 **IRrecv** 구조체를 선언한다. **IRremote** 라이브러리를 사용하는 과정이다.
- Line 07 : **IRremote** 라이브러리를 통해 디코딩한 값을 저장할 **results** 라는 변수를 선언한다.
- Line 11 : 시리얼 모니터를 사용하기 위한 함수이다. 매개 변수인 9600은 시리얼 통신 전송 속도이며 단위는 bps이다.
- Line 12 : 적외선 신호를 입력 받기 위해 수신 센서를 활성화하는 함수이다.
- Line 16~18 : if문에서 수신한 신호가 있는지 검사한다. 신호가 있다면, 수신한 신호를 디코딩한 값을 **serial.println** 함수를 사용하여 시리얼 모니터로 출력하고, **irrecv.resume** 함수를 호출하여 다음 신호를 수신한다.

만약 자세한 라이브러리에 관한 내용이 궁금하다면 오픈소스를 다운로드 받았던 github 페이지를 참조하거나, **IRremote.h** 헤더 파일을 직접 분석하면 된다. 이 책에서는 라이브러리를 사용하는 방법까지만 설명하도록 한다.

[그림 6-17]은 소스코드를 업로드한 후, 리모컨으로 몇 개의 버튼을 눌렀을 때의 시리얼 모니터 출력화면이다. 앞의 세자리 2FD가 리모컨의 기종을 Custom Code부분이다. 여러 버튼을 눌러도 이 부분은 바뀌지 않는다. 뒤에 4자리는 Data Code 부분으로 버튼을 눌렀을 때마다 값이 바뀌는 것을 확인할 수 있다. 버튼을 오래 누르고 있을 때는 반복 코드인 FFFFFFFF라는 값이 출력되는 것을 확인할 수 있다.

[그림 6-17] 시리얼 모니터 출력화면

1) 리모컨을 이용한 LED 제어

이번 예제는 리모컨을 이용하여 LED를 제어하는 것이다. 리모컨에서 값이 입력되면 적외선 수신 센서를 통해 신호를 인식하고 그 값에 따라 LED를 켜고 끈다. 이와 같이 입력받은 신호의 값을 확인하고, 특정한 신호 값이 입력되었을 때 원하는 동작을 실행시키는 작업을 맵핑(Mapping)이라고 한다. 회로는 [그림 6-18]와 같이 LED가 추가되었다. 13번 핀을 LED의 출력 핀으로 사용한다. 예제의 소스코드는 다음과 같다.

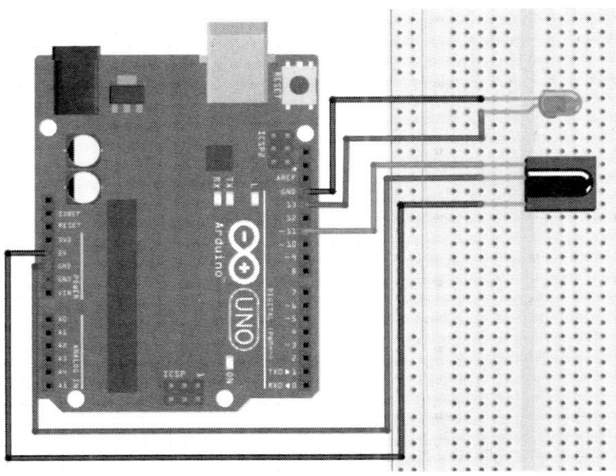

[그림 6-18] 아두이노 보드에 적외선 수신 센서와 LED 연결

```
#include <IRremote.h>

int RECV_PIN = 11;

IRrecv irrecv(RECV_PIN);

decode_results results;

void setup()
{
  Serial.begin(9600);
  irrecv.enableIRIn(); // Start the receiver
  pinMode(13, OUTPUT);
}

void loop() {
  if(irrecv.decode(&results)){
  Serial.println(results.value, HEX);
    switch(results.value){
      case 0x2FD30CF:
        digitalWrite(13, HIGH);
        delay(1000);
        break;
       case 0x2FDF807:
        digitalWrite(13, HIGH);
        delay(500);
        break;
      default:
        digitalWrite(13, LOW);
        break;
    }
    digitalWrite(13, LOW);
    irrecv.resume(); // Receive the next value
    delay(100);
  }
}
```

- Line 01 : 라이브러리를 사용하기 위해 `IRremte.h` 헤더파일을 include한다.
- Line 03 : 센서의 출력 핀을 아두이노 보드의 11번 핀과 연결했기 때문에 `RECV_PIN`이라는 정수형 변수에 11을 대입한다.
- Line 05 : `irrecv`라는 `IRrecv` 구조체를 선언한다. `IRremote` 라이브러리를 사용하는 과정이다.
- Line 07 : `IRremote` 라이브러리를 통해 디코딩한 값을 저장할 `results` 라는 변수를 선언한다.
- Line 11 : 시리얼 모니터를 사용하기 위한 함수이다. 매개 변수인 9600은 시리얼 통신 전송 속도이며 단위는 bps이다.
- Line 12 : 적외선 신호를 입력 받기 위해 수신 센서를 활성화하는 함수이다.
- Line 13 : LED 출력을 확인할 13번 핀을 출력용 핀으로 설정한다.
- Line 17~18 : `if`문에서 수신한 신호가 있는지 검사한다. 신호가 있다면, 수신한 신호를 디코딩한 값을 `serial.println` 함수를 사용하여 시리얼 모니터로 출력한다.
- Line 19~29 : `Switch-case` 문을 사용해 특정 버튼이 입력되었을 때 수행할 동작을 지정한다. 특정 버튼의 값은 시리얼 모니터를 통해 사전에 확인해야 한다. 수신한 신호의 디코딩한 값이 `0x2FD30CF`이면 LED를 1000ms 동안 켜고, `0x2FDF807`이면 500ms 동안 LED를 켠다.
- Line 32~34 : 동작을 모두 수행한 후 LED를 끄고, 다음 적외선 신호를 수신할 함수인 `irrecv.resume()` 함수를 호출한다.

`Switch-case` 문은 `if` 문과 같이 조건 제어문으로 사용된다. 처리해야 할 경우의 수가 많을 때는 `Switch-case` 문의 경우 `if`문보다 훨씬 효율적으로 구현할 수 있다. `Switch()`의 괄호 안에는 판별할 변수명을 입력한다. 그리고 `case` 문에서는 조건을 입력하고, 수행할 작업을 추가한다. 이때, 반드시 `break`를 추가해야만 다른 `case`를 실행하지 않고 빠져나간다.

제3절 무선 랜 통신

무선 랜(Wireless LAN) 통신은 각 국의 주파수 라이선스 사용 승인 없이 누구나 사용할 수 있도록 할당된 900MHz, 2.4GHz, 5.8GHz ISM(Industry Science Medical) 대역을 사용한다. 1997년 IEEE(Institute of Electrical and Electronics Engineers)에서 최초의 표준안, IEEE 802.11이 완성되었으며, 1999년 2.4Ghz에서 동작하는 IEEE 802.11b 표준

이 확정되고 뒤이어 2000년에 5.8GHz에서 동작하는 IEEE 802.11a 표준이 확정되었다. 무선 랜 기술발전이 지속되어 IEEE는 2003년에 2.4GHz 주파수 대역에서 54Mbps를 지원하는 802.11g 표준을 확정되었고 2009년에 2.4GHz와 5GHz 주파수 대역에서 150Mbps를 지원하는 802.11n 표준이 확정되었다. 2011년에 5GHz 주파수 대역을 사용하고 433Mbps를 지원하는 802.11ac 표준이 확정되었고 2013년에 60GHz 주파수를 사용하고 7Gbps를 지원하는 802.11ad 표준이 확정되었다.

1999년 다수의 회사들이 모여 WECA(Wireless Ethernet Compatibility Alliance)를 결성하였으며, 무선 랜 장비들 사이의 호환성을 제공하기 위한 제품인증 용어로 음향의 Hi-Fi(High Fidelity) 용어와 유사하게 호환성 시험을 통과한 제품에게 Wi-Fi(Wireless Fidelity)라는 용어를 부여하였다. 그 후 2002년부터는 Wi-Fi Alliance가 WECA 단체명과 함께 통용되어 사용되었다. Wi-Fi는 무선인터넷 광대역 접속기술이며 무선 랜 연결과 장치간 연결, PAN(Personal Area Network), LAN(Local Area Network), WAN(Wide Area Network) 구성 등을 지원하는 기술이다. Wi-Fi 통신은 인터넷에 데이터를 전달해주는 기능을 하는 AP(Access Point)와 사용자가 서비스를 받는 단말간의 통신이며, 2.4~2.5GHz 주파수를 사용하고 초기에는 전파도달 거리가 10m에 그쳤지만 최근에는 200~300m로 확장되었다. AP는 유선과 무선 통신의 브리지 역할을 하며, Wi-Fi 통신이 가능하도록 환경을 만들어준다. Wi-Fi 통신은 앞에서 설명한 Bluetooth 통신과 달리 QAM(Quadrature Amplitude Modulation)을 사용한다. QAM이란 Amplitude와 Phase를 동시에 변조하는 기술이며, ASK(Amplitude Shift Keying)와 PSK(Phase Shift Keying) 변복조기술의 복합된 형태라고 볼 수 있다. QAM 변복조기술은 PSK보다 Frequency 효율이 좋지만 잡음에 민감하고 취약한 특징이 있다. Wi-Fi 통신을 사용하는 장치에는 [그림 6-19]와 같은 로고를 사용한다.

[그림 6-19] Wi-Fi 로고

3.1 기술특성

1) 데이터 전송 방식

Wi-Fi 통신의 데이터 전송 방식은 크게 Setup, Data transfer, Teardown으로 나눠져 있다. 데이터를 전송하기 이전에 Setup 과정을 거쳐 통신 준비를 하고 데이터를 전송하며, Teardown 과정을 거쳐 통신을 종료한다. Setup 과정은 송신 단말기에서 AP로 Add Block Ack Request 메시지를 보내며, AP가 이를 수용하고 ACK(Acknowledgement) 메시지를 다시 단말기에 보내는 것이다. ACK 메시지란 수신부에서 정상적으로 동작할 수 있다는 메시지 이며, 데이터가 오류 없이 수신될 경우 보내지는 메시지이다. Setup 과정이 정상적으로 마친 경우 Data transfer 과정으로 이어지며 이 과정에서 데이터를 전송하고 수신할 수 있다. 데이터를 송수신 하는 과정에서 수신부에서 오류 없이 받았다면 ACK 메시지를 보낸다. 마지막으로 송수신 단말기 통신 거리가 멀어지거나 다른 AP를 연결할 경우 Teardown 과정으로 이어지며 AP로 Delete Block Ack Request 메시지를 보내는 것으로 통신이 종료된다.

2) Wi-Fi 쉴드

본 절에서는 Wi-Fi 모듈로써 Arduino사의 Wi-Fi 쉴드를 사용할 것이다. [그림 6-18]은 Wi-Fi 쉴드이며, 쉴드가 아두이노 보드에 직접 올려 사용하는 것이므로 따로 핀을 연결하지 않으며 쉴드를 올린 후에도 이전의 아두이노 보드를 사용하는 것처럼 핀을 다른 센서나 모듈에 연결 가능하다. [그림 6-20]에서 Micro-USB 포트는 Wi-Fi 모듈의 버전을 업그레이드 하기 위해서 사용한다.

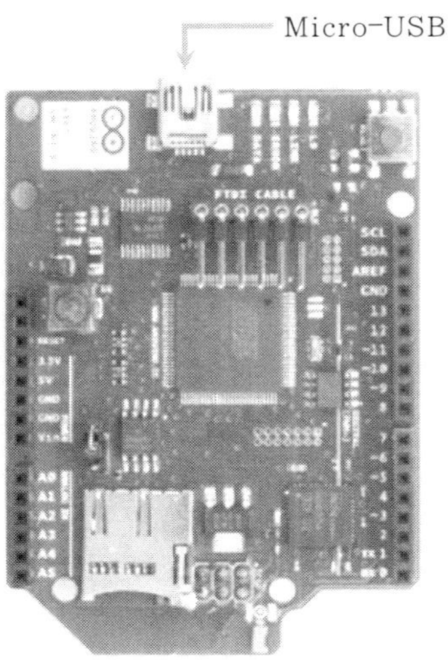

[그림 6-20] Wi-Fi 쉴드

3.2 실습 준비

1) 실습 재료

실습하기 위해서 [그림 6-21]과 같이 아두이노 보드, Wi-Fi 쉴드, 아두이노 연결 케이블이 필요하다. 다른 실습과 다르게 쉴드를 사용했고 쉴드는 아두이노 보드에 바로 연결할 수 있으므로 점프선이 필요하지 않다.

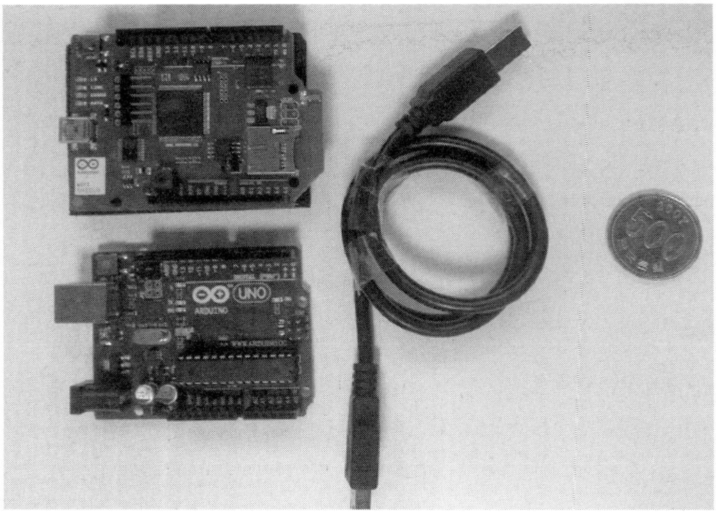

[그림 6-21] Wi-Fi 통신 실습 재료

3.3 실습

1) Wi-Fi 쉴드를 사용하여 Wi-Fi 연결

첫 번째 실습으로 Wi-Fi 쉴드를 사용하여 AP와 무선 랜 접속을 할 것이다. 시리얼 모니터로 AP Wi-Fi AP의 이름과 MAC(Media Access Control) address를 확인하며 자신의 Wi-Fi 쉴드의 IP(Internet Protocol) address와 MAC address를 확인할 수 있다. 실습에 필요한 소스코드는 아두이노 예제의 Wi-Fi의 ConnectNoEncryption파일이며, Wi-Fi 접속 시 비밀번호가 필요 없는 경우에 사용하는 소스코드이다. 소스코드에서 ssid[] 옆에 cpe라고 쓰여져 있는 부분을 자신이 사용할 AP의 이름으로 변경한다. 본 실습에서는 cpe라는 AP를 사용하여 진행하였다.

```
#include <SPI.h>
#include <WiFi.h>

char ssid[] = "cpe";
int status = WL_IDLE_STATUS;

void setup() {
  Serial.begin(9600);
  while (!Serial) {
    ;
  }

  if (WiFi.status() == WL_NO_SHIELD) {
    Serial.println("Wi-Fi shield not present");
    while (true);
  }

  String fv = WiFi.firmwareVersion();
  if ( fv != "1.1.0" )
    Serial.println("Please upgrade the firmware");

  while ( status != WL_CONNECTED) {
    Serial.print("Attempting to connect to open SSID: ");
    Serial.println(ssid);
    status = WiFi.begin(ssid);
    delay(10000);
  }

  Serial.print("You're connected to the network');
  printCurrentNet();
  printWifiData();
}

void loop() {
  delay(10000);
  printCurrentNet();
}

```

```
void printWifiData() {
  IPAddress ip = WiFi.localIP();
  Serial.print("IP Address: ");
  Serial.println(ip);
  Serial.println(ip);

  byte mac[6];
  WiFi.macAddress(mac);
  Serial.print("MAC address: ");
  Serial.print(mac[5], HEX);
  Serial.print(":");
  Serial.print(mac[4], HEX);
  Serial.print(":");
  Serial.print(mac[3], HEX);
  Serial.print(":");
  Serial.print(mac[2], HEX);
  Serial.print(":");
  Serial.print(mac[1], HEX);
  Serial.print(":");
  Serial.println(mac[0], HEX);

  IPAddress subnet = WiFi.subnetMask();
  Serial.print("NetMask: ");
  Serial.println(subnet);

  IPAddress gateway = WiFi.gatewayIP();
  Serial.print("Gateway: ");
  Serial.println(gateway);
}

void printCurrentNet() {
  Serial.print("SSID: ");
  Serial.println(WiFi.SSID());

  byte bssid[6];
  WiFi.BSSID(bssid);
  Serial.print("BSSID: ");
  Serial.print(bssid[5], HEX);
```

```
77        Serial.print(":");
78        Serial.print(bssid[4], HEX);
79        Serial.print(":");
80        Serial.print(bssid[3], HEX);
81        Serial.print(":");
82        Serial.print(bssid[2], HEX);
83        Serial.print(":");
84        Serial.print(bssid[1], HEX);
85        Serial.print(":");
86        Serial.println(bssid[0], HEX);
87
88        long rssi = WiFi.RSSI();
89        Serial.print("signal strength (RSSI):");
90        Serial.println(rssi);
91
92        byte encryption = WiFi.encryptionType();
93        Serial.print("Encryption Type:");
94        Serial.println(encryption, HEX);
95    }
96    }
```

- Line 01~02 : Wi-Fi 통신을 하기 위해서 SPI와 Wi-Fi 헤더파일을 include한다.
- Line 04~05 : 자신이 접속할 AP를 `ssid[]`안에 입력하며 `status`는 `WL_IDLE_STATUS`로 지정한다.
- Line 08~11 : 시리얼 모니터와의 통신 속도를 9600으로 정의하고 `while(!Serial)`함수를 사용하여 아두이노 보드가 시리얼 포트에 연결될 때까지 기다리도록 만든다. `while(!Serial)` 함수는 아두이노 레오나르도 보드를 사용할 경우에만 해당된다.
- Line 13~16 : Wi-Fi 쉴드가 없을 경우 Wi-Fi 상태는 `WL_NO_SHIELD`가 되며, `'Wi-Fi shield not present'`라는 문구가 출력되는 부분이다.
- Line 18~20 : `firmwareVersion()` 함수를 사용하여 String변수 `fv`에 버전을 저장한다. 여기에서 버전이 1.1.0이 아니면 `'upgrade'` 문구가 출력된다.
- Line 22~27 : Wi-Fi에 연결이 되지 않은 경우 `'Attempting to connect to open SSID: '`문구가 표시되면서 `begin(ssid)`함수를 통해 연결을 시도한다.
- Line 29~32 : `printCurrentNet()` 함수와 `printWifiData()` 함수를 호출하며, 이 함수는 뒤에서 자세히 다룬다.

- Line 34~37 : **loop()** 함수를 통해 10초에 한번 **printCurrentNet()** 함수를 호출한다.
- Line 39~67 : **prinWifiData()** 함수이며, 이 함수는 Wi-Fi 쉴드의 IP Address와 MAC Address, SubnetMask Address, Gateway Address를 출력한다. Wi-Fi 쉴드의 IP Address는 Wi-Fi 헤더에 있는 **WiFi.localIP()** 함수를 통해 호출하며, MAC Address는 **WiFi.macAddress(mac)** 함수를 통해 호출한다. SubnetMask Address와 Gateway Address도 각각 **WiFi.subnetMask()** 함수와 **WiFi.gatewayIP()** 함수를 통해 알 수 있다.
- Line 69~95 : **printCurrentNet()** 함수이며, Wi-Fi을 연결한 AP의 SSID(Subsystem Identification)와 BSSID(Basic Service Set Identification), RSSI(Received Signal Strength Indicator), encryption을 출력한다. SSID는 AP의 이름이며 **WiFi.SSID()** 함수를 사용하고, BSSID는 AP의 MAC address이며 **WiFi.BSSID()** 함수를 사용한다. RSSI는 연결 수신 감도를 나타내며 **WiFi.RSSI()** 함수를 사용하고 마지막으로 **WiFi.encryptionType()** 함수를 통해 암호화 타입을 출력한다.

아두이노 보드에 Wi-Fi 쉴드를 연결하고 소스코드를 업로드하면 [그림 6-22]와 같이 시리얼 모니터에 출력되며 Wi-Fi가 연결된다. [그림 6-20]에서 AP이름이 **cpe**이라고 출력되어 있는데 이 부분은 Wi-Fi를 cpe AP에 연결하였기 때문이다. 현재 사용하고 있는 AP의 이름과 MAC Address가 출력되었고 수신강도가 -44이며 암호화 타입이 7인 것을 알 수 있다. 또한, Wi-Fi 모듈의 IP Address와 MAC Address를 보여주며, SubnetMask Address와 Gateway Address도 함께 출력되는 것을 확인할 수 있다. 여기서 MAC Address는 쉴드가 가지고 있는 고정된 장치 번호와 같으며, IP Address의 주소를 명확하게 하기 위해서 SubnetMask Address를 사용하여 구분한다. 마지막으로 Gateway Address는 통신을 할 때 외부로 데이터가 나가기 위한 출구 Address라고 생각하면 된다.

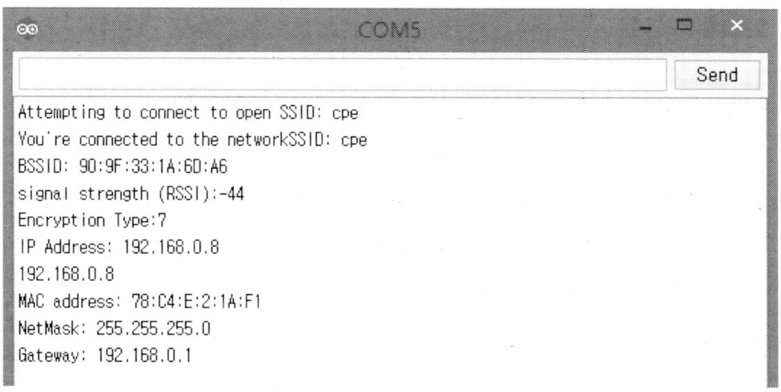

[그림 6-22] 시리얼 모니터 출력화면

2) Wi-Fi 통신을 이용해 PC와 통신

두 번째 실습에서는 Wi-Fi 쉴드를 이용하여 간단한 웹 서버를 만들고 PC에서 웹 서버를 통해 아두이노 보드 9번 핀에 있는 LED를 컨트롤 할 것이다. Wi-Fi 쉴드는 AP부터 IP Address를 할당 받으며 할당 받은 IP Address로 통신을 한다. Wi-Fi 쉴드에는 L9라는 LED가 있으므로 추가적으로 LED를 연결할 필요 없으며, 이번 실습에서는 같은 AP에 연결되어야만 통신이 가능하므로 주의한다. 첫 번째 실습에서는 Password가 없는 AP에 접속했지만 이번 예제에서는 Password가 있는 AP에 접속할 것이다. AP의 이름과 Password를 각각 ssid와 pass에 입력하고 다음 소스코드를 사용한다.

```
#include <SPI.h>
#include <WiFi.h>

char ssid[] = "cpe";
char pass[] = "secretPassword";
int keyIndex = 0;

int status = WL_IDLE_STATUS;
WiFiServer server(80);

void setup() {
  Serial.begin(9600);
  pinMode(9, OUTPUT);

  if (WiFi.status() == WL_NO_SHIELD) {
    Serial.println("Wi-Fi shield not present");
    while (true);
  }

  String fv = WiFi.firmwareVersion();
  if ( fv != "1.1.0" )
    Serial.println("Please upgrade the firmware");

  while ( status != WL_CONNECTED) {
    Serial.print("Attempting to connect to Network named: ");
    Serial.println(ssid);

```

```
    status = WiFi.begin(ssid);
    delay(10000);
  }
  server.begin();
  printWifiStatus();
}


void loop() {
  WiFiClient Client = server.available();

  if (Client) {
    Serial.println("new Client");
    String currentLine = "";
    while (Client.connected()) {
      if (Client.available()) {
        char c = Client.read();
        Serial.write(c);
        if (c == '\n') {
          if (currentLine.length() == 0) {
            Client.println("HTTP/1.1 200 OK");
            Client.println("Content-type:text/html");
            Client.println();
            Client.print("Click <a href=\"/H\">here</a> turn the LED on pin 9 on<br>");
            Client.print("Click <a href=\"/L\">here</a> turn the LED on pin 9 off<br>");
            Client.println();
            break;
          }
          else {
            currentLine = "";
          }
        }
        else if (c != '\r') {
          currentLine += c;
        }
```

```
63
64          if (currentLine.endsWith("GET /H")) {
65            digitalWrite(9, HIGH);
66          }
67          if (currentLine.endsWith("GET /L")) {
68            digitalWrite(9, LOW);
69          }
70        }
71      }
72      Client.stop();
73      Serial.println("Client disonnected");
74    }
75  }
76
77  void printWifiStatus() {
78    Serial.print("SSID: ");
79    Serial.println(WiFi.SSID());
80
81    IPAddress ip = WiFi.localIP();
82    Serial.print("IP Address: ");
83    Serial.println(ip);
84
85    long rssi = WiFi.RSSI();
86    Serial.print("signal strength (RSSI):");
87    Serial.print(rssi);
88    Serial.println(" dBm");
89    Serial.print("To see this page in action, open a browser to http://");
90    Serial.println(ip);
```

- Line 09 : 80포트를 사용하는 웹 서버를 만들기 위해서 선언한다.
- Line 13 : 9번 핀에 있는 LED를 사용하기 위해서 OUTPUT포트 선언을 한다.
- Line 31 : 웹 서버와의 통신을 초기화한다.
- Line 32 : Wi-Fi 쉴드의 IP주소와 통신 수신감도를 출력해주는 함수이다.
- Line 37~45 : 웹 서버의 통신 가능한 상태를 Client에 저장한다. 다음으로 Client가 접속하고 Client가 통신이 가능하면 `Client.read()`를 통해 데이터를 받는다.
- Line 47~55 : Client가 처음 접속하였을 때 웹 서버에 문구를 출력해주는 함수이다. `Client.print()` 함수 안에 있는 것은 웹 페이지를 만드는 과정이며 이 책에서는 자세히

다루지 않는다. 만약 Client가 `'Click <a href=\"/H\">here</a> turn the LED on pin 9 on<br>'`에서 here을 클릭했다면 /H가 전송된다.

- Line 60~62 : Client에서 보낸 데이터를 저장한다.
- Line 64~70 : **endsWith()**함수는 Client가 /H를 보냈다면 **true**가 **Return**되며, 9번 핀에 있는 LED를 켠다.
- Line 72~73 : **Client.stop()**함수를 이용하여 Client와의 Wi-Fi 통신을 종료한다.
- Line 77~90 : **printWifiStatus()**함수이며, AP의 이름과 IP Address, 통신의 수신 감도를 출력한다.

Wi-Fi 쉴드를 연결하고 소스코드를 업로드 하면 [그림 6-23] (a)과 같은 화면이 출력되며 같은 AP사용하는 PC로 [그림 6-23] (a)에 표시된 주소로 접속하면 [그림 6-23] (b)과 같은 화면이 출력된다. [그림 6-23] (c)은 PC에서 웹 서버에 접속한 화면이며 [그림 6-23] (d)는 Click here turn the LED on pin 9 on에서 here을 클릭한 후 Wi-Fi 쉴드 9번 LED에 불이 켜진 화면이다.

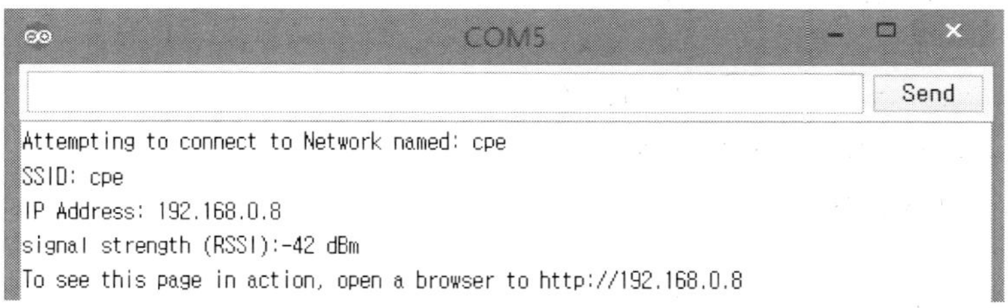

(a)

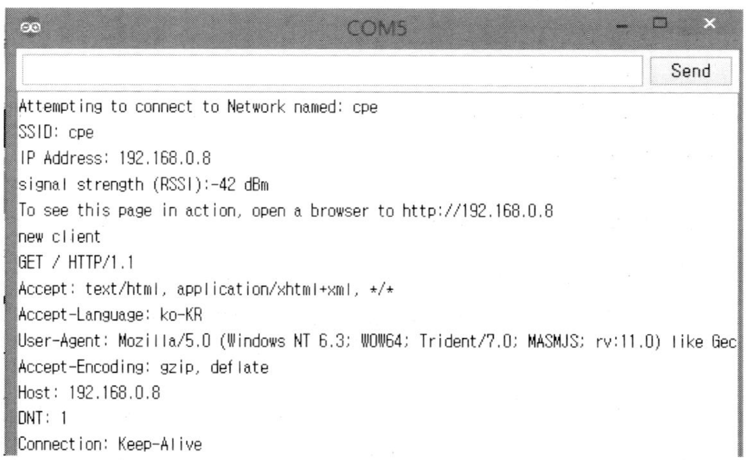

(b)

[그림 6-23] Wi-Fi 통신 실습 결과 (a) Client 접속 전 (b) Client 접속 후

(c)

(d)

[그림 6-23](계속) Wi-Fi 통신 실습 결과 (c) 웹 서버 화면 (d) Wi-Fi 쉴드

제4절 NFC 통신

NFC(Near Field Communication) 통신은 2003년 NFC 통신규격에 대한 국제표준제정(ISO/IEC 18092)과 2004년 NFC포럼 설립으로 공식적으로 사용되기 시작하였다. 이전에는 전용 리더기와 IC카드 형태의 고정형 서비스에 국한되어 있었지만 개인 스마트폰에 비접촉식 무선통신기술을 접목하려는 노력이 지속되면서 2010년 7월 Nokia는 2011년부터 자사의 모든 스마트폰에 NFC를 탑재할 것이라고 발표하였고 지금 현재 대부분의 스마트폰에는 NFC기능이 탑재되어있다.

NFC는 RFID(Radio-Frequency Identification) 기술을 기초로 하기 때문에 NFC를 다루기 전 RFID의 정의를 먼저 이해하는 것이 바람직하다. RFID기술이란 송수신 장치들 사이에서 900Mhz 주파수를 이용해 정보를 인식하는 기술로써, 바코드(Barcode)와 비슷한 기능을 수행하며 RFID 태그(Tag)와 RFID 리더기(Reader)가 필요하다. RFID 태그는 안테나와 집적회로로 이루어지는데, 집적회로 안에 정보를 기록하고 안테나를 통해 RFID

판독기에게 정보를 송신한다. 리더기에 송신된 정보는 RFID 태그가 부착된 장치를 식별하는 데 이용되며 RFID 기술을 사용하는 장치는 [그림 6-24] (a)와 같은 RFID 로고를 사용한다.

NFC 통신은 수 m 사이에 통신을 할 수 있는 RFID 기술을 10cm 내외 통신거리로 축소 개발한 통신기술이다. NFC 기술은 RFID 기술과 같이 태그와 리더기로 구성되며 아주 작은 데이터를 주고받는 비접촉식 근거리 무선통신기술로 13.56Mhz의 주파수 대역을 사용하고 ASK 변복조기술을 사용한다. NFC가 하부 전송기술로 사용하는 ASK는 간단한 통신기술인 반면 Noise에 의한 Amplitude의 왜곡으로 수신 장치에서 복조가 어렵다는 단점 때문에 NFC는 통신거리가 짧다. 그러나 NFC는 가격이 저렴하고 다른 통신기술들보다 상대적으로 보안이 우수하기 때문에 차세대 근거리 무선통신기술로 주목을 받고 있다. RFID 제품에 로고를 사용한 것과 같이 NFC도 [그림 6-24] (b)의 로고를 사용하고 있다.

(a) (b)

[그림 6-24] 로고 (a) RFID (b) NFC

4.1 기술특성

1) 데이터 전송방식과 NFC 태그 타입

RFID 통신은 읽기만 가능한 반면 NFC 통신은 읽고 쓰기가 가능하다. NFC 통신이 가능한 디바이스는 P2P(Peer-to-Peer), Card Emulation, Read/Write와 같은 3가지 모드를 제공한다. 그 중 개발자는 원하는 모드를 선택하여 사용할 수 있다. P2P 모드는 송수신이 가능한 디바이스간의 양방향 통신을 통해 데이터를 교환하는 것이며, 이러한 방식으로 사진, 문서 등을 주고받을 수 있다. Card Emulation 모드는 리더기의 ON/OFF와 관계없이 항상 태그 인식이 가능하며 결재 시스템과 연동하는 경우 NFC 결재 기능이 있는 스마트카드를 결재시스템 NFC리더기에 태그하는 방식으로 활용할 수 있다. 마지막으로 Read/Write 모드는 NFC 리더기의 활성화 상태에서 NFC 태그 정보를 읽을 수 있고 태그에 정보를 저장할 수도 있다. 개발자는 NFC 디바이스를 사용할 때 P2P, Card Emulation, Read/Write

3가지 모드 중에 한 가지를 선택 할 수 있고 선택한 모드에 따라 Active와 Passive 방식이 결정된다. 두 개의 디바이스가 양방향 통신을 하는 P2P는 대부분 Active 방식인 반면 Card Emulation과 Read/Write는 Passive 방식이다.

NFC 통신의 데이터 전송방식은 Active와 Passive 방식에 따라 구분된다. 먼저 Active 방식에서는 송수신 단말기 각각 자신이 발생한 RF필드를 가지고 통신하기 때문에 수신단말기에서 송신데이터를 수신하고 자신이 발생한 RF필드를 직접 변조해 송신단말기에 응답데이터를 전송한다. Active 방식에서의 데이터 전송은 단말기의 초기 명령어와 수신 단말기의 응답데이터에 의해 이루어진다. Passive 방식에서는 리더기가 RF필드를 이용하여 명령어와 데이터를 전송하고 태그는 리더기의 RF필드를 Load Modulation방식으로 데이터를 보낸다. 리더기에서 데이터를 가지고 있는 초기 명령어를 보내고 태그는 리더기에서 보낸 RF필드를 이용해 데이터를 전송하게 된다.

NFC 태그는 [표 6-2]에서 보는 바와 같이 타입 1부터 타입 4까지 총 4가지의 타입이 있으며, 타입 1은 전송 속도가 106kbps로써 느리며 메모리 크기도 1KB이하이다. 타입 4는 전송속도가 424kbps이고 메모리 크기가 64KB이므로 타입1과 비교하여 전송 속도가 빠르고 메모리 크기가 크다.

[표 6-2] NFC 태그 타입

	타입 1	타입 2	타입 3	타입 4
RF 인터페이스	ISO 14443A	ISO 14443A	ISIO 18092	ISO 14443
속도	106kbps	212kbps		106~424kbps
프로토콜	자체 명령어	자체 명령어	FeliCa	ISO 14443-4 ISO 7816-4
메모리 크기	1KB 이하	2KB 이하	1MB 이하	64KM 이하

2) NFC 모듈

아두이노 보드와 연결하여 사용할 수 있는 NFC 모듈은 Huayuan사의 rdm630, NXP사의 RC522 등이 있다. 우리는 이들 중 가장 많이 사용하는 NXP사의 RC522 모듈을 선택하였다. RC522 모듈은 [그림 6-25]에서 보는 바와 같이 여러 연결 핀을 가지고 있으며 이들은 다음과 같이 하드웨어 구성/소프트웨어 동작을 수행한다.

RC522 모듈은 SPI를 지원하는데 이는 Full-Duplex 방식을 사용하기 때문에 데이터의 송수신이 동시에 가능하다. SPI는 RC522 모듈에서 개발자가 쉽게 사용할 수 있도록 지원하는 것이며 SPI 라이브러리는 아두이노 보드에서 기본적으로 제공된다. SPI에 대한 자세한 내용은 책에 벗어나는 내용이므로 다루지 않는다. RC522 모듈은 3.3V 전압에서 동작

[그림 6-25] RC522 모듈

하며 핀은 NSS(Negative Slave Select), SCK(Serial Clock), MOSI(Master Out-Slave In), MISO(Master In-Slave Out), GND, RST(Reset) 등 7개가 존재한다. SPI 라이브러리에 핀이 사전에 지정되어 있기 때문에 핀의 용도를 모르더라도 RC522 모듈을 사용하는 것에 있어서 무관하지만 간단하게 소개하고 넘어간다. NSS핀은 Master에 연결할 Slave를 선택하기 위한 핀이며, SCK핀은 Master와 Slave를 위한 Serial Clock핀이다. MOSI핀은 Master Mode에서는 데이터를 전송하는데 사용할 수 있고, Slave Mode에서는 데이터를 수신하는데 사용할 수 있다. MISO핀은 Master Mode에서는 데이터를 수신할 때, Slave Mode에서는 데이터를 전송할 때 사용한다. 아두이노 보드에는 SPI를 위한 핀 10, 11, 12, 13번이 사전에 정의되어 있다. 자세한 핀 배치는 [표 6-3]과 같으며, SPI 라이브러리를 수정하지 않고 다른 핀에 연결하여 사용할 경우 동작이 되지 않으므로 주의하여야 한다.

[표 6-3] 핀 배치

RC522	아두이노 Uno
VCC	3.3V VCC
GND	GND
RST	9번
MOSI	11번
MISO	12번
NSS	10번
SCK	13번

3) NFC 태그카드

우리는 NFC 태그로 NFC 통신을 쉽게 사용할 수 있고 RC522 모듈과 같이 많이 사용하는 NFC 태그카드를 다룰 것이다. NFC 태그카드는 [그림 6-26]과 같이 (a) 고리형과 (b) 카드형이 있으며, 고리형과 카드형 형태만 다를 뿐 데이터 량과 통신 속도가 같다. NFC 태그카드에는 데이터를 저장할 수 있으며, 리더기의 RF필드를 이용한다. [그림 6-27]과 같이 NFC 태그카드에는 총 16개의 Sector가 존재하며 각 Sector당 4개의 Block이 존재한다. 한 Block당 16Byte 크기를 저장 공간을 가지고 있으며 많은 데이터를 저장시킬 수는 없다. 카드마다 고유 ID와 같은 UID가 존재하며, PICC 타입이 정의되어있다. PICC는 NFC 태그카드의 타입을 나타내며, [그림 6-27]과 같이 타입 1인 것을 확인할 수 있다.

(a) (b)

[그림 6-26] NFC 태그카드 (a) 고리형 (b) 카드형

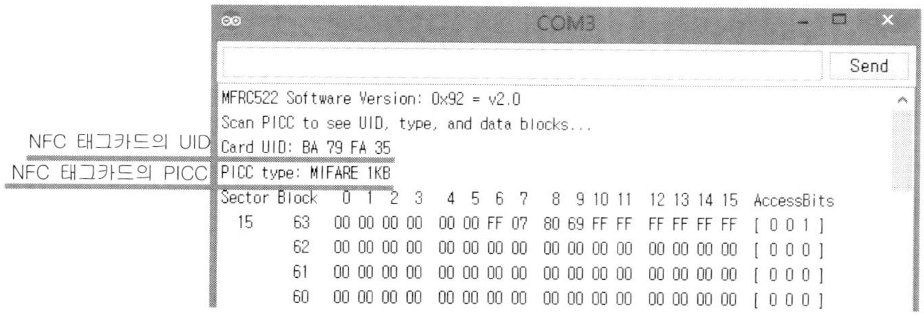

[그림 6-27] NFC 태그카드의 UID와 PICC

4.2 실습준비

1) 실습 보드 및 부품

실습하기 위해서 [그림 6-28]과 같이 아두이노 보드, RC522, NFC 태그카드, 아두이노 연결 케이블, 점프선, 브레드 보드가 필요하다. 실습을 하기 전 RC522 모듈에 핀이 납땜이 되어 있지 않는 경우 납땜을 한 후 사용하며, 보드가 열의 의해 손상이 되지 않도록 주의한다. 암수커넥터가 있다면 직접 아두이노 보드와 연결을 해도 무방하다.

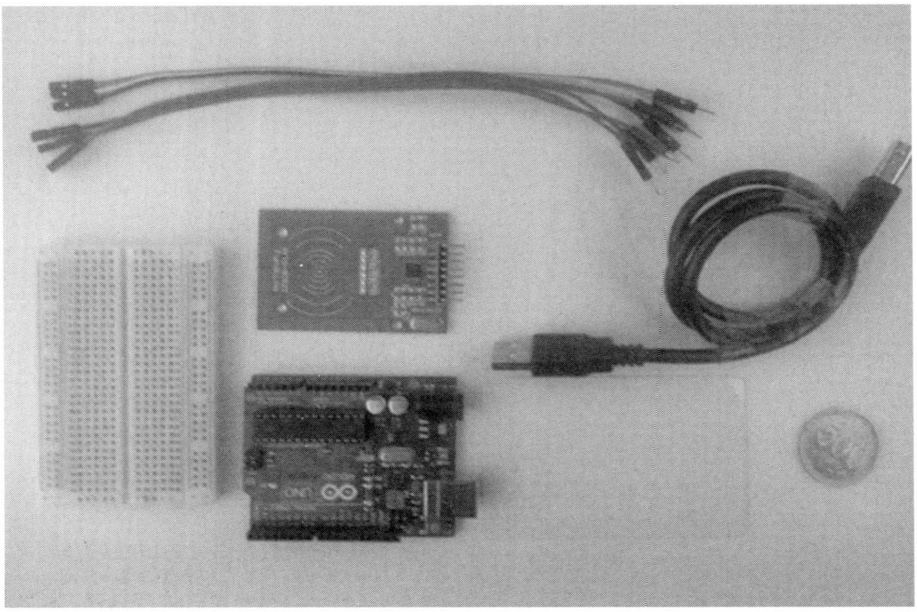

[그림 6-28] NFC 통신 실습 재료

2) 라이브러리

RC522를 사용하기 전 아두이노에서 기본으로 제공하는 라이브러리가 없기 때문에 https://github.com/miguelbalboa/rfid에서 오픈 라이브러리와 오픈 소스를 다운로드 받아 사용한다. 다운로드 받은 라이브러리 파일과 오픈 소스를 [그림 6-29]와 같이 아두이노 Library에 추가한다. 이 때, 파일이름을 한글로 수정하면 오류가 발생하므로 주의하여야 한다. 그리고 [그림 6-30]과 같이 아두이노 예제에 RC522 소스코드가 설치되어 있는 것을 확인할 수 있다.

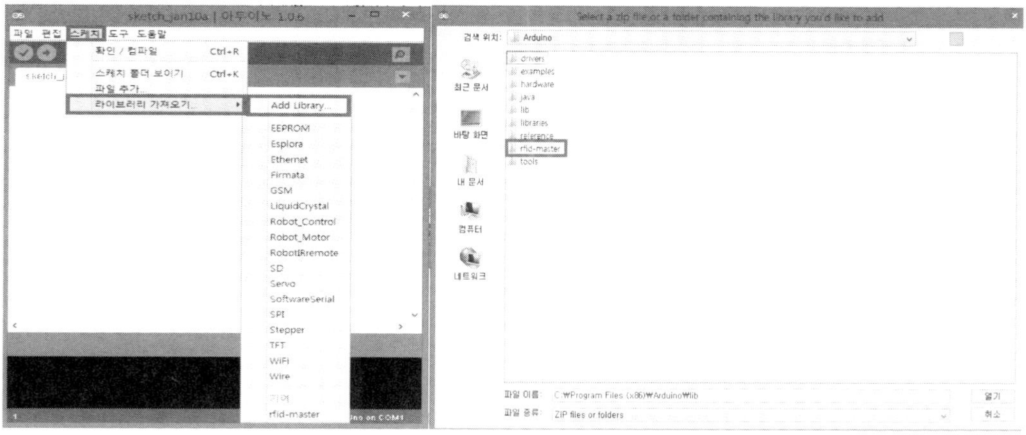

[그림 6-29] RC522 라이브러리 및 소스코드 설치 화면

[그림 6-30] RC522 라이브러리 및 소스코드 설치 여부 확인 화면

3) 아두이노 보드와 RC522 모듈 연결 회로도

두 실습 모두 [그림 6-31]과 같이 아두이노 Uno와 RC522 모듈을 연결하고 RC522 모듈이 3.3V에서 동작하므로 VCC에는 3.3V 전압을 인가한다. RC522 모듈의 NSS핀은 아두이노 10번 핀에 연결하며, SCK핀은 13번 핀에 연결한다. MOSI핀은 11번, MISO핀은 12번에 연결하며, RST핀은 9번에 연결한다.

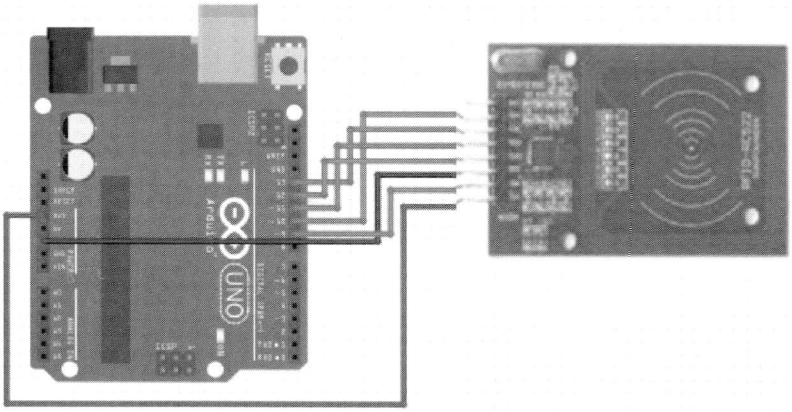

[그림 6-31] RC522 모듈 연결 회로도

4.3 실습

본 소절에서는 RC522 모듈과 NFC 태그카드를 사용하여 두 가지의 NFC 통신 실습을 진행할 것이다. 첫 번째 실습에서는 NFC 태그카드의 UID, PICC를 확인하고 각 Block에 데이터를 읽을 것이고 두 번째 실습에서는 NFC 태그카드에 있는 초기 데이터를 확인하고 다른 데이터로 변경하여 저장할 것이다.

1) NFC 태그카드 UID, PICC 확인

이 실습에서는 [그림 6-31]과 같이 RC522 모듈을 구성하여 NFC 태그카드에 있는 UID와 PICC 값을 시리얼 모니터로 확인한다. 이번 실습 코드는 [그림 6-30]에 보여지는 rfid-master안에 DumpInfo파일이며. 코드를 업로드 하고 NFC 태그카드를 가까이 접촉하면 시리얼 모니터에 UID와 PICC타입이 출력될 것이다.

```
#include <SPI.h>
#include <MFRC522.h>

#define RST_PIN        9
#define SS_PIN         10

MFRC522 mfrc522(SS_PIN, RST_PIN);
```

```

void setup() {
        Serial.begin(9600);
        SPI.begin();
        mfrc522.PCD_Init();
        ShowReaderDetails();
        Serial.println("Scan PICC to see UID, type, and data blocks...");
}

void loop() {
        if ( ! mfrc522.PICC_IsNewCardPresent()) {
                return;
        }

        if ( ! mfrc522.PICC_ReadCardSerial()) {
                return;
        }

        mfrc522.PICC_DumpToSerial(&(mfrc522.uid));
}

void ShowReaderDetails() {
        byte v = mfrc522.PCD_ReadRegister(mfrc522.VersionReg);
        Serial.print("MFRC522 Software Version: 0x");
        Serial.print(v, HEX);
        if (v == 0x91)
                Serial.print(" = v1.0");
        else if (v == 0x92)
                Serial.print(" = v2.0");
        else
                Serial.print(" (unknown)");
        Serial.println("");
        if ((v == 0x00) || (v == 0xFF)) {
 Serial.println("WARNING: Communication failure, is the MFRC522 properly connected?");
        }
}
```

- Line 01~02 : SPI와 RC522를 사용하기 위해서 SPI헤더와 RC522헤더를 Include한다.
- Line 04~05 : 아두이노 Uno의 9번과 10번 핀을 각각 **RST_PIN**과 **SS_PIN**으로 정의한다.
- Line 07 : MFRC522 인스턴스를 생성한다.
- Line 09~15 : **setup()** 부분이며 시리얼과 RC522 모듈과의 통신속도를 지정하였다. RC522가 SPI를 사용하기 때문에 **SPI.begin()**을 지정하여 통신속도를 지정한다. **mfrc522.PCD_Init()** 함수는 RC522헤더에 포함되어 있는 함수이며 RC522 모듈의 초기화를 진행한다. **ShowReaderDetails()** 함수는 뒤 부분에 정의되어 있으며, RC522 모듈의 버전을 표시해주기 위한 함수이다.
- Line 17~27 : **loop()**에 대한 코드이며, 카드가 선택되고 존재여부에 따라 **return**이 결정되는데, NFC카드가 존재하지 않으면 **return**이 되어 다시 **loop()** 문을 반복하게 된다. 만약 NFC 태그카드가 인식이 되었다면 NFC에 있는 UID와 PICC타입이 시리얼 모니터에 표시되며 NFC 태그카드 안에 있는 내용이 출력될 것이다.
- Line 29~43 : **ShowReaderDetails()** 함수는 RC522 모듈의 버전을 출력해주는 함수이며, 버전은 v1.0 또는 v2.0으로 출력된다. RC522 모듈이 고장이 나거나 오류가 생길 경우 **WARNING** 문자가 출력이 되는데 이는 핀이 제대로 납땜이 되지 않았거나 RC522 모듈이 고장이 난 것이다.

소스코드를 컴파일한 후 아두이노 보드에 업로드하고 시리얼 모니터를 확인한다. RC522 모듈에 NFC 태그카드를 가까이 접촉하면 [그림 6-32]와 같이 시리얼 모니터 상단에 RC522 버전과 NFC 태그카드의 UID와 PICC 타입이 출력되는 것을 확인할 수 있다.

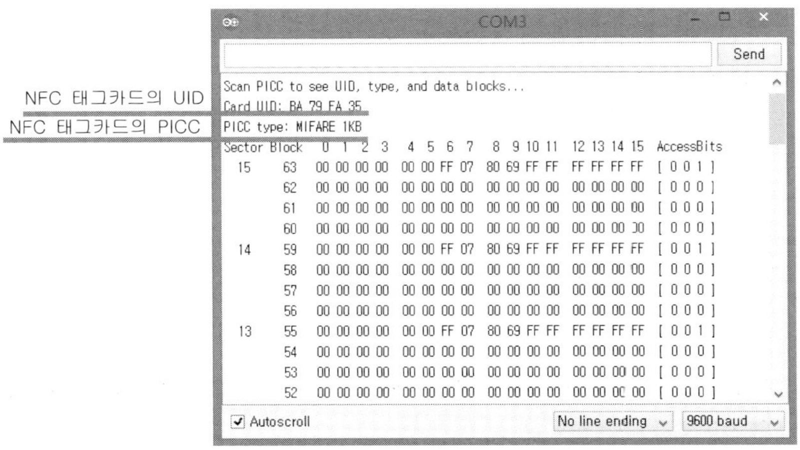

[그림 6-32] NFC 태그카드의 UID, PICC 타입 출력화면

2) NFC 태그카드 read/write

이번 예제에서는 NFC 태그카드에 저장되어 있는 데이터를 변경하고, 변경된 데이터를 확인할 것이다. 이를 이용하여 NFC 태그카드에 있는 데이터를 변경할 수 있고 아두이노 Uno에서 변경된 데이터에 따라 이벤트를 설정할 수 있다. 구성 회로는 [그림 6-31]과 같이 연결하며, 자세한 회로 연결은 4.2 실습준비에 설경되어 있다. 이번 실습 코드는 [그림 6-30]에 보여지는 rfid-master 안에 ReadAndWrite 파일이며, 변경할 Sector, Block, Data를 수정해야 하며 자세한 내용은 코드 설명에서 다룬다. NFC 태그카드에 데이터를 읽고 저장(Write)하기 위해서 인증절차가 필요하며 인증키는 RC522헤더파일에서 정의한 FFFFFFFFFFFF를 사용한다. 이번 실습은 먼저 NFC 태그카드의 UID와 PICC타입을 출력하며 A인증을 거쳐 현재 data를 출력한다. 다음은 NFC 태그카드의 저장할 데이터를 출력하며, B인증 과정을 거쳐 카드에 저장한다. 이후 저장한 데이터를 다시 읽고 출력하며 출력한 데이터와 저장된 데이터가 일치하는지 확인한다. 마지막으로 RC522 모듈과 연결을 종료하면서 실습을 마무리한다.

```
#include <SPI.h>
#include <MFRC522.h>

#define RST_PIN         9
#define SS_PIN          10

MFRC522 mfrc522(SS_PIN, RST_PIN);
MFRC522::MIFARE_Key key;

void setup() {
    Serial.begin(9600);
    SPI.begin();
    mfrc522.PCD_Init();

    for (byte i = 0; i < 6; i++) {
        key.keyByte[i] = 0xFF;
    }

    Serial.println("Scan a MIFARE Classic PICC to demonstrate read and write.");
    Serial.print("Using key (for A and B):');
    dump_byte_array(key.keyByte, MFRC522::MF_KEY_SIZE);
```

```
    Serial.println();

    Serial.println("BEWARE: Data will be written to the PICC, in sector#1");
}

void loop() {
    if ( ! mfrc522.PICC_IsNewCardPresent())
        return;

    if ( ! mfrc522.PICC_ReadCardSerial())
        return;

    Serial.print("Card UID:");
    dump_byte_array(mfrc522.uid.uidByte, mfrc522.uid.size);
    Serial.println();
    Serial.print("PICC type: ");
    byte piccType = mfrc522.PICC_GetType(mfrc522.uid.sak);
    Serial.println(mfrc522.PICC_GetTypeName(piccType));

    if (    piccType != MFRC522::PICC_TYPE_MIFARE_MINI
        &&  piccType != MFRC522::PICC_TYPE_MIFARE_1K
        &&  piccType != MFRC522::PICC_TYPE_MIFARE_4K) {
        Serial.println("This sample only works with MIFARE Classic cards.");
        return;
    }

    byte sector         = 1;
    byte blockAddr      = 4;
    byte dataBlock[]    = {
        0x01, 0x02, 0x03, 0x04, //  1,  2,   3,  4,
        0x05, 0x06, 0x07, 0x08, //  5,  6,   7,  8,
        0x08, 0x09, 0xff, 0x0b, //  9, 10, 255, 12,
        0x0c, 0x0d, 0x0e, 0x0f  // 13, 14,  15, 16
    };

    byte trailerBlock   = 7;
    byte status;
```

```
    byte buffer[18];
    byte size = sizeof(buffer);

    Serial.println("Authenticating using key A...");
    status = mfrc522.PCD_Authenticate(MFRC522::PICC_CMD_MF_AUTH_KEY_A,
            trailerBlock, &key, &(mfrc522.uid));
    if (status != MFRC522::STATUS_OK) {
        Serial.print("PCD_Authenticate() failed: ");
        Serial.println(mfrc522.GetStatusCodeName(status));
        return;
    }

    Serial.println("Current data in sector:");
    mfrc522.PICC_DumpMifareClassicSectorToSerial(&(mfrc522.uid), &key, sector);
    Serial.println();

    Serial.print("Reading data from block ");
    Serial.print(blockAddr);
    Serial.println(" ...");
    status = mfrc522.MIFARE_Read(blockAddr, buffer, &size);
    if (status != MFRC522::STATUS_OK) {
        Serial.print("MIFARE_Read() failed: ");
        Serial.println(mfrc522.GetStatusCodeName(status));
    }
    Serial.print("Data in block ");
    Serial.print(blockAddr);
    Serial.println(":");
    dump_byte_array(buffer, 16);
    Serial.println();
    Serial.println();

    Serial.println("Authenticating again using key B...");
    status = mfrc522.PCD_Authenticate(MFRC522::PICC_CMD_MF_AUTH_KEY_B,
            trailerBlock, &key, &(mfrc522.uid));
    if (status != MFRC522::STATUS_OK) {
        Serial.print("PCD_Authenticate() failed: ");
        Serial.println(mfrc522.GetStatusCodeName(status));
```

```
            return;
        }

        Serial.print("Writing data into block ");
        Serial.print(blockAddr);
        Serial.println(" ...");
        dump_byte_array(dataBlock, 16);
        Serial.println();
        status = mfrc522.MIFARE_Write(blockAddr, dataBlock, 16);
        if (status != MFRC522::STATUS_OK) {
            Serial.print("MIFARE_Write() failed: ");
            Serial.println(mfrc522.GetStatusCodeName(status));
        }
        Serial.println();

        Serial.print("Reading data from block ");
        Serial.print(blockAddr);
        Serial.println(" ...");
        status = mfrc522.MIFARE_Read(blockAddr, buffer, &size);
        if (status != MFRC522::STATUS_OK) {
            Serial.print("MIFARE_Read() failed: ");
            Serial.println(mfrc522.GetStatusCodeName(status));
        }
        Serial.print("Data in block ");
        Serial.print(blockAddr);
        Serial.println(":");
        dump_byte_array(buffer, 16);
        Serial.println();

        Serial.println("Checking result...");
        byte count = 0;
        for (byte i = 0; i < 16; i++) {
            if (buffer[i] == dataBlock[i])
                count++;
        }
        Serial.print("Number of bytes that match = ");
        Serial.println(count);
```

```
131        if (count == 16) {
132            Serial.println("Success :-)");
133        } else {
134            Serial.println("Failure, no match :-(");
135            Serial.println("  perhaps the write didn't work properly...");
136        }
137        Serial.println();
138
139        Serial.println("Current data in sector:");
140        mfrc522.PICC_DumpMifareClassicSectorToSerial(&(mfrc522.uid), &key, sector);
141        Serial.println();
142
143        mfrc522.PICC_HaltA();
144        mfrc522.PCD_StopCrypto1();
145    }
146
147    void dump_byte_array(byte *buffer, byte bufferSize) {
148        for (byte i = 0; i < bufferSize; i++) {
149            Serial.print(buffer[i] < 0x10 ? " 0" : " ");
150            Serial.print(buffer[i], HEX);
151        }
152    }
```

- Line 001~002 : SPI와 RC522를 사용하기 위해서 Include한다.
- Line 004~005 : 아두이노 Uno의 9번과 10번 핀을 **RST_PIN**과 **SS_PIN**으로 정의한다.
- Line 007~008 : MFRC522 인스턴스를 생성하고, 구조체 Key를 정의한다.
- Line 011~013 : 시리얼과 SPI의 통신속도를 지정하고 MFRC522를 초기화한다.
- Line 015~017 : RC522 모듈의 데이터를 읽고 쓰기 위해서 인증절차를 거치게 되는데 이때 필요한 키의 값을 FFFFFFFFFFFF로 정의한다. 이는 RC522헤더에 인증키가 위와 같이 지정되어있기 때문이다.
- Line 021 : **dump_byte_array()** 함수는 버퍼크기에 맞게 **key.keyByte**안에 있는 내용을 시리얼 모니터에 출력해주는 함수이다.
- Line 028~029 : **mfrc522.PICC_IsNewCardPresent()** 함수는 NFC 태그카드가 인식되면 **True**, 인식되지 않으면 **False**가 **return**되는 함수이다.

- Line 031~032 : mfrc522.PICC_ReadCardSerial() 함수는 NFC 태그카드가 정상적으로 동작을 하게 되면 True, 동작하지 않으면 False가 return되는 함수이다.
- Line 035 : NFC 태그카드의 UID를 시리얼 모니터에 출력해주는 함수이다.
- Line 038~039 : NFC 태그카드의 PICC타입을 시리얼 모니터에 출력해주는 함수이다.
- Line 041~046 : NFC 태그카드의 PICC타입이 MINI, 1K, 4K가 아닐 경우 Classic 타입임을 알려준다.
- Line 048~057 : 데이터를 변경할 Sector와 Block, Trailer Block을 지정해주며, dataBlock[] 안에 변경할 데이터를 작성한다.
- Line 062~068 : 데이터를 읽기 이전에 인증하는 부분이며, 위에서 지정한 Key와 trailerBlock, UID를 사용하며 인증에 성공할 경우 status가 OK상태가 된다. OK상태가 되지 않을 경우 인증에 실패한 경우이며 실패한 status를 시리얼 모니터에 출력해준다.
- Line 070~071 : 현재 Sector에 들어있는 데이터를 보여주는 함수이며 이때 key와 UID를 사용한다.
- Line 074~087 : 현재 Block에 들어있는 데이터를 출력하는 것이며, mfrc522.MIFARE_Read() 함수를 통해서 Block에 들어있는 데이터를 버퍼로 복사하며, 정상적으로 복사되면 OK를 return한다. 정상적으로 복사되지 않는 경우 failed가 출력되며 현재 status가 출력된다. Block에 있는 데이터가 버퍼에 복사되면 dump_byte_array()함수를 통해 시리얼 모니터에 출력된다.
- Line 089~095 : NFC 태그카드에 있는 데이터를 변경하기 이전에 인증하는 과정이며, Trailer Block과 key, UID를 이용하여 인증한다. 정상적으로 인증이 되었을 경우 OK를 return하며 실패할 경우 failed가 출력되고 현재 status가 출력된다.
- Line 097~107 : Block에 들어있는 데이터를 변경하는 과정이며, dump_byte_array() 함수를 통하여 변경할 데이터를 출력한다. 출력된 데이터와 동일하게 mfrc522.MIFARE_Write() 함수를 사용하여 Block에 write한다. 정상적으로 write되면 OK가 return되며, 실패할 경우 fail이 출력되고 현재 status가 출력된다.
- Line 123~137 : 변경한 데이터를 확인하는 과정이며, 버퍼에 들어있는 값과 NFC 태그카드 Block에 들어있는 데이터가 일치할 경우 Success가 출력된다.
- Line 143~144 : NFC 태그카드와 접속을 중단하는 과정이며, mfrc522.PICC_HaltA() 함수를 사용하여 PICC를 종료하고 mfrc522.PCD_StopCryptol() 함수를 사용하여 NFC 태그카드와 접속을 중단한다.
- Line 147~151 : dump_byte_array() 함수를 정의한 것이며, 특정 배열에 있는 데이터를 특정 사이즈에 맞게 출력해주는 함수이다.

[그림 6-33]과 같이 4번째 블록의 데이터가 변경된 것을 확인할 수 있다.

```
1      7   00 00 00 00   00 00 FF 07   80 69 FF FF   FF FF FF FF   [ 0 0 1 ]
       6   00 00 00 00   00 00 00 00   00 00 00 00   00 00 00 00   [ 0 0 0 ]
       5   00 00 00 00   00 00 00 00   00 00 00 00   00 00 00 00   [ 0 0 0 ]
       4   00 00 00 00   00 00 00 00   00 0C 00 00   00 00 00 00   [ 0 0 0 ]
```

(a)

```
1      7   00 00 00 00   00 00 19 67   8E 00 00 00   00 00 00 00   [ 0 1 1 ]
       6   F6 FF FF FF   09 00 00 00   F6 FF FF FF   06 F9 06 F9   [ 1 1 0 ]
       5   01 00 00 00   FE FF FF FF   01 00 00 00   05 FA 05 FA   [ 1 1 0 ]
       4   01 02 00 04   05 06 07 08   09 0A FF 0C   0D 0E 0F 10   [ 0 0 0 ]
```

(b)

[그림 6-33] NFC 통신의 read, write 결과 화면 (a) 변경 전 (b) 변경 후

제7장 모 터

모터(Motor)는 전기적 에너지(Electric Energy)를 기계적 에너지(Mechanical Energy)로 변환하여 물리적인 힘이 필요한 곳에 동력을 제공하는 출력 장치이다. 예전부터 모터는 엘리베이터, 에스컬레이터, 자동차, 냉장고, 에어컨 등의 일생 생활에 꼭 필요한 기계들에서 핵심 부품으로 사용되어 왔다. 최근 IoT에서도 동력을 얻기 위한 출력 장치로 모터가 쓰이고 있으며 대표적인 예로는 소형가전 센서 제어기기, 인공지능으로 프로그래밍된 로봇 등이 있다. 모터의 효율을 나타내는 일률의 단위는 킬로와트(Kilowatt) 또는 마력(Horsepower)으로 표기하며 모터의 종류로는 DC(Direct Current) 모터, Servo 모터, Stepping 모터, Linear 모터, Induction 모터, Brushless 모터, Coreless 모터 등이 있다. 이들 중에서 우리가 이 장에서 다룰 모터는 DC 모터와 Servo 모터이며 DC 모터는 모터의 회전축이 연속적으로 회전하는 반면에 Servo 모터는 DC 모터에 귀환 회로를 추가하여 만든 모터로서 정확하게 회전축의 각을 제어할 수 있다.

제1절 DC 모터

이 절에서는 DC 모터의 기본적인 동작 원리에 대하여 설명하고 아두이노 보드와 모터 드라이버를 활용하여 DC 모터를 제어하는 방법을 설명할 것이다. 그리고 실습에서는 아두이노 보드로 DC 모터의 회전 방향을 제어하는 기본 예제와 기본 예제에 모터 드라이버를 추가하여 DC 모터의 회전 방향뿐만 아니라 회전 속력까지 제어하고 제동 기능이 추가된 예제를 실습할 것이다.

1.1 기술 특성

DC 모터는 최초에 발명된 모터로 자기장 속의 도체에 직류 전류를 흐르게 함으로써 발생하는 전자기력을 응용한 것이다. 이는 플레밍의 왼손 법칙으로 잘 알려져 있다. 자력이 강한 두 개의 영구 자석을 사용하여 자석의 N극과 S극 사이에 강한 자기장이 생기게 한 뒤, 두 영구 자석 사이에 있는 도선에 전류가 흐르면 도선이 움직여 힘이 발생하고 그 힘을 이용해 DC 모터의 동력으로 활용한다. [그림 7-1]과 같이 두 영구 자석 사이에 있는 도선에 전류가 흐르면 도선이 움직이는 이유는 영구 자석의 자기력선과 그 사이에 있는 도선의 자기력선이 서로 상쇄되거나 보강되면서 자속 밀도(Magnetic Flux Density)가 낮아지거나 높아지는 곳이 생기기 때문이다. 이러한 이유 때문에 도선은 자속 밀도가 높은 곳에서 자속 밀도가 낮은 곳으로 움직인다.

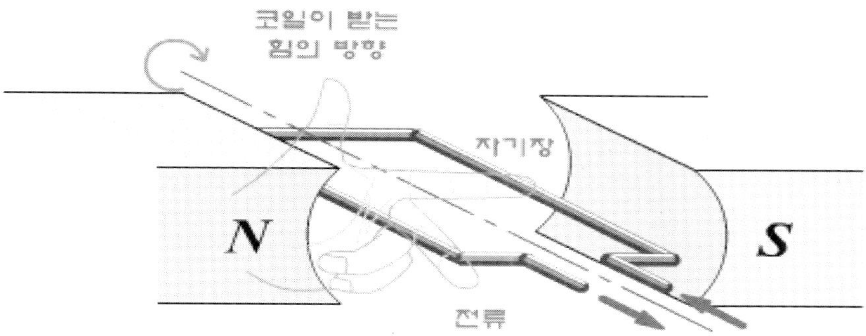

[그림 7-1] 영구 자석과 코일 형태의 도선

DC 모터는 고정자(Stator), 회전자(Rotor), 정류자(Commutator) 등 여러 가지로 구성되어 있다. [그림 7-2] (a)의 고정자는 DC 모터의 케이스 바로 안쪽에 고정된 자력이 강한 두 개의 영구 자석이며 두 자석의 N극과 S극 사이에는 강한 자기장이 생기게 된다. [그림 7-2] (b)의 회전자는 자성체에 코일을 감은 회전체이며 코일에 전류를 흘려주면 자성체의 자기력선과 영구 자석의 자기력선 사이에 발생하는 흡인력과 반발력에 의해서 회전자가 회전하게 된다. 정류자는 회전자의 축 끝에 붙어 있으며 회전자가 180도 회전할 때마다 도선에 공급하는 전원의 극성을 바꾸어 코일에 흐르는 전류의 방향을 바꿔주는 역할을 한다. [그림 7-3]은 DC 모터의 전체 내부 구조이며 모터의 회전 속력은 영구 자석의 자력, 코일의 권선 수, 코일의 흐르는 전류의 세기, 자성체의 투자율에 비례하며 고정자와 회전자 사이의 거리에는 반비례한다.

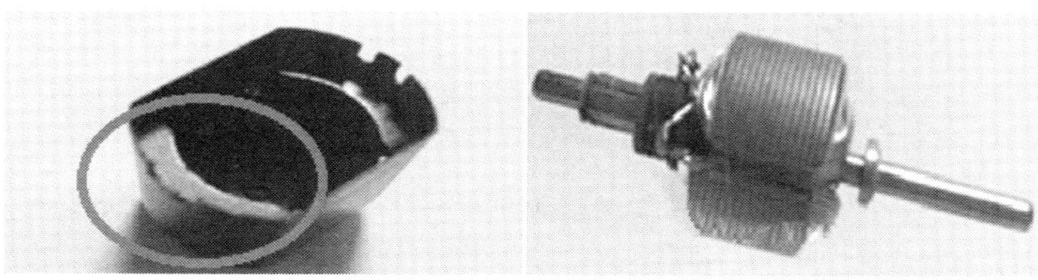

(a) (b)

[그림 7-2] DC 모터의 구성 (a) 고정자 (b) 회전자

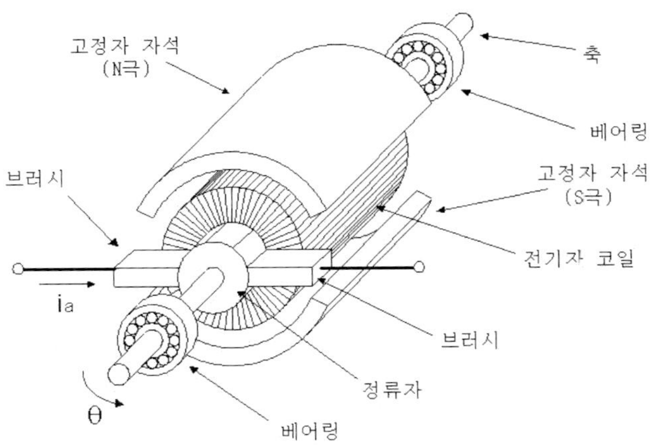

[그림 7-3] DC 모터의 내부 구조

DC 모터는 회전 속도를 제어하기 쉽고 방향 전환이 간단하며 AC 모터에 비해 출력이 크고 효율이 좋다. 또한 DC 모터는 가격이 낮은 편이며 입력 전류에 따른 출력되는 회전 속력이 직선적으로 비례한다는 장점이 있다. 그러나 브러시의 마모로 인한 수명의 한계가 있고 브러시와 정류자에 의해서 소음이 발생한다는 단점이 있다. 소형 DC 모터의 종류로는 MB2427-1278V, KR-250, RB-35GM, RK-280RA, DS-18260, MB3448A 등이 있으며 우리가 이 절에서 다룰 소형 DC 모터는 [그림 7-4]의 MB3448A이고 제품 규격은 [표 7-1]과 같다.

[그림 7-4] MB3448A의 실제 모습

[표 7-1] MB3348A의 제품 규격

모델명	정격전압 (V)	정격토크 (g · cm)	정격회전수 (rpm)	정격전류 (mA)	무부하회전수 (rpm)	무부하전류 (mA)
MB3448A	24	50	5,000	200 이하	5,150	80 이하

1.2 모터 드라이버

우리는 여러 개의 DC 모터를 효율적으로 제어하기 위해 모터 드라이버를 사용할 것이다. 아두이노 보드 하나만을 사용하여 여러 개의 DC 모터를 제어할 경우 각각의 DC 모터에 필요한 전력을 충분히 공급할 수 없어 각 DC 모터의 출력은 낮아지게 된다. 즉, 공급 전력이 충분하지 않아 DC 모터는 원하는 출력을 발생하지 못한다. 그러나 모터 드라이버를 통해 외부에서 배터리 등의 형태로 전력을 추가적으로 공급하면 각 DC 모터의 출력이 증가할 뿐만 아니라 DC 모터의 제동, 회전 속력, 회전 방향 등을 쉽게 제어할 수 있다. 모터 드라이버의 종류로는 MX-UD32, NT-DC20A, HDM-1200, LBD-V, FTBL-V1, A3967, L298 등이 있으며 우리가 이 절에서 다룰 모터 드라이버는 이들 중 [그림 7-5]의 L298이다.

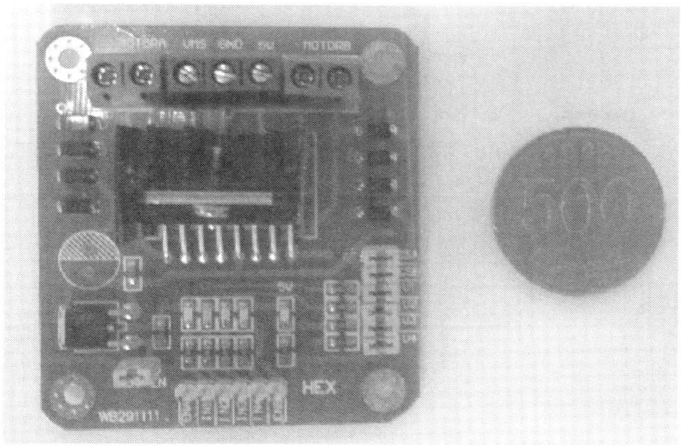

[그림 7-5] L298의 실제 모습

모터 드라이버 L298은 내부 회로가 H 브리지 회로(H Bridge Circuit)로 구성된 L298N이라는 IC 칩(Integrated Circuit Chip)을 핵심 부품으로 하는 드라이버 모듈이다. H 브리지 회로는 출력 전류를 증폭할 뿐만 아니라 모터의 회전 방향과 속력을 제어하는 회로이며 모터 드라이버 L298은 한 번에 최대 2개의 DC 모터 또는 1개의 DC 모터와 1개의 Servo 모터를 동시에 제어할 수 있다. [그림 7-6]의 L298N은 모터 드라이버 L298의 중앙에 위치한 소자이며 방열판이 부착되어 있기 때문에 전류 증폭으로 소자의 내부 온도가 증가하더라도 안정적으로 동작할 수 있다. [그림 7-7]은 L298N의 내부 회로를 나타내며 L298N의 내부는 두 개의 H 브리지 회로로 구성되어 있다.

[그림 7-6] L298N

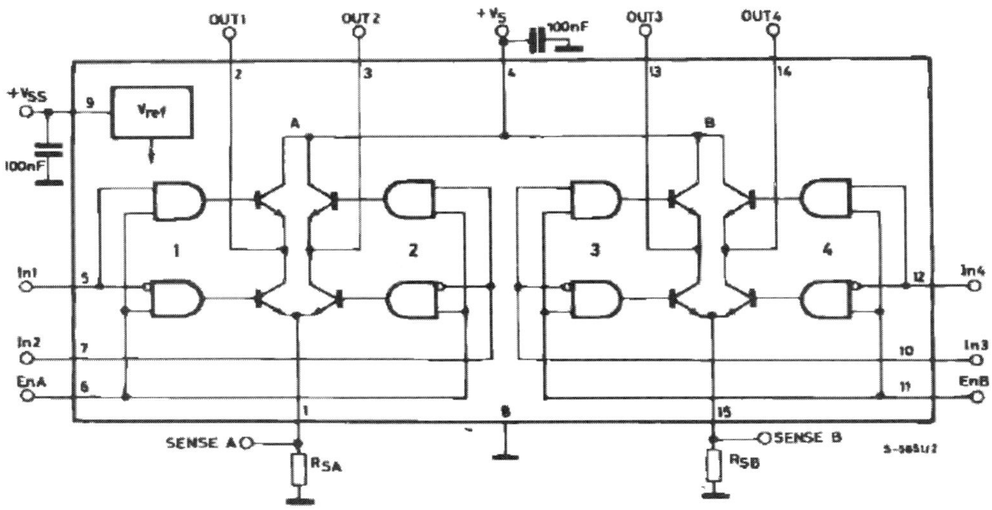

[그림 7-7] L298N의 내부 회로

L298의 입력은 [그림 7-8]과 같이 세 부분으로 이루어져 있으며 전원 입력부, 모터 연결부, 모터 제어부로 나뉜다. 전원 입력부는 외부 배터리에서 양의 전압을 받는 VSM 핀과 음의 전압을 받는 GND 핀, 아두이노 보드에서 전원을 공급받는 5V 핀으로 이루어져 있다. 모터 연결부는 전원 입력부의 양쪽에 하나씩 위치하며, 각각의 모터 연결부에는 모터의 VCC와 GND를 연결하면 된다. 모터 제어부는 6개의 핀으로 이루어져 있으며 [그림 7-9]와 같이 3개의 핀이 한 쌍의 모터를 제어할 수 있도록 설계되어 있다. [그림 7-9]에서 두 개의 모터를 각각 모터A와 모터B로 표시하였고 ENA 핀 또는 ENB 핀이 HIGH에서만 각 모터가 동작하며 LOW에서 각각의 모터는 제동 상태가 된다. 그 밖의 IN1 핀과 IN2 핀 또는 IN3 핀과 IN4 핀의 입력에 따른 각 모터의 구동 상태는 [표 7-2]와 [표 7-3]에 나타내었다.

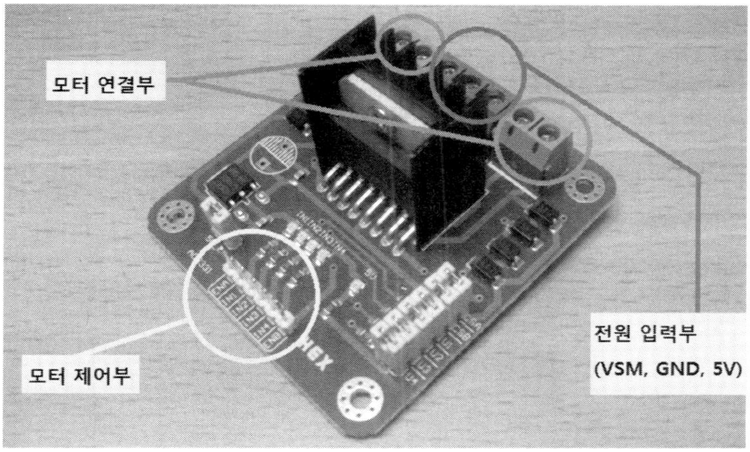

[그림 7-8] L298의 구성

[그림 7-9] L298의 모터 제어부

[표 7-2] 핀 입력에 따른 모터 A의 동작

ENA 핀 상태	IN1, IN2 핀 상태	모터 A의 상태
ENA = HIGH	IN1 = HIGH, IN2 = LOW	정방향 구동
	IN1 = LOW, IN2 = HIGH	역방향 구동
	IN1 = IN2	구동 정지
ENA = LOW	IN1, IN2 상관없음	구동 정지

[표 7-3] 핀 입력에 따른 모터 B의 동작

ENB 핀 상태	IN3, IN4 핀 상태	모터 B의 상태
ENB = HIGH	IN3 = HIGH, IN4 = LOW	정방향 구동
	IN3 = LOW, IN4 = HIGH	역방향 구동
	IN3 = IN4	구동 정지
ENB = LOW	IN3, IN4 상관없음	구동 정지

1.3 실습 준비

모터 드라이버를 활용한 DC 모터의 실습을 위하여 [그림 7-10]과 같이 아두이노 보드, 브레드 보드, 아두이노 USB 연결 케이블, 점프선, DC 모터 MB3448A, 모터 드라이버 L298, 10kΩ 가변저항, 1kΩ 저항, AA 배터리 4개, AA 배터리 홀더(6Vdc)를 준비한다.

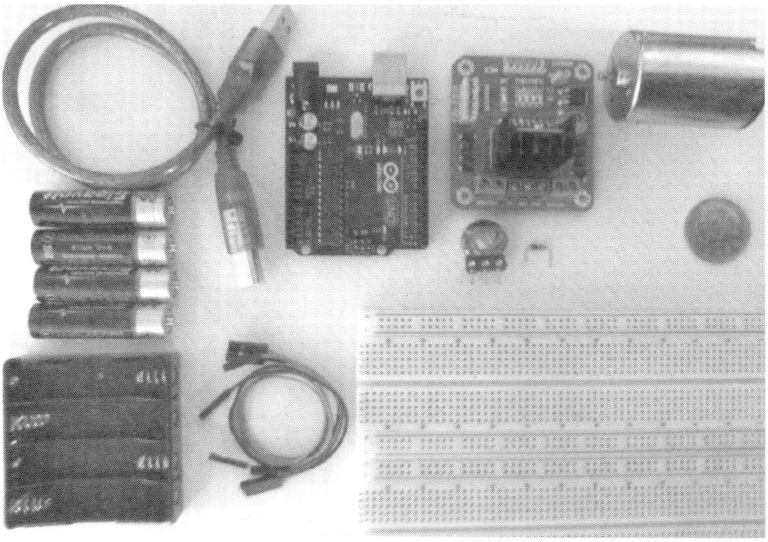

[그림 7-10] 모터 드라이버를 활용한 DC 모터 실습 준비물

1.4 실습

우리는 모터 드라이버를 활용하여 DC 모터를 제어하는 예제를 실습할 것이다. DC 모터가 처음의 2초 동안에는 정방향으로 회전하고 다음 2초 동안에는 역방향으로 회전하며 그 다음 2초 동안에는 정지상태를 반복하는 예제를 실습한다. 모터 드라이버 L298의 모터 제어부 핀인 ENB, IN4, IN3 핀을 각각 아두이노 보드의 디지털 9번, 10번, 11번 핀에 연결한다. 회로의 나머지 부분은 [그림 7-11]을 참조하여 구성하도록 하고 가변저항을 사용하여 DC 모터의 회전 속력을 조절한다. 전압 분배 법칙에 의해서 10kΩ의 가변저항 값이 작아질 때는 1kΩ의 저항에 걸리는 전압 강하가 커지고 10kΩ의 가변저항 값이 커질 때는 1kΩ의 저항에 걸리는 전압 강하가 작아지는 원리를 이용하여 이 절의 소스 코드를 분석한다.

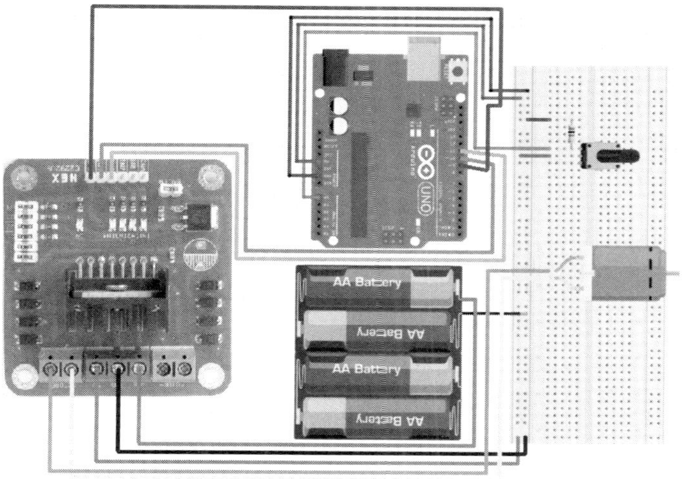

[그림 7-11] 모터 드라이버를 활용한 DC 모터 실습 회로

```
void setup(){
        pinMode(11, OUTPUT);
        pinMode(10, OUTPUT);
        pinMode(9, OUTPUT);
}

void loop(){
        digitalWrite(9, HIGH);

        int value = analogRead(A0);
        int mappedval = map(value, 0, 1023, 0, 255);

        analogWrite(11, mappedval);
        digitalWrite(10, LOW);
        delay(2000);

        digitalWrite(11, LOW);
        analogWrite(10, mappedval);
        delay(2000);

        digitalWrite(9, LOW);
        delay(2000);
}
```

- Line 02~04 : 아두이노 보드의 디지털 11번, 10번, 9번 핀을 L298의 모터 제어부로 보낼 출력 신호로 설정하였다.
- Line 08 : 모터 제어부의 ENB 핀에 `HIGH` 신호를 인가하므로 DC 모터가 정지하지 않는다.
- Line 10 : 아두이노 보드의 아날로그 A0 핀에서 받은 신호를 변수 `value`에 저장한다. 변수 `value`에 들어가는 아날로그 값은 10kΩ의 가변저항 값이 커지면 작아지고 10kΩ의 가변저항 값이 작아지면 커진다.
- Line 11 : 아날로그 A0 핀에서 받은 입력 신호를 디지털 10번 또는 11번 핀으로 보낼 출력 신호로 바꾸기 위해 `map()` 함수를 사용하였다. 0~1023의 아날로그 값에서 0~255의 디지털 값으로 매칭된 변수 `mappedval`은 DC 모터의 회전 속력을 조절하기 위한 변수이다. 10kΩ의 가변저항 값을 크게 하면 DC 모터의 회전 속력은 느려지고 10kΩ의 가변저항 값을 작게 하면 DC 모터의 회전 속력은 빨라진다.
- Line 13~15 : 2초 동안 DC 모터가 정방향으로 회전하며 회전 속력은 변수 `mappedval`에 비례한다.
- Line 17~19 : 2초 동안 DC 모터가 역방향으로 회전하며 회전 속력은 변수 `mappedval`에 비례한다.
- Line 21~20 : 모터 제어부의 ENB 핀에 `LOW` 신호를 인가하므로 DC 모터가 2초 동안 정지하며 소스 코드의 실행 결과는 [그림 7-12]와 같다.

[그림 7-12] 모터 드라이버를 활용한 DC 모터 실습 결과

제2절 Servo 모터

Servo(Servomechanism의 줄임말) 모터는 명령에 따라 지정된 각도의 위치로 회전할 수 있는 전기 모터로 앞 절에서 배운 DC 모터와는 달리 모터 드라이브 없이도 쉽게 사용 가능하다.

우리 책의 8장에 있는 RC car 프로젝트와 같이 RC 헬리콥터, RC 비행기 등의 방향타를 조작하는데 주로 쓰인다. 이 절에서는 Servo 도터가 갖는 특징에 대해서 자세히 알아보고 예제를 통해 모터의 회전을 실습해 볼 것이다. 또한 사용하는 Servo 모터가 전류부족으로 제대로 작동하지 않거나 멈출 시에 해결할 수 있는 방법에 대해 알아 볼 것이다.

2.1 기술 특성

Servo 모터의 동작은 PWM 신호의 형태로 동작을 한다. 아두이노와 연결된 핀으로 입력되는 신호의 지속시간으로 위치를 제어하는데 20ms 주기로 0.5ms~2.5ms의 펄스로 신호를 주면, 0°~180°의 위치를 제어할 수 있다. 펄스 폭 1ms(=1000us)를 입력하면 중심 위치에 맞춰지며, 1.5ms에서 90°, 2ms에서 180° 회전한 위치에 맞춰진다. 따라서 0.5~2.5ms의 범위를 넘어가지 않도록 코드상에서 제어해줘야 한다. 아두이노와 연결한 디지털 핀에 우리가 원하는 위치에 해당하는 펄스 주기 시간만큼 HIGH 신호를 주고 다시 LOW 신호를 주면 된다. Servo 모터는 각도 요청을 받기 위해 20ms 주기로 펄스를 기다리므로 디지털 핀에 신호를 주고 20ms 가 지나지 않았으면 다시 신호를 주지 않도록 해야 한다.

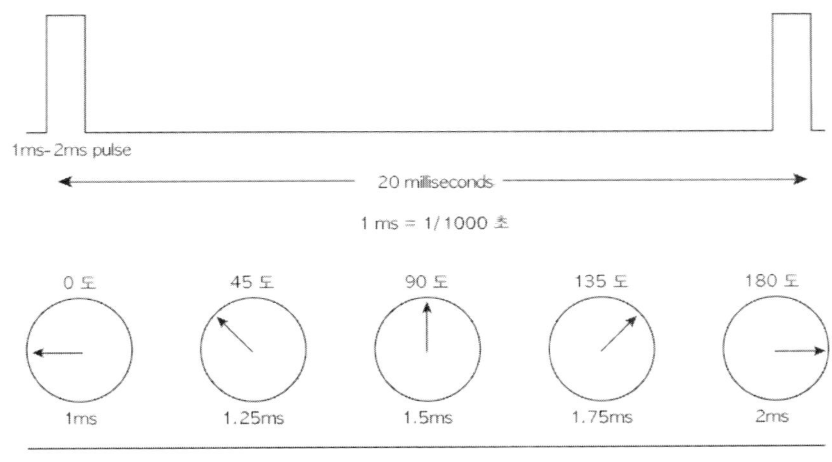

[그림 7-13] 펄스 길이에 따른 Servo 모터 위치

Servo 모터에는 표준(Standard Servo)과 연속 Servo 모터(Continuous Rotation Servo) 두 가지 종류가 있다. 두 Servo 모터의 차이점은 표준형은 180도 범위에서만 회전할 수 있고 연속형은 360도 무한 회전을 하게 된다. 이에 따라 사용되는 용도가 다른데 손가락, 팔다리 관절 또는 감시센서를 움직이는 용도와 같이 회전 범위가 제한된 기기의 움직임을 제어하기 위해서는 표준형을 사용하고 RC car처럼 바퀴가 필요할 시에는 연속형을 주로 사용한다.

Servo 모터가 약하거나 제대로 동작하지 않는다면 앞에 1절 DC 모터와 같이 아두이노 보드의 출력보다 많은 전류가 요구되기 때문일 수 있다. 아두이노 Uno의 경우 하나의 핀에서 제공할 수 있는 최대 전류는 40mA를 초과할 수 없으며, 모든 핀에서 공급할 수 있는 최대 전류는 200mA를 초과할 수 없으므로 모터를 사용하는 경우 모터 구동에 필요한 전류를 확인해 보아야 한다. 이처럼 Servo 모터가 40mA 이상 사용하는 모터라면 아두이노 보드가 미작동되는 현상을 보일 수 있는데 이를 해결하는 방법에는 별도의 외부 전원을 공급하는 방법과 캐패시터를 이용하는 방법이 있다. 외부전원을 공급할 때는 Servo 모터의 전원선, GND선을 외부 전원의(일반적으로 4.5~6V) (+), (-)에 연결해야 하는데. 이 때 외부전원의 (-)를 아두이노 GND, Servo 모터 GND와 연결되도록 해야 한다. 캐패시터를 사용할 시에는 490uF 이상을 사용해야 한다.

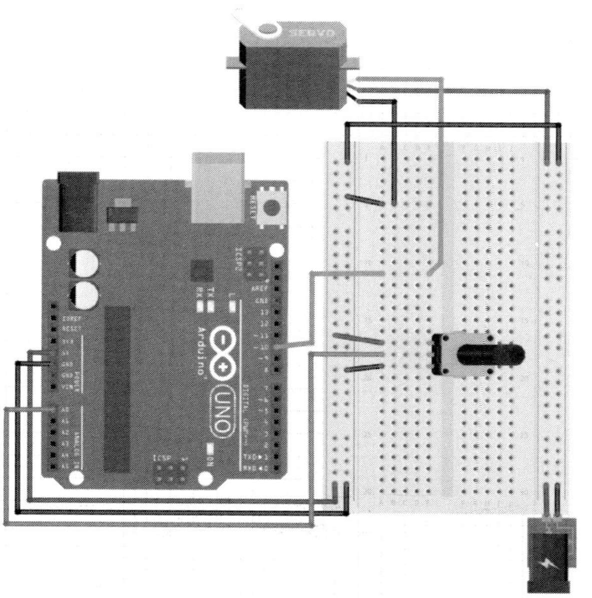

(a)

[그림 7-14] 전류 부족 해결 방법 (a) 외부전원 공급 (b) 캐패시터 사용

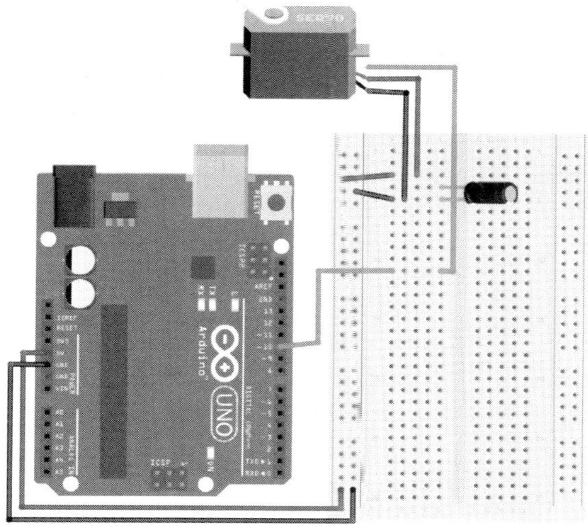

(b)

[그림 7-14](계속) 전류 부족 해결 방법 (a) 외부전원 공급 (b) 캐패시터 사용

2.2 실습 준비

1) 실습 재료

[그림 7-15]와 같이 Servo 모터에는 다양한 크기오- Servo 모터를 선택할 때는 다음 사항들을 고려해야 한다.

- 속도(Speed) : Servo 모터가 회전하는데 걸리는 시간. 일반적으로 1도를 회전하는데 걸리는 시간(초)을 말한다.
- 회전 범위(Rotational Range) : Servo 모터가 회전할 수 있는 각도의 범위. 보통 180도 또는 360도 회전 범위를 갖는다.
- 전류(Current) : Servo 모터가 동작하는데 필요한 전류. 필요한 전류에 따라 별도의 외부 전원을 공급해 줘야 한다.
- 토크(Torque) : 회전할 때 Servo 모터가 행사할 수 있는 힘의 크기를 말한다. 토크가 크면 클수록 Servo 모터는 더 무거운 물건을 제어할 수 있다. 생성된 토크는 일반적으로 사용된 전류량에 비례한다.

(a)

(b)

[그림 7-15] (a) 다양한 Servo 모터의 종류 (b) HXT900

[그림 7-15]와 같이 Servo 모터에는 다양한 크기가 있으며 종류에 따라 Pulse 사양이 다르다. 우리가 실습에서 사용할 Servo 모터는 Hex Tronik의 HXT900이다. 기본적인 사양은 사용전압 4.2~6V, 동작속도 0.3초/60도, 토크 1.5kg/cm이며 소형 RC 기기에 사용 가능한 무게 9g의 미니 경량 마이크로 Servo 모터로 가격은 낮은 편이며 180도까지 회전 할 수 있다.

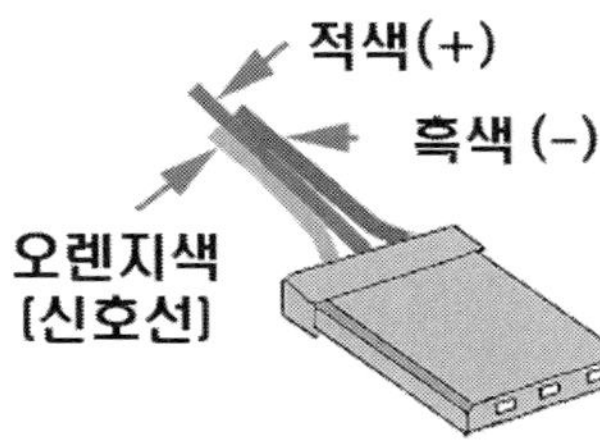

[그림 7-16] HXT900 연결선

[그림 7-16]처럼 Servo 모터는 세 개의 연결선을 가지고 있고 각각 가장 어두운 흑색 선은 GND, 가운데 적색은 전원선, 그리고 나머지 오렌지색은 신호선으로 아두이노의 디지털 핀에 연결된다.

2) 아두이노와 HTX900 연결 회로

아두이노에는 Servo 모터 제어를 위한 Servo 라이브러리가 기본 라이브러리 중 하나로 포함되어 있다. Servo 라이브러리는 최대 12개의 Servo 모터를 제어할 수 있으며, 아두이노 Uno에서 Servo 라이브러리를 사용하는 경우 해당 핀에 Servo 모터가 연결되어 있지 않더라도 9번과 10번 디지털 핀의 PWM 출력 기능을 사용할 수 없다.

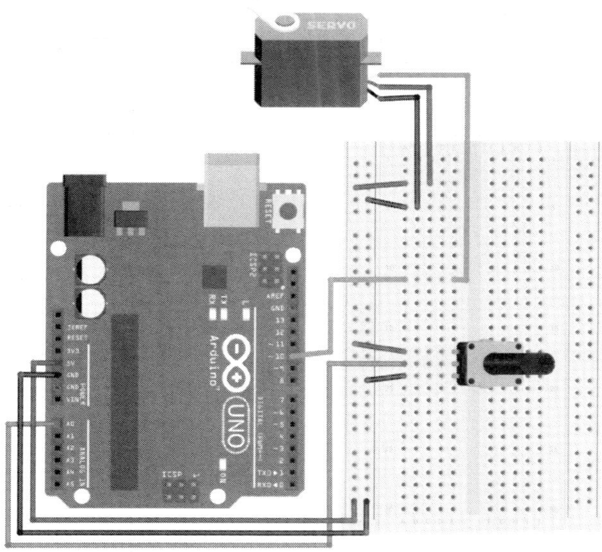

[그림 7-17] 아두이노와 HXT900 연결 회로

2.3 실습

1) Sweep 예제

```
#include <Servo.h>

Servo servoMotor;

int servoMotorPin = 2;
int angle;

void setup() {
 servoMotor.attach(servoMotorPin);
 servoMotor.write(0);
 delay(1000);
}

void loop() {
 for(angle = 0; angle < 180; angle++) {
```

```
16        servoMotor.write(angle);
17       delay(10);
18       }
19       delay(100);
20
21       for(angle = 180; angle < 0; angle--) {
22        servoMotor.write(angle);
23       delay(10);
24       }
25       delay(100);
26       }
```

- Line 01 : 아두이노에 포함된 Servo 라이브러리를 사용한다.
- Line 03 : Servo 클래스의 **servomotor** 인스턴스를 생성한다.
- Line 05~06 : **servoMotorPin**을 아두이노 Uno의 2번 핀에 정의한다. **angle** 변수는 서보 모터에 전달될 각도 값을 저장하는 역할을 한다.
- Line 09~11 : Servo 라이브러리에서 제공하는 **attach** 멤버 함수를 활용하여 앞서 2번 핀으로 정의한 **servoMotorPin**을 불러와 Servo 모터를 지정한 핀에 연결시켜 Servo 모터를 제어 할 수 있도록 한 뒤, **wirte** 멤버 함수를 이용하여 모터의 축을 0도 위치로 옮긴다. 그리고 축이 0도로 옮겨지는 데 시간이 필요하기 때문에 1초 정도 delay를 준다.
- Line 15~23 : **loop( )** 안에 **for** 문을 형성하여 Servo 모터의 축 제어값인 **angle**을 정수 0부터 180까지 증가시켜 Servo 모터의 최대 회전 범위인 180도까지 회전하는 것을 확인할 수 있다.

다시 이 동작을 반대로 하여 180도에서 0도로 회전하는 것을 반복해서 보여주고 있다. **servoMotor.write(90)**과 적절한 **delay(3000)** 값을 통해 즉각적으로 원하는 각으로 변화 시킬 수도 있다.

PART 03

제8장 최종 프로젝트

이번 장에서는 지금가지 배운 내용들을 종합하여 IoT와 접목시켜 프로젝트를 직접 구현해보고자 한다. IoT와 접목시킨 프로젝트는 무수히 많으며 우리는 그 중에서 4가지의 프로젝트를 진행한다. 각 절에서는 도난방지 알림이, 메모리 큐브, RC car제작, 드론(drone) 제어 순으로 프로젝트 설계를 진행하며 각 프로젝트에 대해 시나리오와 흐름도, 프로젝트 설계방법, 소스코드에 대해 설명한다.

제1절 도난방지 알림이

도난방지 알림이는 값비싸고 중요한 물품들을 많이 보관하고 있어 도난에 민감한 장소에서 유용하게 쓰일 수 있는 작품이다. 기본적인 원리는 고가의 제품이 특정 장소에 잘 있는지 유무를 파악하기 위해 초음파 센서를 사용하여 감지를 하게 된다. 만약 물건이 센서가 감지하는 범위를 벗어나게 되면 아두이노에서 인식하여 피에조 센서를 통해 소리로 경보를 울리고, LED 불빛을 깜박거려 주위에 있는 사람들에게 도난의 사실을 알리게 된다. 또한 블루투스 통신을 통해 물건의 주인에게 도난 사실을 알려줄 수 있다. 도난방지 알림이는 센싱을 통해 정보를 입력 받아 인터페이스인 아두이노에 전달하고 새로운 정보로 가공되어 블루투스 통신을 통해 다른 장치에 결과값을 전달하게 되는데 IoT의 기본적인 핵심 기술인 네트워킹, 센싱, 인터페이스가 모두 들어가 있는 IoT 작품이다.

1.1 실습준비

1) 실습 재료

도난방지 알림이 프로젝트 실습을 위해 [그림 8-1]을 참고하여 아두이노 보드, 브레드보드, 아두이노 USB 연결 케이블, 점프선, 초음파 거리 센서 HC-SR04, 블루투스 모듈 HC-06, 1kΩ 저항, 2kΩ 저항, LED(Light Emitting Diode), 피에조 스피커 U5008B07을 준비한다.

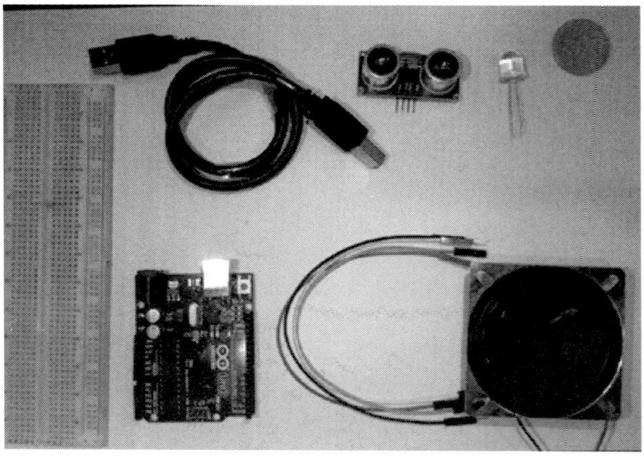

[그림 8-1] 도난방지 알림이 재료

2) 회로 연결

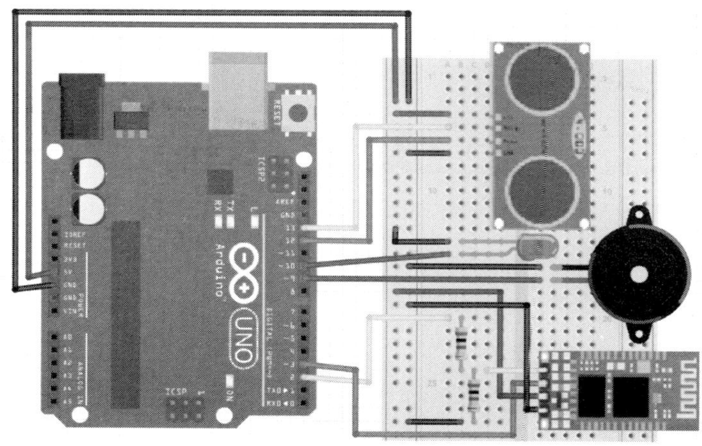

[그림 8-2] 도난방지 알림이 회로도

1.2 흐름도

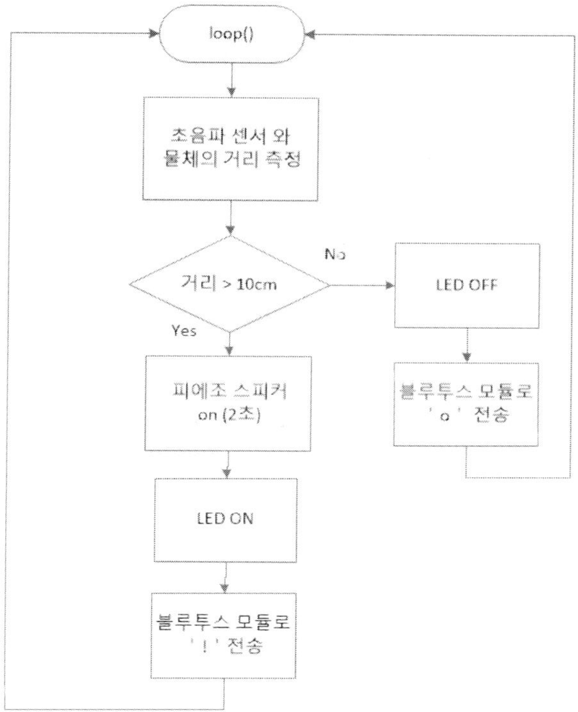

[그림 8-3] 도난방지 알림이 흐름도

1.3 실습

```
#include <SoftwareSerial.h>

SoftwareSerial BTSerial(3, 2);

void setup(){
        Serial.begin(9600);
        BTSerial.begin(9600);

        pinMode(13, OUTPUT);
        pinMode(12, INPUT);
        pinMode(10, OUTPUT);
        pinMode(9, OUTPUT);
```

```
	}

	void loop(){
		float duration, distance;
		char configuration;

		digitalWrite(13, HIGH);
		delayMicroseconds(10);
		digitalWrite(13, LOW);

		duration = pulseIn(12, HIGH);
		distance = (duration/2)/29.1;

		if (distance > 10){
			digitalWrite(10, HIGH);
			Serial.print("Out of Range: ");
			Serial.print(distance);
			Serial.println("cm");
			configuration = '!';
			tone(9, 5000, 1000);
			delay(2000);
		}

		else{
			digitalWrite(10, LOW);
			Serial.print(distance);
			Serial.println("cm");
			configuration = 'o';
		}

		BTSerial.write(configuration);
		if(BTSerial.available()){
			Serial.write(BTSerial.read());
			Serial.println();
		}

		delay(500);
	}
```

- Line 01 : 블루투스 통신에 필요한 시리얼 통신을 위해 사용할 헤더파일을 선언한다.
- Line 03 : 헤더파일 SoftwareSerial.h에서 BTSerial() 함수를 호출하여 블루투스 통신에 필요한 시리얼 통신을 수행한다. 아두이노 보드에서 디지털 3번 핀을 시리얼 통신을 위한 RX 핀으로 사용하고 디지털 2번 핀을 TX 핀으로 사용한다. 아두이노 보드의 RX 핀을 블루투스 모듈의 TX 핀에 연결하고 아두이노 보드의 TX 핀을 블루투스 모듈의 RX 핀에 연결하여 시리얼 통신을 수행한다. 여기서 블루투스 모듈의 RX 핀은 3.3V 이상이 인가되면 안정적으로 동작할 수 없으므로 아두이노 보드의 TX 핀의 5V 전압을 저항의 전압 강하를 통해서 3.3V로 낮추어 주면 안정적으로 통신할 수 있다.
- Line 06 : PC(Personal Computer)의 시리얼 모니터와 아두이노 보드가 통신할 속도를 9600bps로 설정한다.
- Line 07 : 블루투스 모듈과 아두이노 보드가 통신할 속도를 9600bps로 설정한다.
- Line 09~12 : 아두이노 보드의 디지털 13번 핀을 초음파 거리 센서의 TRIG 핀으로 들어갈 출력 핀으로 설정하고 디지털 12번 핀을 초음파 거리 센서의 ECHO 신호를 받을 입력 핀으로 설정한다. 디지털 10번 핀은 LED를 켜고 끄기 위한 출력 핀으로 설정하였고 디지털 9번 핀은 피에조 스피커를 켜고 끄기 위한 출력 핀으로 설정한다.
- Line 16~17 : 초음파 거리 센서의 시간에 대한 정수형 변수로 duration, 거리에 대한 정수형 변수로 distance를 선언하고 블루투스 통신에 사용할 문자형 변수로 configuration을 선언한다.
- Line 19~21 : HC-SR04의 TRIG 핀에 10us의 펄스 파형을 인가한다. TRIG 핀에 10us의 펄스 파형을 인가하면 HC-SR04 외부의 초음파 송신부는 40kHz 펄스를 갖는 초음파 8개를 연속으로 내보낸다.
- Line 23~24 : 물체에 부딪혀 반사되어 되돌아온 초음파의 HIGH 시간 값을 변수 duration에 저장한다. 그리고 물체에 부딪혀 반사되어 되돌아온 초음파의 HIGH 시간 값은 왕복 시간이기 때문에 변수 duration을 2로 나누고 그 값에 공기 중에서의 초음파 속도 340m/s(=1/29.1)를 곱하여 거리를 계산한다. 계산한 거리 값의 단위는 cm이며 그 값을 변수 distance에 저장한다.
- Line 26~24 : 초음파 거리 센서와 물체와의 거리가 10cm보다 커지면 디지털 10번 핀에 HIGH 값을 인가하여 LED가 켜지게 하고 PC의 시리얼 모니터에는 물체가 범위를 벗어났다는 메시지와 그 거리를 출력한다. 그리고 블루투스 통신에 사용할 문자형 변수 configuration에는 '!' 값을 저장하고 피에조 스피커에서 경고음을 울리게 하기 위해 tone() 함수를 이용하여 디지털 9번 핀에 5,000Hz의 주파수 신호를 1,000ms 동안 출력한다.

- Line 36~41 : 초음파 거리 센서와 물체와의 거리가 10cm 이하일 때는 디지털 10번 핀에 `LOW` 값을 인가하여 LED가 꺼지게 하고 PC의 시리얼 모니터에는 그 거리를 출력한다. 그리고 블루투스 통신에 사용할 문자형 변수 `configuration`에는 'o' 값을 저장한다.
- Line 43~47 : `BTSerial.write()` 함수를 이용하여 문자형 변수 `configuration`이 저장하고 있는 문자를 시리얼 통신을 통해서 블루투스 모듈로 전송한다. `BTSerial.available()` 함수를 이용하여 블루투스 모듈이 시리얼 통신 가능한 상태인지 확인하고 시리얼 통신이 가능하다면 블루투스 모듈에서 받은 문자의 값을 `BTSerial.read()` 함수를 이용하여 PC의 시리얼 모니터로 출력한다.

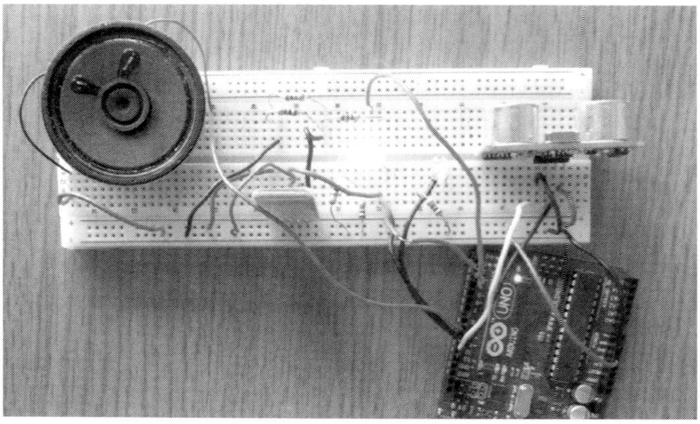

[그림 8-4] 도난방지 알림이 완성 사진

제2절 메모리 큐브

메모리 큐브는 기억력 향상에 도움이 되며, 간단하지만 질리지 않는 게임이다. 순간 기억력을 테스트하는 게임으로 조작법이 매우 간단하기 때문에 남녀노소 즐길 수 있다. 또한 두뇌를 사용해야 하는 게임이므로 노인들의 우울증과 치매예방에도 도움이 된다. 게임을 하며 단순히 재미뿐만 아니라, 두뇌 능력 향상이라는 효과도 얻을 수 있는 것이다.

본 절에서는 5장에서 다뤄보았던 8×8 LED Matrix와 리모컨을 이용한 적외선 통신을 다시 이용한다. 8×8 LED Matrix는 문제와 사용자의 입력을 보여주는 출력장치로 이용하며, 리모컨과 적외선 수신 센서를 이용한 적외선 통신으르 사용자의 입력을 수신한다.

2.1 메모리 큐브 시나리오

1) 문제 출제와 정답 입력

문제를 출제하기 위한 출력장치로는 LED Matrix를 사용한다. 게임이 시작되면 단계에 따라 몇 개의 LED가 순서대로 켜졌다가 꺼진다. 문제 출제가 완료되면 LED가 대각선 왼쪽 위에서 오른쪽 아래 방향으로 점멸한다. 그리고 전체 LED가 0.5초 동안 켜지게 되며, 그 동안에 사용자는 기억한 것을 토대로 리모컨의 숫자 버튼을 이용하여 답을 입력한다. 답이 맞다면 LED Matrix에 O가 출력될 것이고 다음 단계의 문제가 출제될 때 하나의 칸이 더 켜질 것이다. 답이 틀리다면 X가 출력될 것이고 같은 단계의 문제가 다시 출제될 것이다.

메모리 큐브의 문제를 표현하기 위해서 [그림 8-5]와 같이 LED Matrix를 가로 3칸, 세로 3칸으로 나누고, 숫자 한 칸에는 4개의 LED를 할당하였다. 일반적인 리모컨의 숫자 버튼 9개를 입력 장치로 사용하기 위하여 마지막 두 칸의 LED는 사용하지 않았다.

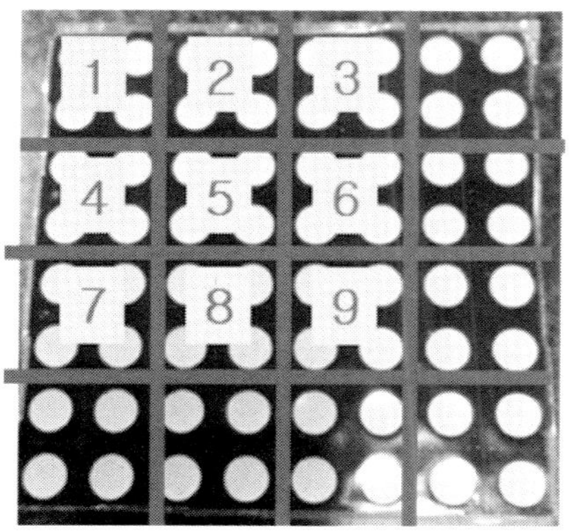

[그림 8-5] 메모리 큐브에 사용하기 위한 LED Matrix

2) 게임 흐름도

[그림 8-6]은 게임의 흐름을 표현한 다이어그램이다. 이 그림은 게임이 실제 코드에서 어떻게 구현되어 있는지 표현하고 있다. 우선 켜질 LED를 정하기 위해 랜덤 숫자를 생성한다. 생성된 숫자들을 `LEDran[]`이라는 정수형의 배열에 저장해 놓는다. `ready()` 함수를 사용하여 문제가 출제될 것임을 알린다. `ready()` 함수는 LED Matrix의 LED가 대각선 방향으로 차례대로 점멸하는 역할을 한다. 생성한 난수를 토대로 문제를 LED Matrix에 나타낸다. 특정 칸을 켜는 `LED()` 함수의 매개 변수에 `LEDran[]`을 넣어 표현할 수 있다. 문제를 모두 표현한 후 `ready()` 함수를 사용하여 문제 출제가 완료되었음을 알린다.

문제 출제가 완료되면 사용자의 입력을 수신 받는다. all() 함수는 0.5초 동안 모든 LED를 켜는 함수인데, 이 시간 내에 사용자가 답을 입력해야 한다. 입력하지 못할 경우 틀린 것으로 간주한다. 적외선 수신 센서를 통해 입력 받은 값을 Decoder() 함수의 매개변수로 넣어 숫자 버튼의 번호를 찾아낸다. Decoder() 함수의 결과로 반환 받은 값은 input[] 정수형 배열에 저장한다.

마지막으로 정답을 확인하기 위해, 문제를 출제했던 LEDran[] 배열과 입력 받은 버튼의 번호인 input[] 배열을 비교한다. 만약 모든 값들이 같을 경우 result 변수에 0이 저장되어 있을 것이다. 정답을 표현하기 위해 correct() 함수를 사용하여 LED Matrix에 O를 표현하고, 포인트와 단계를 증가한다. 하나의 값이라도 다를 경우, result 변수의 값이 1일 것이다. 틀렸음을 표현하기 위해 incorrect() 함수를 호출하여 LED Matrix에 X를 표현하며 같은 단계의 문제를 다시 출제한다.

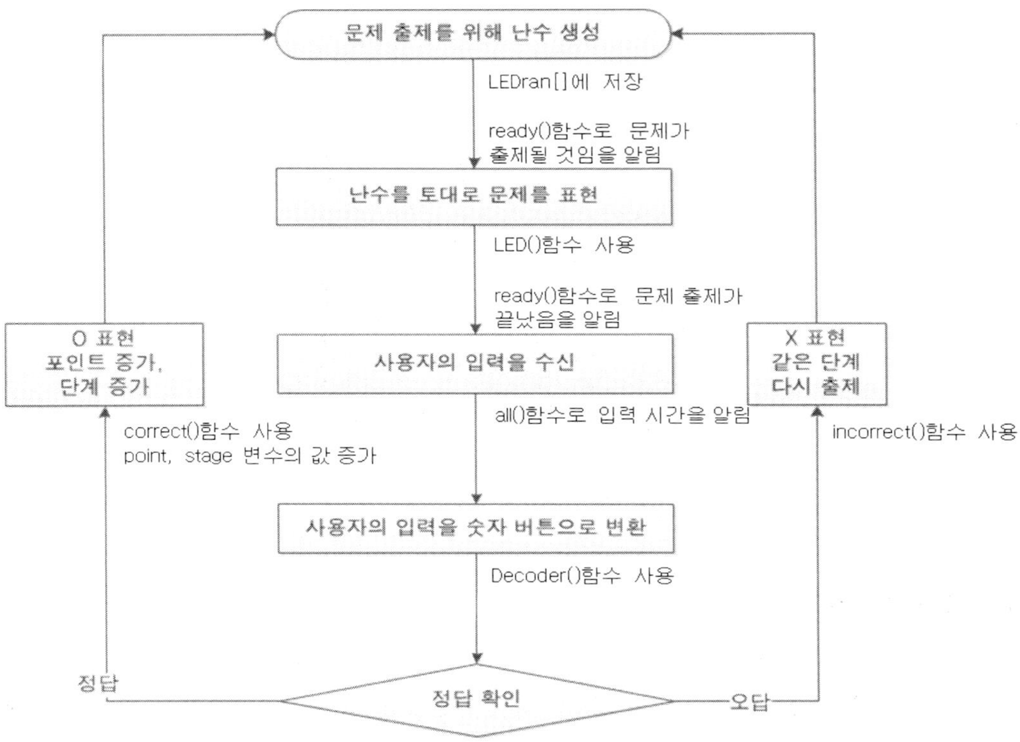

[그림 8-6] 게임의 흐름을 표현한 다이어그램

2.2 실습

1) 게임의 전체 코드

```
#include <IRremote.h>
#include <stdlib.h>

int rows[] = { 2, 3, 4, 5, 6, 7, 8, 9 };              //핀 번호 설정
int cols[] = { 10, 11, 12, 13, A0, A1, A2, A3 };
int rc = A5;

IRrecv irrecv(rc);

decode_results results;

int stage = 1;
int point = 0;
int LEDran[25];
int input[25];
int result = 0;

void setup(){                              //핀을 출력 용도로 설정
        for (int i = 0; i < 8; i++){
                pinMode(rows[i], OUTPUT);
                pinMode(cols[i], OUTPUT);
        }
        pinMode(rc, INPUT);

        Serial.begin(9600);
        irrecv.enableIRIn();
}


void clear(){                              //모든 LED를 끄는 함수
        for (int i = 0; i < 8; i++){
                digitalWrite(rows[i], LOW);
                digitalWrite(cols[i], HIGH);
        }
```

```
}

void ready(){                          //문제 출제 후 대각선으로 LED를 출력하는 함수
        for(int i=0; i<6 ; i++){
          digitalWrite(rows[i+2], HIGH);
          digitalWrite(cols[i], LOW);
          delay(300);
          clear();
        }
}

void all(){                                    //모든 LED를 켜는 함수
        digitalWrite(rows[2], HIGH);     //사용자의 입력을 기다릴 때 사용
        digitalWrite(rows[3], HIGH);
        digitalWrite(rows[4], HIGH);
        digitalWrite(rows[5], HIGH);
        digitalWrite(rows[6], HIGH);
        digitalWrite(rows[7], HIGH);
        digitalWrite(cols[0], LOW);
        digitalWrite(cols[1], LOW);
        digitalWrite(cols[2], LOW);
        digitalWrite(cols[3], LOW);
        digitalWrite(cols[4], LOW);
        digitalWrite(cols[5], LOW);
        delay(500);
        clear();
}

void LED(int NUM){          //NUM이라는 숫자 버튼 값을 매개 변수로 전달하여
        int garo[2];        //특정 번호의 LED가 켜지도록 하는 함수
        int sero[2];
        if (NUM <3){
                garo[0] = 2;
                sero[0] = (2*NUM);
        }
        else if (NUM < 6){
                garo[0] = 4;
                sero[0] = (2*(NUM-3));
```

```
        }
        else  {
                garo[0] = 6;
                sero[0] = (2*(NUM-6));
        }
        sero[1] = sero[0]+1;
        garo[1] = garo[0]+1;
        digitalWrite(rows[garo[0]], HIGH);
        digitalWrite(rows[garo[1]], HIGH);
        digitalWrite(cols[sero[0]], LOW);
        digitalWrite(cols[sero[1]], LOW);
        delay(500);
        clear();
}

int Decoder(int button){ //Decoder 함수는 적외선 수신 센서로 받은 값을
  switch(button){ //매개변수로 전달 받아 조건문을 통해 숫자 버튼 값으로 리턴
    case 0x2FD807F :
                return 0;
                break;

    case 0x2FD40BF :
                return 1;
                break;

    case 0x2FDC03F :
                return 2;
                break;

    case 0x2FD20DF :
                return 3;
                break;

    case 0x2FDA05F :
                return 4;
                break;

    case 0x2FD609F :
```

```
                    return 5;
                    break;

          case 0x2FDE01F :
                    return 6;
                    break;

          case 0x2FD10EF :
                    return 7;
                    break;

          case 0x2FD906F :
                    return 8;
                    break;

              default :
                    return 9;
                    break;
          }
  }

  void incorrect(){                //정답이 틀렸을 때 X를 출력하는 함수
    digitalWrite(rows[2], HIGH);
    digitalWrite(cols[0], LOW);
    digitalWrite(cols[5], LOW);
    delay(200);
    clear();
    digitalWrite(rows[3], HIGH);
    digitalWrite(cols[1], LOW);
    digitalWrite(cols[4], LOW);
    delay(200);
    clear();
    digitalWrite(rows[4], HIGH);
    digitalWrite(cols[2], LOW);
    digitalWrite(cols[3], LOW);
    delay(200);
    clear();
    digitalWrite(rows[5], HIGH);
```

```
    digitalWrite(cols[2], LOW);
    digitalWrite(cols[3], LOW);
    delay(200);
    clear();
    digitalWrite(rows[6], HIGH);
    digitalWrite(cols[1], LOW);
    digitalWrite(cols[4], LOW);
    delay(200);
    clear();
    digitalWrite(rows[7], HIGH);
    digitalWrite(cols[0], LOW);
    digitalWrite(cols[5], LOW);
    delay(200);
    clear();
  }


  void correct(){                    //정답이 맞았을 때 O를 출력하는 함수
    digitalWrite(rows[2], HIGH);
    digitalWrite(cols[2], LOW);
    digitalWrite(cols[3], LOW);
    delay(200);
    clear();
    digitalWrite(rows[3], HIGH);
    digitalWrite(cols[1], LOW);
    digitalWrite(cols[4], LOW);
    delay(200);
    clear();
    digitalWrite(rows[4], HIGH);
    digitalWrite(cols[0], LOW);
    digitalWrite(cols[5], LOW);
    delay(200);
    clear();
    digitalWrite(rows[5], HIGH);
    digitalWrite(cols[0], LOW);
    digitalWrite(cols[5], LOW);
    delay(200);
    clear();
```

```
    digitalWrite(rows[6], HIGH);
    digitalWrite(cols[1], LOW);
    digitalWrite(cols[4], LOW);
    delay(200);
    clear();
    digitalWrite(rows[7], HIGH);
    digitalWrite(cols[2], LOW);
    digitalWrite(cols[3], LOW);
    delay(200);
    clear();
  }

  void loop(){

        Serial.print("current stage : ");
        Serial.println(stage, DEC);
        Serial.print("Point : ");
        Serial.println(point, DEC);
        clear();
        ready();

       for (int i = 0; i < stage; i++){  //단계에 따라 군제로 출제할 숫자를 만들어 냄
          LEDran[i] = (rand()) % 9;
        }
        for (int i = 0; i < stage; i++){  //문제출제
                LED(LEDran[i]);
                Serial.print(LEDran[i], DEC);
                delay(100);
        }

        ready();                    //문제 출제가 완료되었음을 표시
        Serial.println(" ");

        for( int i=0 ; i < stage ; i++ ){
                        all();
              if(irrecv.decode(&results)){ //사용자의 입력을 받아 LED Matrix에 표시
                        input[i] = Decoder(results.value);
                        LED(input[i]);
```

```
225                     delay(100);
226                     clear();
227                     Serial.print(input[i], DEC);
228                     irrecv.resume();
229             }
230           }
231
232           all();
233           Serial.println(" ");
234
235           for (int i=0; i<stage ; i++){            //사용자의 입력이 정답인지 검사
236                 if (LEDran[i] != input[i])  result = 1;
237           }
238
239           if(result==0){          //정답이라면 O를 출력하고,
240                 correct();        //포인트 추가, 다음 단계로 넘어감
241                 point++;

242                 stage++;
243           }
244           else {                  //틀렸다면 X를 출력
245                 incorrect();
246           }
247
248           result = 0;
249     }
```

2) loop 이전 부분

- Line 001~002 : 필요한 헤더를 include한다. 이번 프로젝트에서는 리모컨 수신에 관한 라이브러리인 **IRemote.h**와 **rand()** 함수를 사용하기 위해 **stdlib.h**가 필요하다.
- Line 004~006 : **rows[]**와 **cols[]**는 각각 LED Matrix의 행과 열, rc는 리모컨의 데이터 핀을 설정한다.
- Line 012~016 : 프로그램에서 사용할 변수들을 선언한다. **stage**는 현재 진행하고 있는 문제의 단계, **point**는 사용자가 획득한 점수를 표현하는 데 사용한다. **LEDran[]**에는 난수를 통해 결정한 켤 LED의 번호를, **input**은 리모컨을 통해 입력 받은 값을 정수형 배

열의 형태로 저장한다. result에는 출제한 문제와 입력 받은 값을 비교하여 결과를 저장한다.

- Line 018~027 : setup() 함수에서는 핀의 용도를 설정한다. rows[]와 cols[]는 출력, rc는 입력 핀으로 사용한다.
- Line 030~035 : clear() 함수에서는 모든 LED를 끈다. 행에는 LOW, 열에는 HIGH를 인가한다.
- Line 037~044 : ready() 함수는 대각선으로 가로지르며 LED를 켠다. 새로운 문제가 시작될 때 함수를 사용한다. 각 LED는 0.3초간 켜진다.
- Line 046~061 : all() 함수는 모든 LED를 0.5초간 켠다. 문제를 출제하고 사용자의 입력을 기다릴 때 이 함수를 사용한다.
- Line 063~086 : LED 함수는 NUM이라는 매개 변수를 사용한다. garo와 sero라는 정수형 변수를 선언하고 이 변수에 켜고 싶은 LED의 행과 열의 번호를 저장한다. NUM의 값에 따라서 한 칸에 해당하는 LED가 0.5초간 켜진다. 문제를 출제할 때, 사용자의 입력을 확인할 때 사용한다.
- Line 088~130 : Decoder() 함수는 리모컨에서 입력한 값을 원하는 값으로 바꾸는 역할을 한다. 리모컨에서 입력한 값을 button이라는 매개 변수로 전달받은 뒤, switch-case 구문을 사용하여 button의 값에 따라 0~8까지의 값을 반환한다. 만약, 입력 받은 값이 리모컨의 숫자 버튼이 아니거나 아예 없을 경우 9라는 값을 반환한다. 9라는 값은 LED의 번호에 없으므로 정답 확인 과정에서 틀린 것으로 인식된다.
- Line 132~163 : incorrect() 함수는 사용자가 입력한 값과 정답이 다를 경우 LED Matrix에서 X를 표현한다.
- Line 166~197 : correct() 함수는 사용자가 입력한 값이 정답일 경우 LED Matrix에서 O를 표현한다.

3) 문제 출제

- Line 200~206 : 게임을 시작하는 부분이다. 현재 단계와 획득한 점수를 시리얼 모니터에 출력한다. clear() 함수를 통해 LED Matrix를 초기화하고, ready() 함수로 문제가 출제될 것임을 알린다.
- Line 208~201 : rand() 함수를 사용하여 켤 LED를 결정한다. stage에 따라 생성할 난수의 숫자가 증가한다. rand() 함수에 '%9'를 추가한 것은 0~8 중 하나의 숫자를 만들기 위함이다.
- Line 211~215 : LED 함수를 사용하여 문제를 출제한다. LED Matrix에 LED를 켜고, 시리얼 모니터에도 출력한다.

4) 정답 입력

- Line 220~230 : 리모컨의 입력을 받는 부분이다. `all()` 함수가 실행되어 모든 LED가 켜지는 0.5초동안 사용자의 입력을 받는다. 만약 시간이 지나면 틀린 것으로 간주한다. 입력이 있다면 `if` 문의 조건식을 만족시킨다. `if` 문 내에서는, `Decoder()` 함수를 사용하여 입력 받은 값을 칸의 번호로 반환하여 `input`이라는 배열에 저장한다. 이 값을 토대로 LED Matrix에는 입력한 칸에 해당하는 LED가 켜지도록 하고, 시리얼 모니터에는 칸의 번호가 출력되도록 한다.

5) 정답 확인

- Line 235~237 : 입력한 값과 정답을 비교하여 하나라도 다른 값이 있다면 `result`에 1을 저장한다.
- Line 239~243 : `result` 변수의 값이 0이면 모든 입력한 값이 정답과 같다는 의미이다. 따라서 `correct()` 함수를 호출하여 LED Matrix에 O를 표현하고 `point` 변수에 1을 더하여 점수를 획득하도록 한다. `result`가 0이 아니라면, 정답과 다른 입력 값이 존재한다는 의미이다. 이 경우에는 `incorrect()` 함수를 호출하여 LED Matrix에 X를 표현하고, `stage` 변수에서 1을 감소하여 같은 단계의 문제를 한 번 더 출제한다.

제3절 RC car

2014년도 CES(Consumer Electronics Show)의 주인공이 웨어러블(Wearable)이었다면 2015년도는 자동차가 관심을 끌었다. 프리미엄을 고집하던 자동차 회사부터 대중을 위한 자동차 회사까지 자동차가 어떻게 IT와 이어질 것인지에 대한 비전을 제시하기 위해 노력했다. 최근 IoT에 대한 관심이 많아지면서 사람이 운전하는 것이 아닌 자동차가 사람에 맞춰 운전하는 등 개발이 활발하게 이루어지고 있다. 아직 자율주행에 대한 법이나, 해결되지 못한 사회적인 문제 등으로 상용화되지 못했지만 문제들이 해결되는 순간 변화는 급속도로 일어날 것이다. 이번 절에서 우리는 이러한 흐름에 맞춰 실제 자동차를 소형화한 RC(Remote Control) car를 만들고 여기서 추가로 개발자는 아이디어를 통해 스마트한 RC car를 만들 수도 있을 것이다. 아두이노 보드를 이용하여 미래자동차의 프로토타입(Prototype)을 만들어보고 추가 아이디어를 실제로 구현해 보면서 자동차에서도 접목할 수 있는 기회가 되었으면 한다.

본 절에서 실습할 RC car는 4장에서 배운 초음파 센서와 6장에서 배운 Bluetooth 통신, 7장에서 배운 DC 모터를 사용할 것이며, 자율주행까지 되는 RC car를 소개하는 것보다는 순수한 운전이 가능하고 장애물을 감지할 수 있는 RC car까지 만들 것이다. 스마트폰 Bluetooth를 사용하여 RC car를 제어할 것이며 RC car는 전진, 후진, 좌회전, 우회전을 가능하도록 한다. 추가로 장애물을 감지하여 장애물이 일정거리 안으로 들어올 경우 자동으로 정지되는 기능을 구현할 것이다.

3.1 흐름도

[그림 8-7]은 RC car가 동작하는 흐름도이며, 전체적으로 어떻게 동작하는지 파악할 수 있다. RC car는 먼저 Bluetooth 모듈을 통해 신호를 받는다. 새로운 신호가 들어오지 않으면 다시 신호를 받으며, 2초 동안 신호가 없을 경우 이전에 있던 신호 값을 사용한다. 아두이노 보드는 Bluetooth 값을 유지하고 초음파 센서를 이용해 앞에 있는 장애물과의 거리를 측정한다. 거리가 10cm 이내로 들어올 경우 위험하다고 판단해서 RC car는 정지한다. 마지막으로 Bluetooth 신호에 따라 RC car는 정지 또는 회전을 하게 된다.

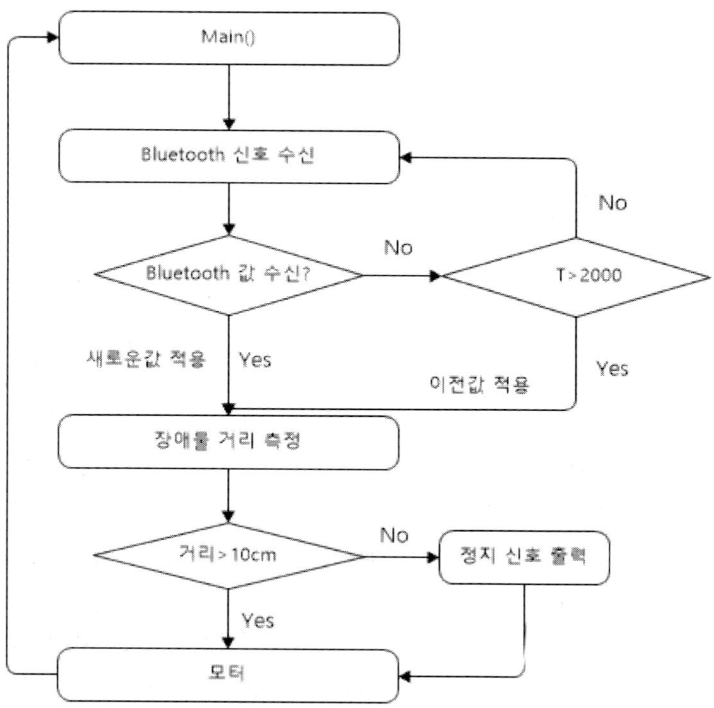

[그림 8-7] RC car 흐름도

3.2 실습 준비

1) 실습재료

실습하기 위해서 [그림 8-8] (a), (b)와 같이 아두이노 보드, HC-06, HC-SR04, DC 모터 4개, 모터 드라이버, 바퀴 4개, 1kΩ 저항 3개, 아두이노 USB 연결 케이블, 점프선, 브레드 보드가 필요하다. 추가로 RC car에 모양을 잡아주는 로봇키트나 RC car 차체가 필요하다. 본 실습에서는 [그림 8-8] (c)와 같이 로봇 키트를 사용하여 제작하였다. RC car는 움직이므로 PC로 아두이노에 전원을 공급할 수 없다. 그래서 별도의 전원을 공급하며, 본 절에서는 핸드폰의 보조 배터리를 사용하여 공급하였다.

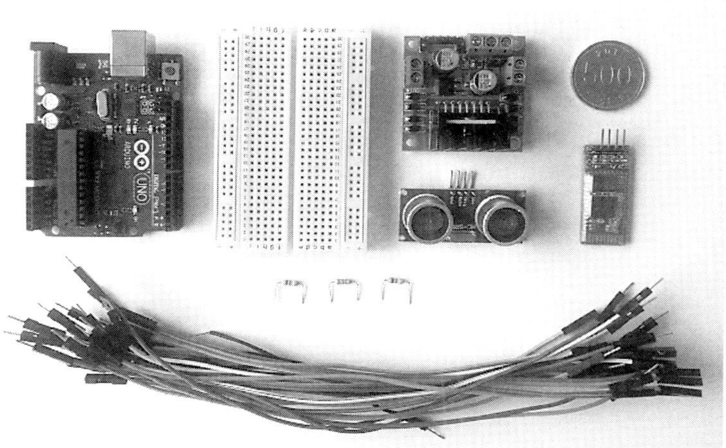

(a)

(b)

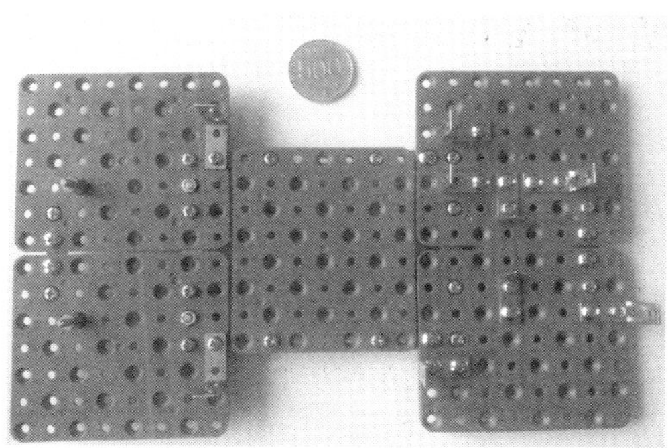

(c)

[그림 8-8] 실습재료 (a) 메인 모듈 (b) 모터, 바퀴 (c) 로봇 키트

2) RC car 회로연결

[그림 8-9]와 같이 회로를 연결하며 배터리는 6V에서 12V를 권장한다. 베터리에서 나오는 전류의 양이 적을 경우 센서들이 동작하지 않으며 원하던 결과가 나올 수 없다. VDD와 GND를 연결 시 주의하고 배터리를 연결하기 전에 전체 회로 연결을 다시 확인해야 한다.

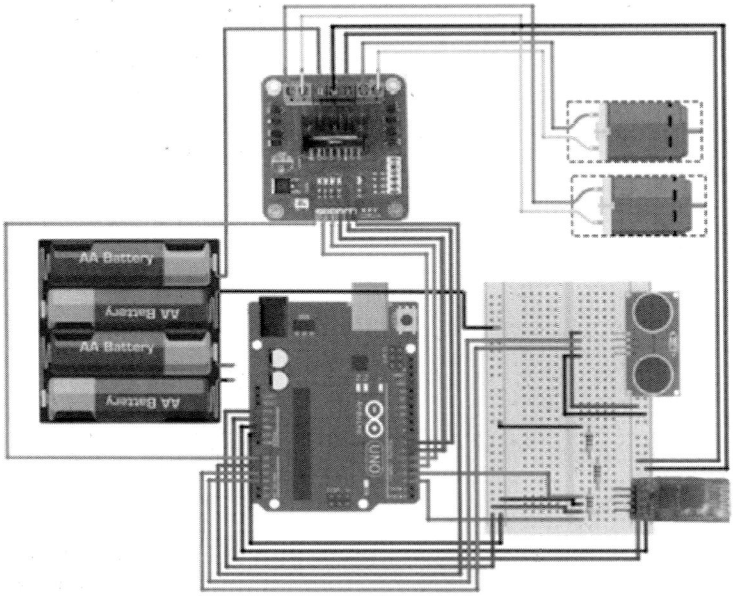

[그림 8-9] RC car 회로도

3.3 실습

```
#include <SoftwareSerial.h>

SoftwareSerial BTSerial(3, 2);
int Right_Motor[2] = {4,5};
int Left_Motor[2] = {6,7};
int SPEED[2] = {A0,A1};
int HC_04_TPIN = A2;
int HC_04_EPIN = A3;

unsigned long time;
```

```
int Speed;
long HC_04_Value, distance;

void setup()
{
     Serial.begin(9600);
     BTSerial.begin(9600);
     pinMode(Right_Motor[0],OUTPUT);
     pinMode(Right_Motor[1],OUTPUT);
     pinMode(Left_Motor[0],OUTPUT);
     pinMode(Left_Motor[1],OUTPUT);
     pinMode(SPEED[0],OUTPUT);
     pinMode(SPEED[1],OUTPUT);
     pinMode(HC_04_TPIN,OUTPUT);
     pinMode(HC_04_EPIN,INPUT);
     Speed = 0;
}

void loop()
{
  int BT;
  BT = BTserial(BT);
  delay(300);
  Motor(BT);
}

int BTserial(int BT)
{
  int BT_new = 0;
  if (BTSerial.available())
    {
     time = millis();
    for(;(millis() - time < 2000) && (BT_new != 65) && (BT_new != 66) &
          & (BT_new != 67) && (BT_new != 68) && (BT_new != 69);)
      {
        delay(100);
        BT_new = BTSerial.read();
```

```
      }
    if((BT_new != 65) && (BT_new != 66) && (BT_new != 67) && (BT_new != 68) && (BT_new != 69))
     return BT;
     Serial.println(BT_new);
     BT = BT_new;
    }
  return BT;
}

void Go()
{
  digitalWrite(Right_Motor[0],HIGH);
  digitalWrite(Right_Motor[1],LOW);
  analogWrite(SPEED[0],Speed);

  digitalWrite(Left_Motor[0],HIGH);
  digitalWrite(Left_Motor[1],LOW);
  analogWrite(SPEED[1],Speed);
}

void Back()
{
  digitalWrite(Right_Motor[0],LOW);
  digitalWrite(Right_Motor[1],HIGH);
  analogWrite(SPEED[0],-Speed);

  digitalWrite(Left_Motor[0],LOW);
  digitalWrite(Left_Motor[1],HIGH);
  analogWrite(SPEED[1],-Speed);
}

void Left()
{
  if(Speed == 0 || Speed > 0)
  {
    digitalWrite(Right_Motor[0],HIGH);
```

```
    digitalWrite(Right_Motor[1],LOW);
    analogWrite(SPEED[0],255);

    digitalWrite(Left_Motor[0],LOW);
    digitalWrite(Left_Motor[1],LOW);
    analogWrite(SPEED[1],0);
  }
  else if(Speed < 0)
  {
    digitalWrite(Right_Motor[0],LOW);
    digitalWrite(Right_Motor[1],HIGH);
    analogWrite(SPEED[0],255);

    digitalWrite(Left_Motor[0],LOW);
    digitalWrite(Left_Motor[1],LOW);
    analogWrite(SPEED[1],0);
  }
}
void Right()
{
if(Speed == 0 || Speed > 0)
  {
    digitalWrite(Right_Motor[0],LOW);
    digitalWrite(Right_Motor[1],LOW);
    analogWrite(SPEED[0],0);

    digitalWrite(Left_Motor[0],HIGH);
    digitalWrite(Left_Motor[1],LOW);
    analogWrite(SPEED[1],255);
  }
  else if(Speed < 0)
  {
    digitalWrite(Right_Motor[0],LOW);
    digitalWrite(Right_Motor[1],LOW);
    analogWrite(SPEED[0],0);

    digitalWrite(Left_Motor[0],LOW);
```

```
      digitalWrite(Left_Motor[1],HIGH);
      analogWrite(SPEED[1],255);
    }
  }

  void Stop()
  {
    digitalWrite(Right_Motor[0],LOW);
    digitalWrite(Right_Motor[1],LOW);
    digitalWrite(Left_Motor[0],LOW);
    digitalWrite(Left_Motor[1],LOW);
  }

  void Motor(int state)
  {
    state = HC_04(state);

    switch(state)
    {
      case 65:
             Speed += 70;
             if(Speed == 255 || Speed > 255)
              {
                 Speed = 255;
              }
             Go();
             Serial.println(Speed,DEC);
             break;

      case 69:
           Speed -= 70;
           if(Speed == -255 || Speed <-255)
           {
             Speed = -255;
           }
           Back();
         Serial.println(Speed,DEC);
```

```
        break;

    case 68:
        Right();
        Serial.println("Right");
        break;

    case 66:
        Left();
        Serial.println("Left");
        break;

    case 67:
        Stop();
        break;

    default:
        Stop();
        Serial.println("no Button");
        break;
  }
}

int HC_04(int state)
{
  digitalWrite(HC_04_TPIN, LOW);
  delayMicroseconds(4);
  digitalWrite(HC_04_TPIN, HIGH);
  delayMicroseconds(20);
  digitalWrite(HC_04_TPIN, LOW);
  HC_04_Value = pulseIn(HC_04_EPIN, HIGH);

  distance = HC_04_Value/29/2;

  if(distance < 100)
   {
     state = 67;
```

```
194         Serial.println("Stop");
195         Serial.println(distance);
196         return state;
197        }
198       else if(100 < distance < 700)
199       {
200         Serial.println("warning");
201         Serial.print("distance = ");
202         Serial.print(distance);
203         Serial.println("mm");
204       }
205       return state;
206     }
```

- Line 001 : Bluetooth 통신을 사용하기 위해 `SoftwareSerial.h`를 include한다.
- Line 003 : Bluetooth 통신을 사용하기 위해 interrupt 핀 2번과 3번 핀을 지정한다.
- Line 003~004 : 2개의 모터를 사용하기 위해 오른쪽 바퀴는 4번과 5번 핀을 왼쪽 바퀴는 6번과 7번 핀을 지정한다.
- Line 006 : 양쪽 바퀴의 속도를 지정하는 핀으로 아날로그 아웃풋 신호가 가능한 A0, A1 핀을 지정한다.
- Line 007~008 : 초음파 센서를 사용하기 위해 송수신 핀을 A2, A3핀으로 지정한다.
- Line 010 : 코드에 시간을 활용하기 위해 `time`이라는 변수를 만든다.
- Line 011 : 다양한 속도를 제어하기 위해 `Speed`라는 변수를 만든다.
- Line 012 : 초음파센서에서 수신된 신호를 저장하기 위해 `HC_04_Value` 변수를 만들고 거리를 저장할 `distance` 변수를 만든다.
- Line 016~017 : 통신속도를 9600으로 고정한다.
- Line 018~025 : 각각의 핀을 용도에 맞게 `Output`, `Input` 선언을 해준다.
- Line 026 : 속도의 초기값을 0으로 지정한다.
- Line 031~034 : Bluetooth 수신 값을 받기 위해서 BT변수를 지정하고 `BTserial()` 함수를 통해 값을 받는다. `delay()` 함수를 사용하여 0.3초의 시간을 정지시켰는데 이것은 수신된 신호에 오류가 생기지 않도록 시간적 여유를 준 것이다. 0.3초 후에 Bluetooth 수신 값을 `Motor()` 함수에 보낸다.
- Line 042~047 : Bluetooth 수신 값을 2초 동안 받기 위해서 `time` 변수에 `millis()` 함수를 사용하여 현재시간을 저장시킨다. 다음 `for` 문을 사용해서 시간이 2초가 넘거나 새

로운 값이 수신되면 종료하도록 하였다. B_Serial.read() 함수는 Bluetooth 모듈로 들어오는 정보를 읽어주는 함수이다.

- Line 048~049 : Bluetooth 모듈을 통해 새로운 값이 들어오지 않을 경우 현재 Bluetooth 값이 리턴 된다.
- Line 050~053 : Bluetooth 모듈을 통해 새로운 값이 들어온 경우 시리얼 모니터에 표시하며 새로운 값을 기존 BT변수에 변경하여 저장한다. 변경된 BT값을 리턴하여 사용한다.
- Line 056~065 : 전진하기 위한 함수이며, digitalWrite() 함수를 사용하여 전진을 할 수 있도록 하였고, analogWrite() 함수를 사용하여 Speed 변수의 크기만큼 RC car의 속도를 지정하였다.
- Line 067~076 : 후진하기 위한 함수이며, digitalWrite() 함수를 사용하여 후진을 할 수 있도록 하였고, analogWrite() 함수를 사용하여 Speed 변수의 크기만큼 RC car의 속도를 지정하였다.
- Line 078~099 : 좌회전을 하기 위한 함수이며, Speed가 0보다 클 경우 앞으로 좌회전을 하며 0보다 작을 경우 뒤로 좌회전을 한다. 앞으로 좌회전을 할 경우 오른쪽 바퀴는 앞으로 회전을 해야 하며, 왼쪽 바퀴는 정지해야 된다. 뒤로 좌회전을 할 경우에는 오른쪽 바퀴를 뒤로 회전시켜야 하며, 왼쪽 바퀴는 정지해야 된다. if 문을 사용해서 Speed가 0보다 클 경우와 작을 경우를 나눠서 작성하였다.
- Line 101~122 : 우회전을 하기 위한 함수이며, Speed가 0보다 클 경우 앞으로 우회전을 하며 0보다 작을 경우 뒤로 우회전을 한다. 앞으로 우회전을 할 경우 왼쪽 바퀴는 앞으로 회전을 해야 하며, 오른쪽 바퀴는 정지해야 된다. 뒤로 우회전을 할 경우에는 왼쪽 바퀴를 뒤로 회전시켜야 하며, 오른쪽 바퀴는 정지해야 된다. if 문을 사용해서 Speed가 0보다 클 경우와 작을 경우를 나눠서 작성하였다.
- Line 125~131 : 정지하기 위한 함수이며, digitalWrite() 함수를 사용해서 오른쪽 바퀴와 왼쪽 바퀴를 정지시킨다.
- Line 135 : state 변수에 HC_04() 함수에서 리턴되는 값을 받는다.
- Line 137~177 : switch 문을 사용해서 state 변수가 65인 경우 전진을 하며 if문을 사용하여 최대 속도를 255로 지정지었다. state 변수에 따라 69는 후진, 68은 우회전, 66은 좌회전, 67은 정지를 하도록 구성하였다. 마지막으로 이외의 변수가 들어 올 경우 정지하도록 하였다.
- Line 180~206 : 초음파 센서를 사용하여 거리를 측정하는 함수이며, digitalWrite() 함수를 사용하여 초음파를 발생시키고, pulseIn() 함수를 사용하여 물체에 반사되서 나오는 초음파를 수신한다. 수신된 값을 mm로 계산하고 그 값을 distance 변수에 저장시

킨다. 거리가 100mm이하일 경우 장애물이 있다고 판단하고 state 변수를 정지인 67로 변경하고 시리얼 모니터에 "Stop" 문구를 표시한다. 거리가 100mm보다 크고 700mm보다 작을 경우에는 경고 표시만 출력하고 state 값은 변경시키지 않는다.

코드를 입력하고 [그림 8-9]와 같이 회로를 연결하면 [그림 8-10]처럼 RC car가 완성된다.

(a)

(b)

[그림 8-10] RC car (a) 옆 모습 (b) 위 모습

제4절 드론 제어

드론(Drone)은 사람이 타지 않고 전파를 이용하여 비행하는 비행체를 일컫는 말이다. 대표적으로 미국의 Amazon 社에서는 드론을 이용하여 가깝거나 신선도를 요구하는 물품을 배송하는 'PrimeAir' 서비스 계획을 밝힌 것으로부터 시작하여, 지상에서 무선 조종기를 이용하여 항공 촬영하는 헬리캠(Helicam)까지 다양한 용도로 사용되고 있다.

본 문에서는 드론조종과 제어 부분에서 신호를 주고 받는 수신 부분을 아두이노로 구서아여 제작하는 방법에 대하여 말한다. 송수신을 담당하는 모듈에 있어서는 이더넷 쉴드, Wi-Fi 쉴드 등 각종 통신 모듈을 사용하여 이를 전송 할 수 있다. 아두이노를 사용하여 무선통신으로 받은 ASCII신호를 제어보드의 입력에 맞는 PWM 신호로 변경하는 부분을 다룰 것이다.

4.1 기술특성

드론은 기본적으로 모터를 구동하여 작동하는 장치이다. 3절에서는 일반적인 DC 모터와 Servo 모터를 사용하였다면, 드론은 BLDC(Brushless DC) 모터를 사용한다. 여기에서 말하는 BLDC 모터는 브러시가 없는 모터로 일반적으로 알고 있는 모터와는 다른 모습을 가진다. 일반적인 DC 모터의 경우에는 일정 범위 이상 작동을 하면 모터 동력 전달에 도움을 주는 브러시가 마모가 되어 제 구실을 못하게 된다. 이에 반하여 BLDC 모터의 경우에는 브러시 대신에 내부에 회로기판을 추가하여 전력을 공급한다. 이에 따라 모터의 선이 많아지고 DC 모터에 비하여 가격이 상승하였지만 효율성 면에서 탁월한 면모를 보인다. 그리하여 드론을 구동하는 모터는 BLDC 모터를 사용한다.

BLDC 모터의 특성으로는 전원을 입력하는 (+), (-)단 뿐 아니라 신호를 입력 받는 선이 따로 존재한다. 이 신호 선에 입력이 되는 신호는 PWM 신호이다. 기존 송수신기에서 사용되는 신호를 오실로스코프로 분석해 본 결과 방향을 조종하는 신호는 208.3Hz부터 580Hz까지이며, 출력을 조종하는 신호는 208.3Hz부터 333Hz임을 확인할 수 있었다. 한 duty내에서 high와 low의 크기를 조절함으로 신호에 변화를 줄 수 있었다. 또한 별도의 사용자 설정을 지정할 수 있는 auxiliary 신호는 방향을 조종하는 신호와 마찬가지로 208.3Hz부터 580Hz까지임을 확인할 수 있다.

비행체의 기본적인 요소는 총 네 가지로 구성이 되어있다. 비행기 날개 뒤 가장자리 쪽에 경첩으로 고정되어있는 작은 면적의 조종용 날개 면인 에일러론(Aileron), 비행기 비행기의 수평미익 뒤 쪽에 달려있는 엘리베이터(Elevator), 수직미익에 달려있는 러더(Rudder), 마지막으로 전체의 출력을 조절하는 쓰로틀(Throttle)로 구성이 되어있다. 이는 3차원에서 움직이는 비행체를 조종하는 요소로 우선 비행기의 구조에 대하여 간단히 설명한다.

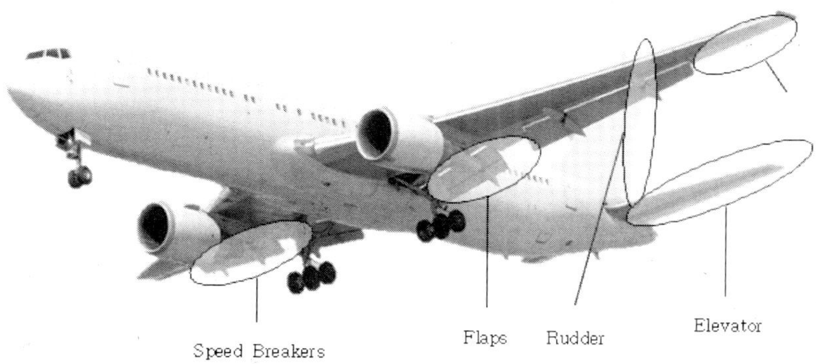

[그림 8-11] 비행기의 기본적인 비행요소

비행기에서 방향을 조종하는 것은 날개인데, 이 날개에도 종류가 여러 가지가 있다. 비행기의 앞쪽에 큰 날개를 주익이라고 하며, 뒤쪽에 있는 작은 날개를 보조익이라고 한다. 주익에는 ground spoilers, roll spoilers, flaps, speed brakes, aileron, slats 등이 있고, 보조익에는 elevator, rudder, trimmable horizontal stabilizer 등이 있다. 이 외에도 상당한 요소가 존재하기는 하나, 본문에서 언급할 내용은 에일러론, 러더, 엘리베이터, 스로틀 이렇게 총 네 가지 내용이다. 비행기와 드론의 큰 차이는 기체의 앞과 뒤가 분명한 비행기에 반하여 드론은 앞과 뒤를 사용자가 직접 지정하여, 핀을 배열하는 순서에 따라서 정해 질 수 있다. 또한 주익과 보조익에 달려있는 날개를 이용하여 비행을 하는 비행기와는 달리, 드론에서는 프로펠러의 회전 속도, 회전 방향에 따라서 움직임을 조종할 수 있다. 위에서 언급한 네 가지를 순서대로 살펴보도록 하겠다.

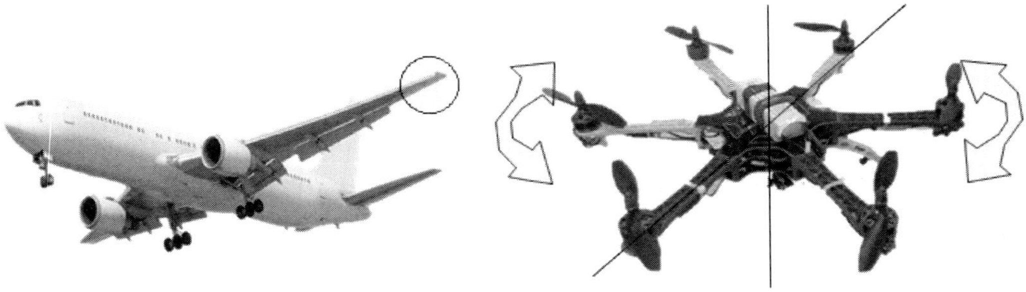

[그림 8-12] 비행기와 드론의 에일러론

처음으로 에일러론(Aileron)에 대하여 알아보도록 하겠다. 에일러론은 비행기의 보조날개 또는 보조익을 뜻하는 말이다. 비행기의 보조익의 수평 끝 쪽에 달려있는 날개로, 보조익의 상하운동으로 비행기의 좌우선회를 조종할 수 있다. 드론의 움직임에서 보면, 기체를 왼쪽 혹은 오른쪽으로 방향을 잡아주는 것을 말한다. 조종부(송신부)에서 에일러론 스틱을 조작하는 방향에 따라 기체의 왼쪽과 오른쪽으로 움직이게 된다.

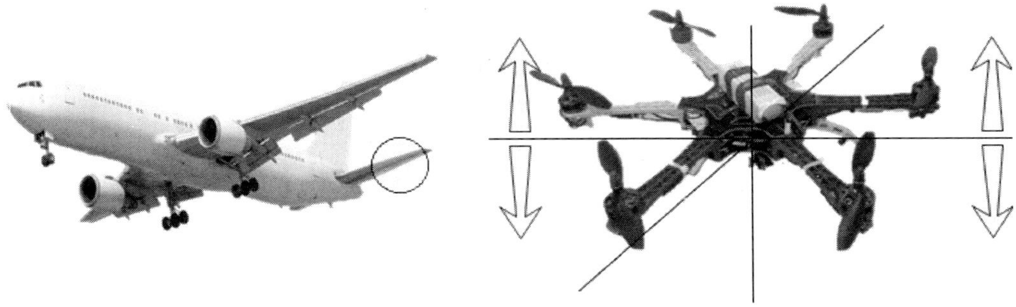

[그림 8-13] 비행기와 드론의 엘리베이터

엘리베이터(Elevator)는 비행기의 꼬리에 달려있는 날개 중, 상하로 움직이는 날개를 말한다. 이 날개로 인해서 비행기가 공기로부터 저항을 받게 되어 기체가 아래쪽으로 숙여지거나, 위로 솟는 형상을 가지게 된다. 즉, 기체의 방향을 전진 또는 후진할 수 있게 하는 것을 말한다.

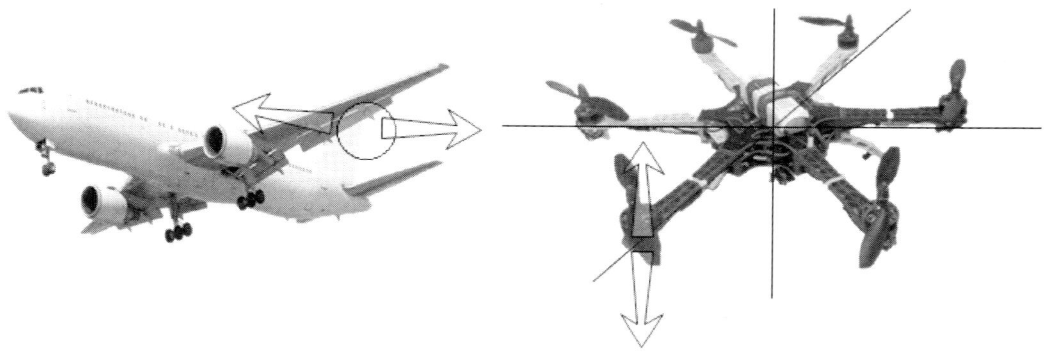

[그림 8-14] 비행기와 드론의 러더

러더(Rudder)는 비행기의 꼬리에 달려있는 날개 중, 좌우로 움직이는 날개를 말한다. 자동차로 말하자면, 핸들을 좌우로 꺾어 가고자 하는 방향으로 이동하는 것을 말하며, 배에서는 방향을 조절하는 키처럼 사용이 된다. 꼬리에 있는 보조익 중, 세로로 붙어있는 날개가 좌우로 움직이게 되면 비행기의 진행방향이 바뀌게 된다. 그리하면 기체가 제자리에서 선두를 왼쪽 혹은 오른쪽으로 꺾게 되어 회전을 할 수 있게 된다.

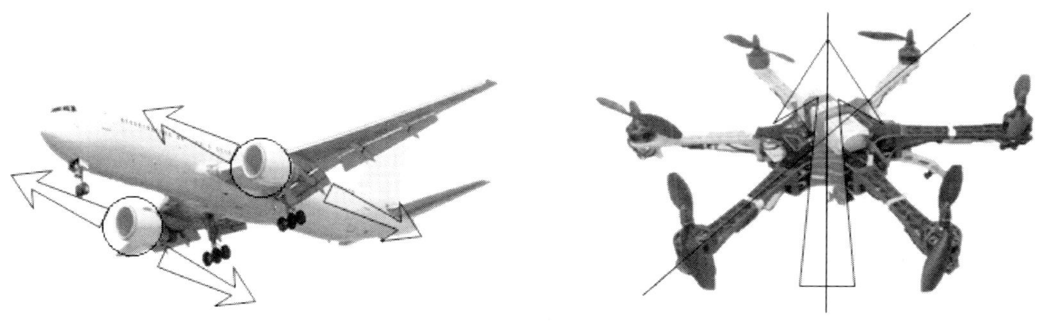

[그림 8-15] 비행기와 드론의 스로틀

마지막으로 스로틀(Throttle)은 원래 자동차 용어로 쓰였던 것인데, 기화기 아랫부분에 설치되는 밸브이며, 결과적으로 엔진의 회전속도를 변화시키는 것이다. 비행기에서는 엔진의 출력을 변화시키는 것을 말하지만 드론에서는 엔진이 존재하지 않고, 배터리와 모터만 있을 뿐이다. 결과적으로 드론 내에서 스로틀을 조절하는 것은 배터리의 출력, 그리고 모터의 출력의 조절을 통해 기체를 상승시키거나 하강시키거나 또는 호버링 할 수 있게 한다.

4.2 흐름도

이 절에서 다루고자 하는 내용은 프로그램의 전체 구조와 프로그램 전체의 흐름도이다. 프로그램의 전체구조는, 비행 가능한 모드인 'Armed mode'와 비행이 불가능한 모드인 'Safe mode'로 나뉘게 된다. 이를 전환하는 방법은 지정되어 있는 신호를 조종기로 입력해 주면 되지만, 코드의 간결화를 위하여 함수로 지정해 주었다. 그리고 Serial을 통하여 해당하는 값을 받는 부분을 구현하였고, 입력 받은 신호에 따라 각각에 맞는 다섯 개의 함수로 지정하였다.

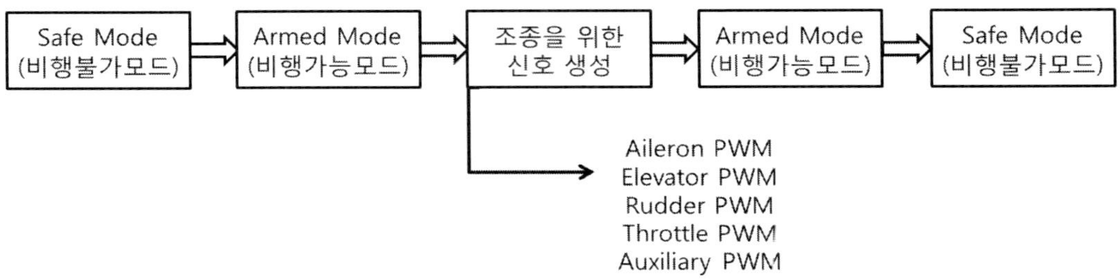

[그림 8-16] 드론의 동작 순서 흐름도

다음은 프로그램의 동작 순서를 알려주는 흐름도이다. 프로그램이 시작되고 Pulse를 받을 준비가 되면 Armed mode로 전환할 것인지 하지 않을 것인지를 결정을 하고, 전환을 하게 되면 입력대기 상태를 유지하게 된다. 이 때에는 (●●_○○○○) 형태로 입력을 해 주어야 한다. ●에는 주고자 하는 신호의 종류를 나타내는 부분이고, ○에는 해당하는 신호의 길이를 나타내주는 부분이다. ●에는 Aileron / Elevator / Rudder / Throttle / Auxiliary 순서로 AI / EL / RD / TH / AUX로 각각 정의를 해 두었으며, 원하고자 하는 값을 조종할 때에 이 값을 삽입하면 된다. 그리고 ○ 부분에는 숫자를 삽입할 수 있는데, 기준 값 1502로 최대값 1900에서 최소값 1100으로 이를 조종할 수 있다. 예를 들어 'EL_1300'을 입력해 주면, '에일러론 신호로 1300us값을 입력하겠다'와 일맥상통하게 된다.

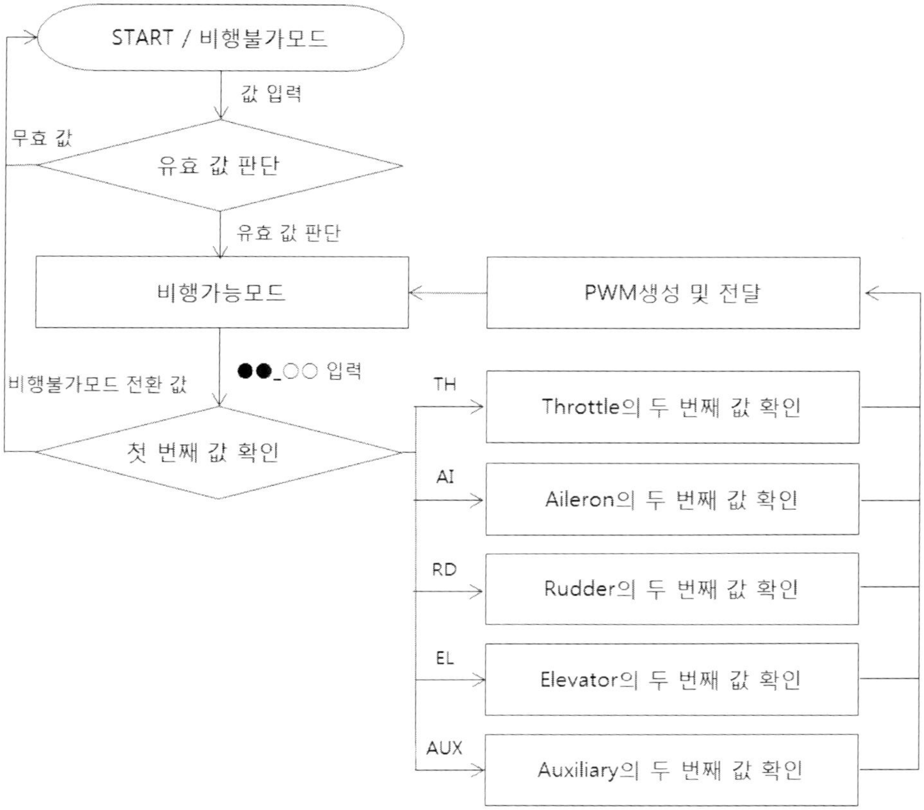

[그림 8-17] 드론의 움직임 알고리즘

4.3 실습

```
#include <Servo.h>
Servo bldc_Aileron;
Servo bldc_Elevator;
Servo bldc_Throttle;
Servo bldc_Rudder;
Servo bldc_Aux;
String string= "";

int defAileron = 1502;//Max=1900, Mid=1502, Min=1100 Use=1100~1900
int defElevator = 1502;//Max=1900, Mid=1502, Min=1100 Use=1100~1900
int defThrottle = 1100;//Max=1900, Min=1100 Use=1100~1700
```

```
int defRudder = 1502;//Max=1900, Mid=1502, Min=1100 Use=1100~1900

int AuxOn = 2018;
int AuxOff = 1015;
void setup(){

  pinMode(5, OUTPUT);
  pinMode(6, OUTPUT);
  pinMode(9, OUTPUT);
  pinMode(10, OUTPUT);
  pinMode(11, OUTPUT);

  bldc_Aileron.attach(5);
  bldc_Elevator.attach(6);
  bldc_Throttle.attach(9);
  bldc_Rudder.attach(10);
  bldc_Aux.attach(11);

  Serial.begin(9600);
  delay(100);
  initializePulse();
  Serial.println("Ready");
}
void loop(){

  string = "";

    while(Serial.available() > 0)
    {
        string += (char) Serial.read();
        Serial.flush();
        delay(10);
    }

    if(string != "")
    {
      String word1 = getValue(string, '_', 0);
```

```
        String word2 = getValue(string, '_', 1);
        Serial.println(word1);

        if(word1=="TH"){
          int th = word2.toInt();
          bldc_Throttle.writeMicroseconds(th);
          Serial.print("Throttle :");Serial.println(bldc_Throttle.read());
        }

        if(word1=="RD"){
          int th = word2.toInt();
          bldc_Rudder.writeMicroseconds(th);
          Serial.print("Rudder :");Serial.println(word2);
        }

        if(word1=="AI"){
          int th = word2.toInt();
          bldc_Aileron.writeMicroseconds(th);
          Serial.print("Aileron :");Serial.println(word2);
        }

        if(word1=="EL"){
          int th = word2.toInt();
          bldc_Elevator.writeMicroseconds(th);
          Serial.print("Elevator :");Serial.println(word2);
        }

        if(word1=="AUX"){
          if(word2=="ON"){
            Auxiliary(true);
            Serial.println("Self-Level ON");
          }
          else if(word2=="OFF"){
            Auxiliary(false);
            Serial.println("Self-Level OFF");
          }
        }
```

```

      if(word1=="ARM"){
        ArmModel();
      }

      if(word1=="DARM"){
        DisArmModel();
      }
    }
  delay(10);
}
void ArmModel(){
  bldc_Rudder.writeMicroseconds(1100);
  delay(2000);
  bldc_Rudder.writeMicroseconds(defRudder);

  Serial.println("ARMED");
  delay(1000);
}

void DisArmModel(){
  bldc_Rudder.writeMicroseconds(1900);
  delay(2000);
  bldc_Rudder.writeMicroseconds(defRudder);

  Serial.println("DISARMED");
  delay(1000);
}

void initializePulse(){

  bldc_Aileron.writeMicroseconds(defAileron);
  delay(10);
  bldc_Elevator.writeMicroseconds(defElevator);
  delay(10);
  bldc_Throttle.writeMicroseconds(defThrottle);
  delay(10);
```

```
123      bldc_Rudder.writeMicroseconds(defRudder);
124      delay(10);
125      Auxiliary("ON");
126      delay(10);
127      Serial.println("Pulse Initialized");
128    }
129
130    void Auxiliary(bool SW){
131      if(SW){
132        bldc_Aux.writeMicroseconds(AuxOn);
133      }
134      else{
135        bldc_Aux.writeMicroseconds(AuxOff);
136      }
137    }
138
139    String getValue(String data, char separator, int index)
140    {
141      int found = 0;
142      int strIndex[] = {0, -1};
143      int maxIndex = data.length()-1;
144
145      for(int i=0; i<=maxIndex && found<=index; i++){
146        if(data.charAt(i)==separator || i==maxIndex){
147            found++;
148            strIndex[0] = strIndex[1]+1;
149            strIndex[1] = (i == maxIndex) ? i+1 : i;
150        }
151      }
152
153      return found>index ? data.substring(strIndex[0], strIndex[1]) : "";
154    }
```

- Line 001 : BLDC 모터를 제어하는 PWM 신호를 만들기 위해 같은 PWM을 이용하는 Servo.h 헤더파일을 불러온다.
- Line 002~Line 006 : 각각의 신호선을 Servo 모터르 지정한다.
- Line 009~Line 015 : 실험을 통해 얻은 초기 값 주기를 지정한다.

- Line 016~Line 022 : 만들어진 PWM을 출력할 핀을 지정한다.
- Line 024~Line 028 : 핀과 신호의 종류를 맞춰준다.
- Line 030~Line 033 : 전송속도를 9600으로 지정한다.
- Line 037~Line 044 : 시리얼을 통해 “ ” 사이의 문자열을 받아들인다.
- Line 046~Line 050 : 받은 문자를 ‘_’ 기준으로 word1과 word2로 나눈다.
- Line 052~Line 085 : word1을 통해 신호의 종류를 조절하며, word2를 통해 주기를 조절하고 전체적인 PWM 주기를 변경한다.
- Line 087~Line 093 : 안전모드와 비행모드의 전환을 명령어를 통해 변경한다.
- Line 097~Line 113 : 비행모드 전환을 위한 명령어이다
- Line 115~Line 128 : 각 핀에서 PWM 신호를 생성한다.
- Line 130~Line 137 : AUX on/off 변경신호를 생성한다.
- Line 139~Line 154 : 시리얼을 통해 받은 문자열에서 데이터 값을 읽어서 저장한다.

제9장 안드로이드

스마트폰 시장이 급격히 성장하고 스마트폰을 이용한 각종 응용프로그램이 배포되고 있다. 스마트폰의 기능이 다양해지면서 처리속도와 무선 네트워크 통신 속도 또한 향상되고 있다. 그 밖에도 스마트 폰과 다른 장치가 연결되어 단순한 휴대폰이 아닌 새로운 장치로 탈바꿈 할 수 있다. 앞으로 이와 같이 스마트폰을 활용한 다양한 원격 시스템과 영상처리 시스템들이 연구될 것으로 전망된다. 이번 장에서는 스마트폰과 아두이노 Mega ADK를 이용하여 LED를 제어하고 로봇차량을 제어하는 방법을 설명한다.

제1절 스마트폰을 이용한 LED 제어

1.1 안드로이드

안드로이드 3.1 플랫폼(안드로이드 2.3.4에서는 라이브러리 추가)은 외부 USB 하드웨어가 액세서리(accessory) 모드로 동작하는 안드로이드 장비와 상호 연동하는 것에 대한 Android Open Accessory 지원한다. 안드로이드 장비가 액세서리 모드일 경우 USB host 역할을 하는 액세서리와 연결되고 안드로이드 장비는 USB 장비로 동작한다. 안드로이드 USB 액세서리들은 안드로이드 장비들과 연결되며 액세서리 모드의 안드로이드 장비를 쉽게 검색할 수 있는 간단한 프로토콜(Android accessory protocol)도 구체적으로 설계되어 있다. 액세서리는 또한 충전을 위해 5V의 550mA 전력을 제공해야 한다. Android Open Accessory는 이러한 제한을 넘어 안드로이드 장비와 연결하여 상호 연동할 수 있는 액세서리들을 만들 수 있도록 지원한다.

Android Open Accessory Development Kit(ADK)는 Arduino open source electronics prototyping platform 기반의 안드로이드 USB 액세서리 레퍼런스를 제공한다. 즉, 액세서리의 하드웨어 설계 파일들, 액세서리 펌웨어를 구현한 코드 그리고 액세서리와 통신하는 안드로이드 앱이 포함되어 있다.

안드로이드는 USB Accessory, Host 2가지 모드를 통해 USB 주변기기와 안드로이드 USB 액세서리(Android Accessory Protocol를 구현하는 하드웨어)가 다양한 기능을 구현하도록 지원한다. USB 액세서리 모드는 외부 USB 하드웨어와 같이 USB 호스트와 함께 동작하는 것으로 로보틱스 제어, 도킹 스테이션, 진단 및 음향장비, 키오스크(kiosk; 행인들을 위해 정보를 표시할 수 있도록 만들어진 소형 구조물), 카드 리더기 등 다양한 하드웨어가 포함될 수 있다. 호스트 기능이 없는 안드로이드 장비는 USB 하드웨어와 상호 동작할 수 있다. 안드로이드 USB 액세서리들은 안드로이드 액세서리 통신 프로토콜(Android accessory communication protocol)를 준수하여 안드로이드 장비들과 함께 동작한다.

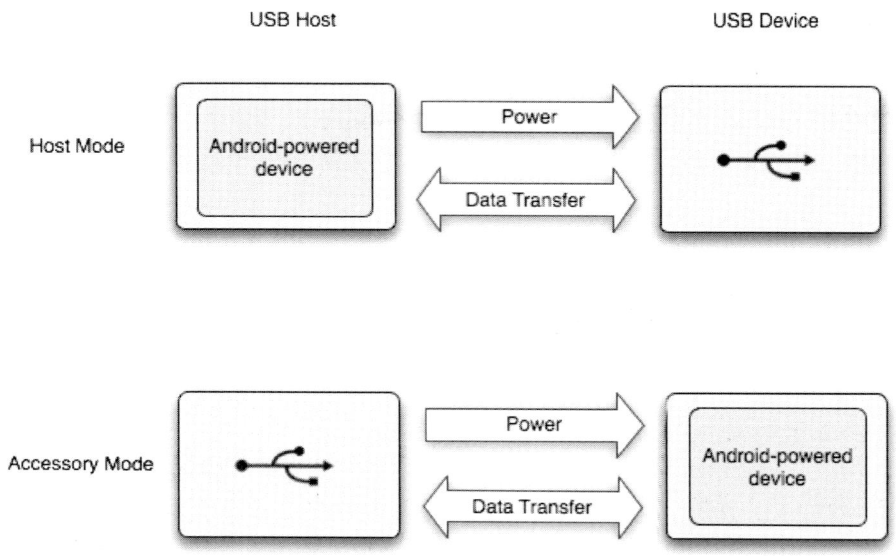

[그림 9-1] USB 호스트 모드와 액세서리 모드

USB 호스트 모드는 안드로이드 장비가 호스트로 동작할 수 있도록 지원하며 여기에는 디지털 카메라, 키보드, 마우스, 게임 컨트롤러 등이 포함된다. 광범위한 영역의 기능과 환경들에 설계된 USB 장비들은 장비와 정확히 통신할 수 있는 안드로이드 애플리케이션들과 상호 작용할 수 있다. 위의 [그림 9-1]을 살펴보면, 안드로이드 장비가 Host 모드일 경우 USB 장비에 버스를 통해 전력을 공급하고 USB 액세서리 모드일 경우에는 연결된 USB 하드웨어(이 경우는 안드로이드 USB 액세서리)가 호스트로 동작하고 버스를 통해 전력을 공급한다.

USB 액세서리 모드는 사용자가 USB 호스트 하드웨어에 연결할 수 있도록 안드로이드 장비를 위해 설계되었다. 액세서리들은 Android Accessory Development Kit 문서에 설명되어 있는 Android accessory protocol 을 준수해야 하며 USB 호스트로 동작하지 않는 안드로이드 장비가 USB 하드웨어와 함께 동작하는 것을 지원한다. 안드로이드 장비가 USB 액세서리 모드로 동작할 때 장착된 안드로이드 USB 액세서리는 USB 버스를 통해 전력을 제공하는 호스트로서 동작하고 연결된 장비들을 열거한다. 안드로이드 3.1 버전(API level 12)은 USB 액세서리 모드를 지원하고 안드로이드 2.3.4 버전(API level 10)은 라이브러리를 추가함으로 장비에 대해 광범위하게 지원될 수 있도록 한다.

USB 액세서리 API는 안드로이드 3.1 버전에서 소개되었고 안드로이드 2.3.4 버전에서는 Google APIs add-on 라이브러리를 통해 사용할 수 있다. 이 API는 외부 라이브러리로서 제공되므로 액세서리 모드를 지원하기 위해서는 2개의 패키지를 입력할 수 있다. 이것은 안드로이드 장비의 지원에 따라 선택적으로 입력한다. 이번 모듈은 2.3.4 버전 기반의 Google APIs add-on을 타겟으로 진행하였다. 다음 표는 버전별 USB 액세서리 패키지와 API들을 나타낸 것이다.

[표 9-1] 안드로이드 USB 액세서리 패키지 및 API

com.android.future.usb	안드로이드 2.3.4(APIs add-on), 3.1 버전 이상을 지원하며 폭넓게 지원하는 앱을 만들기 위해 사용한다.
android.hardware.usb	안드로이드 3.1버전 이상의 최신 장비만 지원하도록 앱을 개발한다면 이 패키지를 사용한다.
UsbManager	연결된 USB 액세서리들을 조회할 수 있을 뿐만 아니라 액세서리와 통신할 수 있는 방법을 제공한다.
UsbAccessory	USB 액세서리를 나타내며 액세서리의 정보를 획득할 수 있는 매소드들을 제공한다.

안드로이드 장비에 액세서리가 연결될 때 안드로이드 시스템은 연결된 액세서리를 앱에서 획득하여 제어할 수 있는 방법을 제공하고 있는데 기본적으로 앱은 다음 3가지를 작업을 수행한다.

- 액세서리가 연결될 때 발생하는 이벤트를 받기 위해 인텐트 필터를 사용 혹은 연결된 액세서리 목록을 획득하여 원하는 액세서리를 찾는 방법 중 하나를 통해 원하는 액세서리 획득한다.
- 액세서리와 통신하기 위해 사용자로부터 허가(Permission)를 얻어야 한다.
- 인터페이스 endpoint를 통하여 데이터를 읽고 쓰기를 한다.

이 흐름에 맞게 어플리케이션을 개발하였다. 개발 환경은 Eclipse를 사용하였으며, 프로젝트를 생성할 때의 Bulid Target을 Google APIs, Google Inc. 2.3.3.(API 10)버전으로 선택하고 진행하였다. 사용할 스마트폰의 안드로이드 버전이 2.3.7 버전이기 때문에 범용적인 앱을 사용하기 위하여 선택하고 진행하였다.

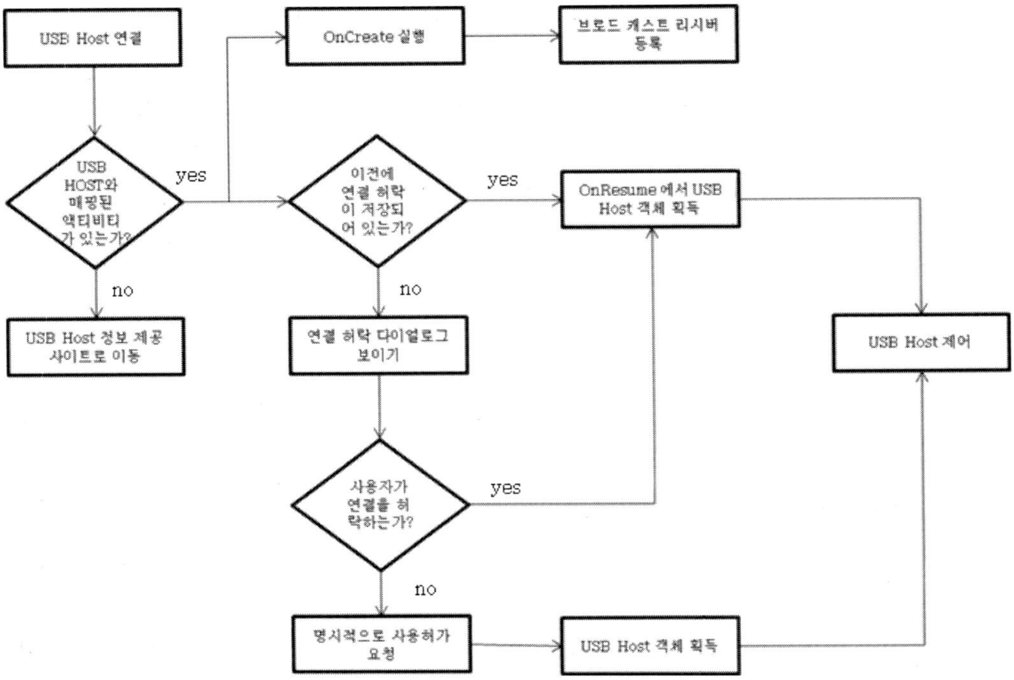

[그림 9-2] Android Accessory Protocol을 구현한 장비가 연결된 후 앱이 실행될 때의 연결 처리 과정

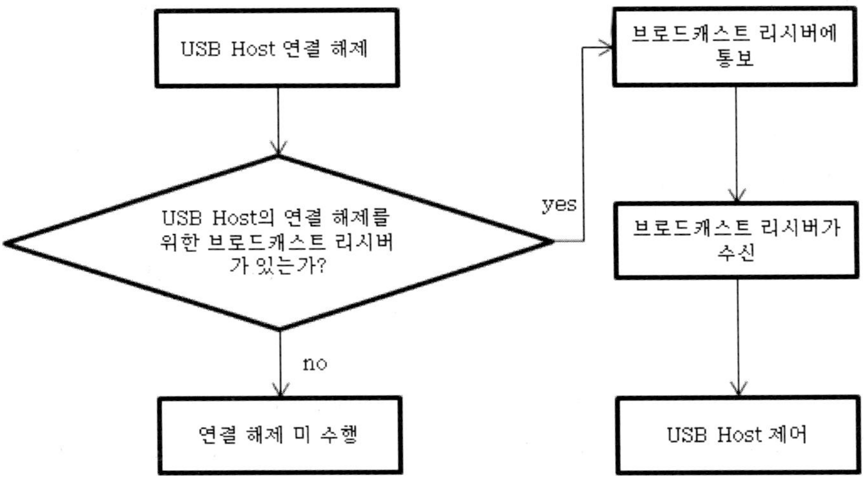

[그림 9-3] Android Accessory Protocol을 구현한 장비가 안드로이드에서 연결이 해제될 때의 처리 과정

1.2 아두이노 mega ADK

이번 장에서는 Arduino mega ADK(Accessory Development Kit) 보드를 사용했다.

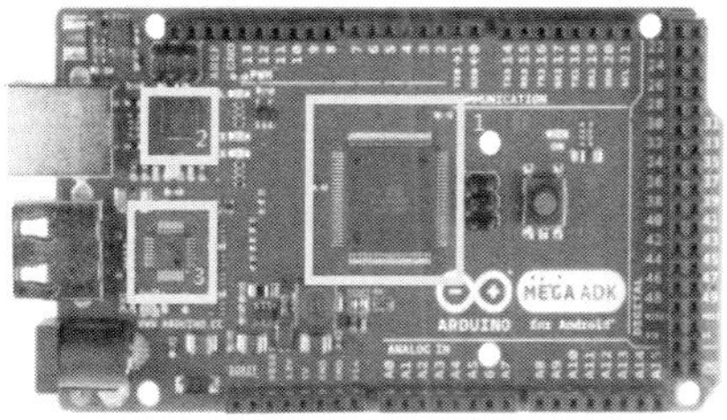

[그림 9-4] Arduino mega ADK

[그림 9-4]는 ATmega2560을 기반으로 한 마이크로컨트롤러 보드이다. 이 보드는 안드로이드 장비와 연결할 수 있는 MAX3421e IC 기반의 USB Host 인터페이스를 가지고 있으며 54 디지털 input/output 핀(pin), 16 아날로그 input들, 4UARTs(hardware serial ports), 16MHz crystal oscillator 1개, USB 커넥션 1개, 전원 포트 1개, ICSP 헤더(header), reset 버튼으로 구성되어져 있다. 다음 [표 9-2]는 Arduino Mega ADK의 재원이다.

1. AVR : MCU(ATmega2560)
2. MAX3421e : USB HOST 기능을 수행함
3. FT232 : 프로그래밍과 데이터 확인을 할 수 있도록 지원해줌

[표 9-2] 아두이노 mega ADK 재원

Microcontroller	ATmega2560
Operating Voltage	5V
Input Voltage(recommended)	9V
Input Voltage(limits)	7~18V
Digital I/O pins	54(of which 14 previde PWM output)
Analog Input Pins	16
DC Current per I/O Pin	40mA
DC Current for 3.3V Pin	50mA
Flash Memory	256KB of which 8KB used by bootloader
SRAM	8KB
EEPROM	4KB
Clock Speed	16MHz

아두이노 Mega ADK의 마이크로컨트롤러인 Atmega2560의 기능은 Digital Pins, Analog Input Pins, PWM, Memory 4가지로 구분할 수 있다. Digital Pins는 pins들이 input 혹은 output으로 설정되어 5V, 0V로 구분된 데이터를 처리하는 것이고 Analog Input Pins는 AD 변환(analog-to-digital conversion)과 아날로그 pin의 사용 그리고 PWM은 pulse-width modulation(펄스 폭 변조)를 사용하여 아날로그 값을 출력하는 기능이며 Memory는 아두이노에서 지원하는 메모리에 관한 것이다.

① Digial Pins

Arduino의 핀들은 input 혹은 output 모드로 설정할 수 있다. 이 모드 설정은 디지털(0, 1) 신호를 처리하는 핀과 같은 방법으로 아날로그(0~1023) 신호를 처리하는 핀도 같은 방법을 사용한다. 핀 모드를 설정하는 함수는 **pinMode(핀 번호, INPUT or OUTPUT)**이다.

② INPUT 모드 설정

Arduino의 핀들은 기본적으로 INPUT 모드이다. 그러므로 **pinMode()**를 사용하여 input을 선언해줄 필요는 없다. 핀이 input으로 설정된다는 것은 high-impedance 상태가 된다는 것을 말한다. 이 상태가 되면 sensor의 값을 읽을 수 있다. 만약 핀에 어떠한 것도 연결되지 않았을 경우 전자적 노이즈가 잡혀 핀의 상태가 랜덤하게 변하는 값을 읽게 된다.

③ 풀업 저항(Pullup Resistors)

풀업 저항은 불안정한 값이 읽혀질 때 명시적으로 5V로 값을 준다. Arduino ADK에서 사용하고 있는 Atmega 칩은 편리성을 위해 소프트웨어에서 접근할 수 있는 20K 풀업 저항기가 포함되어 있다. 이 저항은 다음과 같은 방법으로 접근할 수 있다.

- **pinMode(pin, INPUT);** // input 모드로 핀을 설정
- **digitalWrite(pin, HIGH);** // 풀업 저항기로 전환, LOW는 풀다운으로 전환

④ OUTPUT 모드 설정

핀에 대해 **pinMode()** 함수를 통해 OUTPUT으로 설정한다는 것은 low-impedance 상태가 된다는 것을 말한다. 이것은 다른 회로들에 실질적인 전류량을 제공한다는 것을 의미한다. Atmega 핀들은 40mA(milliamps) 이상의 전류로 다른 장비 혹은 회로에 소스(source : + 전류 제공)혹은 싱크(sink : - 전류 제공)할 수 있다. 이것은 LED를 밝히거나 모터를 동작시키는데 충분한 전류이다.

⑤ A/D 컨버터

Atmega 컨트롤러들은 6 채널 A/D(analog-to-digital) 컨버터를 포함하고 있다. 이 컨버터는 10bit resolution을 가지므로 0~1023 범위의 숫자를 반환한다. 대부분의 아날로그

핀들은 아날로그 센서들을 읽는데 사용한다. 그리고 모든 아날로그 핀들은 일반적인 목적의 input/output(GPIO : digital pin 0~13과 같은 기능) 기능을 가진다.

⑥ PWM(Pulse Width Modulation)

PWM은 아날로그 데이터를 쓸 때 사용하는 것으로 디지털 제어는 사각 웨이브를 생성하여 사용하는데 하나의 사각 웨이브는 on 과 off 사이를 전환된 시그널이다. 이 on-off 패턴은 on(5V), off(0V)로 시뮬레이션 할 수 있다. 시그널을 보내는 시간 간격을 pulse width 라고 한다. PWM을 통해 아날로그 데이터를 쓰려면 `analogWrite(핀 번호, 값)` 함수를 호출하는데 값은 0~255 범위의 숫자만 가능하다.

⑦ 메모리(Memory)

마이크로컨트롤러에는 플래시 메모리, SRAM, EEPROM 3가지 메모리가 있다. 플래시 메모리는 스케치를 저장하는데 사용하고 SRAM(static random access memory)은 스케치가 실행될 때 변수를 생성하고 유지하는데 사용한다. 그리고 EEPROM은 프로그래머가 오랜 기간 동안 정보를 저장하는데 사용할 수 있는 메모리이다. 플래시 메모리와 EEPROM은 전원이 꺼져있어도 유지가 되지만 SRAM은 전원이 꺼지면 데이터가 사라진다.

1.3 실습

1) 아두이노

LED 부분의 회로 구성은 브레드 보드에 전원을 연결 하면 바로 점등될 수 있는 기본적인 구조로 LED와 저항을 연결한다. 회로와 보드의 연결은 LED 회로부분의 +를 아두이노 보드의 PWM 부분의 13번 핀에, -를 그라운드를 나타내는 GND핀에 연결한다. 다음 [그림 9-5]는 아두이노 부분의 회로 연결도를 나타낸다.

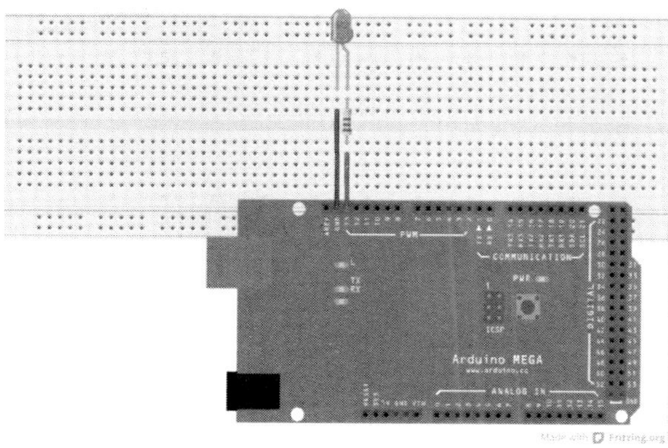

[그림 9-5] 아두이노 부분의 회로 연결도

```
01 #include <Max3421e.h>
02 #include <Usb.h>
03 #include <AndroidAccessory.h>
04 #define LED_PIN 13
05 AndroidAccessory acc("Manufacturer", "Model", "Description", "Version", "URI", "Serial");
06
07 byte msg[3];
08 void setup() {
09 Serial.begin(19200);
10 acc.powerOn();
11 pinMode(LED_PIN, OUTPUT);
12 }
13
14 void loop()
15 {
16 if (acc.isConnected()) {
17 int len = acc.read(msg, sizeof(msg), 1);
18 if (len > 0) {
19 if(msg[0] == 1)
20 digitalWrite(LED_PIN, HIGH);
21 else
22 digitalWrite(LED_PIN, LOW);
23 }
24 }
25 else
26 digitalWrite(LED_PIN, LOW);
27 }
```

- Line 03 : 액세서리 모드 사용을 위한 헤더파일을 추가한다.
- Line 04 : LED와 연결된 핀을 지정한다.
- Line 05 : 액세서리 디바이스 연결 세부 설정이다. 특정 기기만을 접속 허용하고 싶을 때 사용한다.
- Line 10 : 액세서리 모드 시작을 나타내는 함수이다.
- Line 11 : LED와 연결된 핀을 출력 핀으로 사용한다.
- Line 16 : 액세서리 디바이스가 연결되었을 때를 나타낸다.
- Line 20 : 어플리케이션에서 온 버퍼가 1일 때는 LED가 점등된다.
- Line 22 : 버퍼가 0일 때는 LED가 꺼진다.
- Line 26 : 아무 신호도 없을 때는 LED가 꺼진다.

2) 안드로이드

① 획득 권한 얻기(AndroidManifest)

이 작업은 안드로이드 앱에서 USB 기능을 사용할 수 있게 권한을 얻는 과정이다. <uses-feature>와 <application> 엘리먼트 안에 앱이 USB라이브러리를 사용한다는 <uses-library> 엘리먼트를 추가한다.

```
01 <uses-feature android:name="android.hardware.usb.accessory"/>
02   <application
03       android:icon="@drawable/ic_launcher"
04       android:label="@string/app_name">
05       <uses-library android:name="com.android.future.usb.accessory"/>
06    <activity
07        android:label="@string/app_name"
08        android:name=".AdkExampleActivity">
09        <intent-filter>
10             <action android:name="android.intent.action.MAIN"/>
11             <category android:name="android.intent.category.LAUNCHER"/>
12         </intent-filter>
13     </activity>
14 </application>
```

- Line 05 : 라이브러리를 사용한다는 uses-library 엘리먼트를 추가한다.

② 어플리케이션 화면 정의(Layout)

```
 <?xml version="1.0" encoding="utf-8"?>
 <RelativeLayout android:layout_width="fill_parent"
 android:id="@+id/relativeLayout1"
 android:layout_height="fill_parent"
 android:layout_weight="0.72"xmlns:android= "http://schemas.android.com/apk/res/android">
<ToggleButton
 android:text="ToggleButton"
 android:id="@+id/toggleButtonLED"
 android:layout_width="500px"
 android:layout_height="200px"
 android:layout_centerVertical="true"
 android:layout_centerHorizontal="true"
```

```
13    android:textSize="50px"
14    android:onClick="blinkLED"></ToggleButton>
15    </RelativeLayout>
```

- Line 06 : 토글버튼을 생성한다.
- Line 08 : 토글버튼 ID를 지정한다.
- Line 14 : OnClick일 때의 매소드를 지정한다.

③ 액티비티 설정(Activity)

액티비티는 일반적인 어플리케이션의 알고리즘과 동일하다. 그리고 앞서 [그림 9-2]와 [그림 9-3]에서 설명한 알고리즘을 따라가면 된다. 또한 UsbManager와 UsbAccessory에 관한 부분을 추가한다.

a. Android Accessory Protocol을 **구현한 장비를 검색하고 제어하기 위한** UsbManager, UsbAccessory **변수 선언**

```
import com.android.future.usb.UsbAccessory;
import com.android.future.usb.UsbManager;
private UsbManager mUsbManager;
private UsbAccessory mAccessory;
ParcelFileDescriptor mFileDescriptor;
FileInputStream mInputStream;
FileOutputStream mOutputStream;

@Override
public void onCreate(Bundle savedInstanceState) {
super.onCreate(savedInstanceState);
setContentView(R.layout.main);
}
private void openAccessory(UsbAccessory accessory){
mAccessory = accessory;
}
private void closeAccessory(){
mAccessory = null;
}
```

- Line 02 : 액세서리 모드 사용을 위한 패키지를 입력한다.
- Line 03 : UsbManager, UsbAccessory 변수를 선언한다.
- Line 07 : 보드와 앱간의 신호를 주고 받아야 하므로 파일 입출력 스트림을 선언한다.
- Line 14 : 액세서리 모드 열기를 위한 매소드를 생성한다.
- Line 17 : 액세서리 모드의 닫음을 위한 매소드를 생성한다.

b. 관심장비 선언 및 브로드캐스트 리시버 등록

```
private static final String ACTION_USB_PERMISSION ="net.hardroid.adk.example.action.USB_PERMISSION";
private final BroadcastReceiver mUsbReceiver = new BroadcastReceiver() {
@Override
public void onReceive(Context context, Intent intent) {
String action = intent.getAction();
if (ACTION_USB_PERMISSION.equals(action)) {
synchronized (this) {
UsbAccessory accessory = UsbManager.getAccessory(intent);
if (intent.getBooleanExtra(
UsbManager.EXTRA_PERMISSION_GRANTED, false)) {
}else {
Log.d(AdkExampleActivity.class.getName(),
"permission denied for accessory "
+ accessory);
}
openAccessory(accessory);
mPermissionRequestPending = false;
}
} else if (UsbManager.ACTION_USB_ACCESSORY_DETACHED.equals(action)) {
UsbAccessory accessory = UsbManager.getAccessory(intent);
if (accessory != null && accessory.equals(mAccessory)) {
```

```
30 showMessage("USB Host 연결 해제됨.");
31 closeAccessory();
32 }}}};
33 private boolean mPermissionRequestPending;
```

- Line 01 : USB가 감지되었을 때의 이벤트 생성을 한다.
- Line 08 : 사용자에게 Android Accessory Protocol을 구현한 장비가 연결되면 수락할 것인지 문의한 다이얼로그에 대한 사용자의 선택 결과를 받는다.
- Line 13 : 선택 결과가 수락일 경우의 이벤트 생성을 한다.
- Line 21 : 연결 수락 결과를 받았음을 표시한다.
- Line 25 : Android Accessory Protocol을 구현한 장비의 연결이 해제되었을 때 이벤트 생성을 한다.
- Line 27 : 앱이 사용하고 있는 장비와 같은 것인지 확인한다.

c. 토글 버튼 동작에 따른 신호를 보드에 전송하기

가장 핵심적인 부분이다. 이 부분에서 구체적으로 레이아웃에서 지정한 버튼이 특정한 동작을 하였을 때 OutputStream을 이용하여 무슨 신호를 보낼 것인가에 대한 과정을 설정하게 된다.

```
private ToggleButton buttonLED;

buttonLED = (ToggleButton) findViewById(R.id.toggleButtonLED);

public void blinkLED(View v){
    byte[] buffer = new byte[1];
    if(buttonLED.isChecked())
            buffer[0]=(byte)0;
    else
            buffer[0]=(byte)1;
    if (mOutputStream != null) {
            try {
                    mOutputStream.write(buffer);

            } catch (IOException e) {
                    Log.e(TAG, "write failed", e);
            }}}
```

- Line 01 : 토글버튼의 매소드를 지정한다.
- Line 03 : 레이아웃에서 지정한 토글버튼의 ID를 지정한다.
- Line 06 : 보드에 보낼 버퍼를 생성한다.
- Line 08 : 버튼이 On이면 버퍼에 0을 넣는다.
- Line 10 : 버튼이 Off이면 버퍼에 1을 넣는다.
- Line 13 : 버퍼의 값이 NULL이 아니면 보드에 신호를 전송한다.

제2절 스마트폰을 이용한 로봇 차량 제어

2.1 차량 로봇 제작

아두이노 Mega ADK와 모터 쉴드 LKM-DM-V02와 DC 모터 2개와 바퀴 두 개를 사용하였다. 아두이노 보드에 DC 모터 쉴드와 이에 연결된 DC 모터 두 개가 있다. 또한, Servo 모터 두개가 연결되어 있으며 이를 동작시킬 전원 6V가 아두이노 보드와 DC 모터 쉴드에 각각 연결되어 있다. [그림 9-6]은 차량 로봇의 제작을 위한 아두이노 보드 연결도이다.

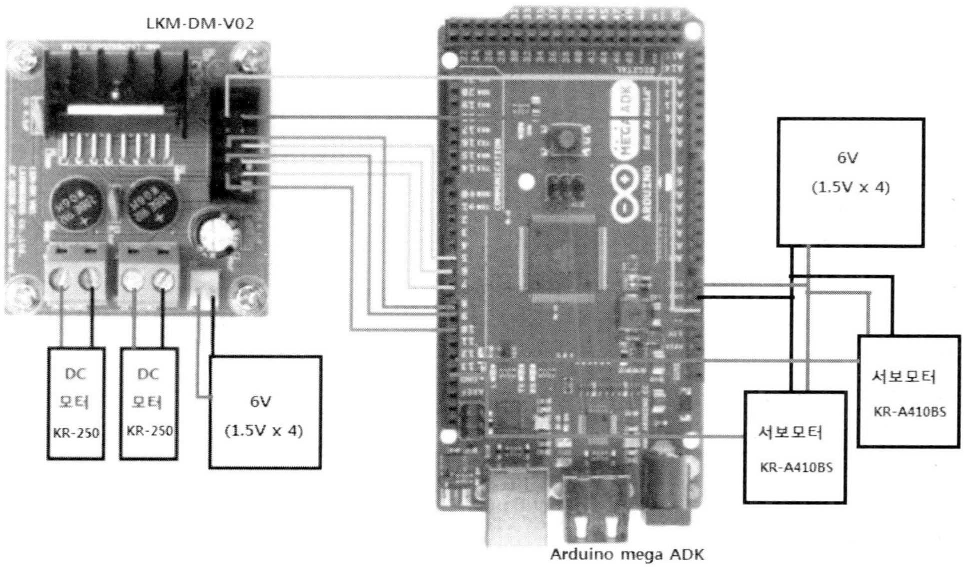

[그림 9-6] 차량 로봇의 제작을 위한 아두이노 보드 연결도

2.2 실습

1) 아두이노

차량 로봇 제어를 위한 아두이노 소스에 대한 설명이다. 기존 아두이노의 코딩과는 다르게 안드로이드 스마트폰으로 아두이노를 제어하기 위해서는 안드로이드 액세서리 프로토콜을 이용하여 아두이노를 코딩해야 한다. [그림 9-7]은 아두이노 부분의 흐름도이다.

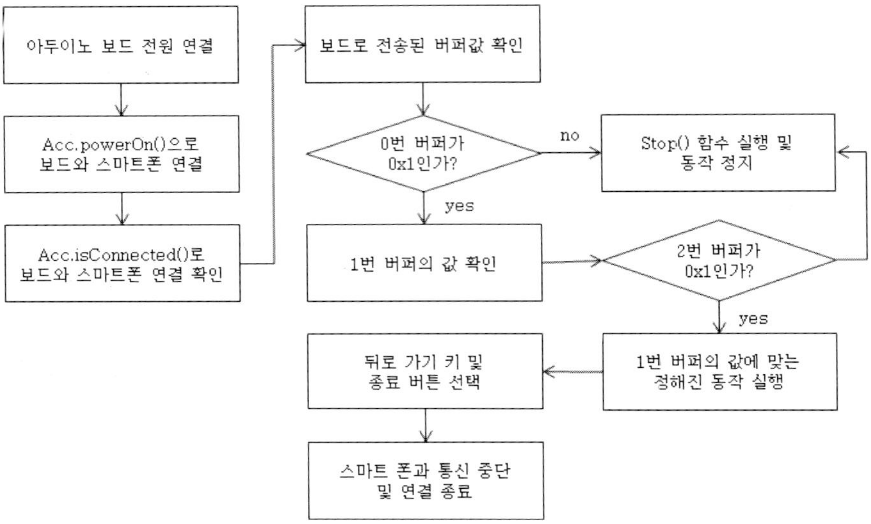

[그림 9-7] 아두이노 부분의 흐름도

```
#include <Max3421e.h>
#include <Usb.h>
#include <AndroidAccessory.h>
#include <Servo.h>
Servo servoleft;
Servo servoright;
int leftangle;
int rightangle;
int Cw=7;
int Ccw=10;
int Ena=5;
int Cww=6;
int Ccww=9;
int Enaa=8;
```

- Line 9~14 : DC 모터의 핀을 지정해준다. 5~7번, 8~10번 핀의 순서로 DC 모터 두 개의 핀번호를 지정해준다.

안드로이드 액세서리 프로토콜을 이용하기 위한 선언문으로서 제조사, 모델 등을 지정해 주는 과정이다. 그 다음 전역 변수로 버퍼를 선언해준 뒤, setup()에서는 액세서리 연결을 위한 acc.powerOn()과 앞서 위에서 지정해 줬던 핀을 pinMode로 선언해 준다.

```
01 AndroidAccessory acc("Manufacturer", "Model", "Description", "Version", "URI", "Serial");
02 byte msg[20];
03 void setup()
04 {
05 Serial.begin(19200);
06 acc.powerOn();
07 pinMode(Cw, OUTPUT);
08 pinMode(Ccw, OUTPUT);
09 pinMode(Ena, OUTPUT);
10 pinMode(Cww, OUTPUT);
11 pinMode(Ccww, OUTPUT);
12 pinMode(Enaa, OUTPUT);
13 servoleft.attach(13);
14 servoright.attach(12);
15 }
```

- Line 02 : 버퍼로 사용할 byte형 배열 msg를 선언한다.
- Line 06 : 액세서리 모드 연결을 위한 함수이다. 액세서리 장비에 대한 연결 시작을 말한다.
- Line 07~14 : 앞서 int형 변수로 선언했던 핀번호들의 사용 용도를 설정한다. DC 모터와 Servo 모터 동작을 위해 OUTPUT으로 설정하였다.

다음은 프로그램의 주된 부분인 loop인데 한 부분만 예를 들어 설명하도록 하겠다. 먼저 스마트폰에서 보내온 신호를 받기 위한 int형 변수 len을 선언해 주고 acc.read()를 통해 신호를 읽는다. 신호는 msg[] 배열을 통해서 읽게 되는데 msg배열은 0번부터 2번까지를 사용한다. 0번 msg는 스마트폰과 보드의 연결 다리로 생각하면 되고 1번 msg는 어떤 동작을 사용할 것인지에 대한 다리로 생각하면 된다. msg[1]이 0x0이면 전진 동작에 대한 다리를 놔준다고 보면 된다. 0x1이면 좌회전, 0x2이면 우회전 이런 방식이다. 그 다음 msg[2]는 그 동작에 대한 수행여부인데 msg[2]가 0x1이면 앞서 msg[1]을 통해 지정해 줬던 동작을 수행하게 되고 msg[2]가 0x0이면 수행하지 않고 멈추게 된다. Motor_GO(), Motor_STOP() 등의 함수는 loop() 밑 부분에서 선언해 준 것이다.

```
void loop()
{
if(acc.isConnected())
{
int len = acc.read(msg, sizeof(msg), 1);
if(len > 0)
{
if(msg[0] == 0x1) {
if(msg[1] == 0x0) {
if(msg[2] == 0x1) {
Motor_GO();
delay(100);
}else if(msg[2] == 0x0) {
Motor_STOP();
}
```

스마트폰 어플리케이션의 구동 과정은 다음과 같다. 스마트폰과 로봇 차량을 USB 케이블로 연결한 뒤, 어플리케이션을 실행하면 다음 [그림 9-2]와 같이 연결을 허용할 것인지에 대한 의사를 묻게 되는 화면이 표시된다. 확인 버튼을 누를 경우 연결이 허용되어 스마트폰 어플리케이션을 통해 제어 신호를 아두이노 보드로 전송하여 원하는 동작을 수행할 수 있게 된다. [그림 9-8]은 어플리케이션 부분의 흐름도이다.

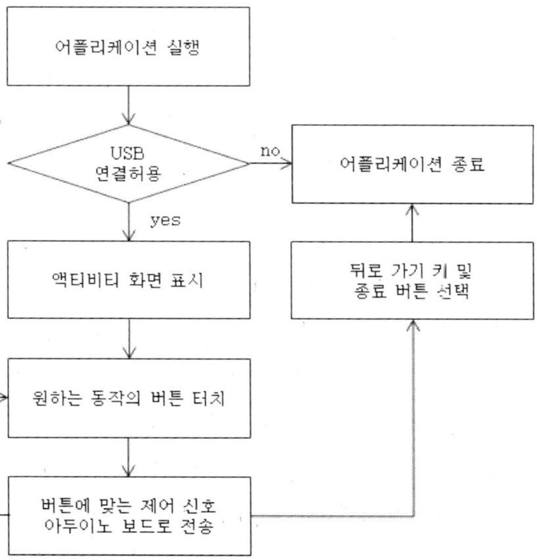

[그림 9-8] 어플리케이션 부분의 흐름도

① 획득 권한 얻기(AndroidManifest)

이 작업은 안드로이드 앱에서 USB 기능을 사용할 수 있게 권한을 얻는 과정이다. <uses-feature>와 <application> 엘리먼트 안에 앱이 USB라이브러리를 사용한다는 <uses-library> 엘리먼트를 추가한다.

```
01 <uses-feature android:name="android.hardware.usb.accessory"/>
02 <application
03 android:icon="@drawable/ic_launcher"
04 android:label="@string/app_name">
05 <uses-library android:name="com.android.future.usb.accessory"/>
06 <activity
07 android:label="@string/app_name"
08 android:name=".AdkExampleActivity">
09 <intent-filter>
10 <action android:name="android.intent.action.MAIN"/>
11 <category android:name="android.intent.category.LAUNCHER"/>
12 </intent-filter>
13 </activity>
14 </application>
```

- Line 05 : 이 어플리케이션이 usb-accessory 라이브러리를 사용한다는 엘리먼트를 추가한다.

② 액티비티 설정(Activity)

액티비티는 일반적인 안드로이드 어플리케이션의 알고리즘과 동일하다. 그리고 앞서 위에서 설명한 알고리즘을 따라가면 된다. 또한 UsbManager와 UsbAccessory에 관한 부분을 추가한다.

a. Android Accessory Protocol을 구현한 장비를 검색하고 제어하기 위한 UsbManager, UsbAccessory 변수 선언

```
import com.android.future.usb.UsbAccessory;
import com.android.future.usb.UsbManager;
private UsbManager mUsbManager; // UsbManager, UsbAccessory
private UsbAccessory mAccessory;
ParcelFileDescriptor mFileDescriptor;
```

```
06 FileInputStream mInputStream;
07 FileOutputStream mOutputStream;
08
09 @Override
10 public void onCreate(Bundle savedInstanceState) {
11 super.onCreate(savedInstanceState);
12 setContentView(R.layout.main);
13 Button buttonfoward = (Button) findViewById(R.id.buttonFoward);
14 Button buttonleft = (Button) findViewById(R.id.buttonLeft);
15 Button buttonright = (Button) findViewById(R.id.buttonRight);
16 Button buttonback = (Button) findViewById(R.id.buttonBack);
17 Button buttonservoup = (Button) findViewById(R.id.buttonServoUp);
18 Button buttonservoleft = (Button) findViewById(R.id.buttonServoLeft);
19 Button buttonservoright = (Button) findViewById(R.id.buttonServoRight);
20 Button buttonservodown = (Button) findViewById(R.id.buttonServoDown);}
21 private void openAccessory(UsbAccessory accessory){
22 mAccessory = accessory;}
23 private void closeAccessory(){
24 mAccessory = null;}
```

- Line 01~02 : 액세서리 모드 사용을 위한 패키지를 입력 한다.
- Line 03~04 : UsbManager, UsbAccessory 사용을 위한 변수 선언을 나타낸다.
- Line 05~07 : 파일 입출력과 신호 전송을 위한 변수 선언을 나타낸다.
- Line 13~20 : 레이아웃에서 지정한 버튼의 ID를 찾아 지정해준다.
- Line 21~24 : 액세서리 모드의 열고 닫음을 지정해주는 매소드를 생성한다.

b. 관심장비 선언 및 브로드캐스트 리시버 등록

```
private static final String ACTION_USB_PERMISSION ="net.cpe.adk.action.USB_PERMISSION";

private final BroadcastReceiver mUsbReceiver = new BroadcastReceiver() {

@Override
public void onReceive(Context context, Intent intent) {
String action = intent.getAction();
if (ACTION_USB_PERMISSION.equals(action)) {

```

```
10
11 synchronized (this) {
12 UsbAccessory accessory = UsbManager.getAccessory(intent);
13 if (intent.getBooleanExtra(
14 UsbManager.EXTRA_PERMISSION_GRANTED, false)) {
15
16 }else {
17 Log.d(mainActivity.class.getName(),
18 "permission denied for accessory "
19 + accessory);
20 }
21 openAccessory(accessory);
22
23 mPermissionRequestPending = false;
24 }
25 } else if (UsbManager.ACTION_USB_ACCESSORY_DETACHED.equals(action)) {
26
27 UsbAccessory accessory = UsbManager.getAccessory(intent);
28
29 if (accessory != null && accessory.equals(mAccessory)) {
30 showMessage("USB Host 연결 해제됨.");
31 closeAccessory();
32 }}}};
33 private boolean mPermissionRequestPending;
```

- Line 01 : Usb가 감지되었을 때의 이벤트 생성을 한다.
- Line 08 : 사용자에게 Android Accessory Protocol을 구현한 장비가 연결되면 수락할 것인지 문의한 다이얼로그에 대한 사용자의 선택 결과를 받는다.
- Line 13 : 선택 결과가 수락일 경우의 이벤트를 나타낸다.
- Line 21 : 연결 수락 결과를 받았음을 표시한다.
- Line 25 : Android Accessory Protocol을 구현한 장비의 연결이 해제되었을 때를 나타낸다.
- Line 27 : 앱이 사용하고 있는 장비와 같은 것인지 확인한다.

c. 버튼 동작에 따른 신호를 보드에 전송하기

가장 핵심적인 부분이다. 이 부분에서 구체적으로 레이아웃에서 지정한 버튼이 특정한 동작을 하였을 때 OutputStream을 이용하여 무슨 신호를 보낼 것인가에 대한 과정을 설정하게 된다. 이 부분은 OnCreate에 들어가는 부분이며 setOnTouchListener 매소드를 사용하여 버튼이 눌렸을 때 버튼을 뗐을 때의 동작을 각각 지정한다. 설명할 부분은 전진 동작을 수행하는 Foward 버튼에 대한 TouchListener 매소드에 대한 코드이며 다른 동작도 아래와 비슷하므로 생략한다.

```
buttonfoward.setOnTouchListener(new OnTouchListener(){
@Override
public boolean onTouch(View v, MotionEvent event) {
int action = event.getAction();
if(action == MotionEvent.ACTION_DOWN) {
if(mOutputStream != null && isConnected()){
buffer[0]=(byte)0x1;
buffer[1]=(byte)0x0;
buffer[2]=(byte)0x1;
if (mOutputStream != null) {
try {
mOutputStream.write(buffer);
} catch (IOException e) {
Log.e(TAG, "write failed", e);
}}}}
else if(action == MotionEvent.ACTION_MOVE) {
if(mOutputStream != null && isConnected()){
buffer[0]=(byte)0x1;
buffer[1]=(byte)0x0;
buffer[2]=(byte)0x1;
if (mOutputStream != null) {
try {
mOutputStream.write(buffer);
} catch (IOException e) {
Log.e(TAG, "write failed", e);
}}}}
else if(action == MotionEvent.ACTION_UP){
if(mOutputStream != null && isConnected()){
buffer[0]=(byte)0x1;
buffer[1]=(byte)0x0;
buffer[2]=(byte)0x0;
```

```
if (mOutputStream != null) {
try {
mOutputStream.write(buffer);
} catch (IOException e) {
Log.e(TAG, "write failed", e);
}}}}
return true
}});
```

찾아보기

P

R

S

T

U

W

숫자

맺음말

우여곡절 끝에 책이 마무리되어 맺음말을 쓰는 시간이 오니, 한편으로는 후련하면서도 더 잘할 수 있었을 것 같은 아쉬움이 남는다. 2013년, 교수님께 아두이노에 대해 기본적인 것을 배운지 벌써 2년이 다 되어 간다. 하나하나 공부하고 실험을 해보면서 어느새 마지막을 향해 다가가고 있다. 마지막 순간이 다가오니 책을 쓰기 위해 모였던 첫 만남이 기억난다. 당찬 의지를 갖고 자신있게 시작했던 우리의 모습과 달리 막상 처음으로 책을 쓰기 시작하니 여간 어려운 것이 아니었다. 책을 어디서부터 어떻게 작성해야 되는지 고민이 많았다. 가장 어려웠던 점은 에세이와는 다르게 정보 전달이 목적이기 때문에 문장이 정확하고 깔끔해야 한다는 점이었다. 다행히도 교수님의 많은 가르침 덕에 문장이 조금씩 나아지기 시작했고, 차곡차곡 분량이 쌓여가는 글들을 보면 내 자식을 보는 것 같이 뿌듯했다.

처음 통신이라는 부분을 집필할 때는 학교에서 배운 것부터 혼자 찾아보고 공부한 것까지 다양하게 있었기 때문에 하고 싶은 말들이 정말 많이 있었다. 하지만 책을 집필한다는 것은 전체적으로 흐름이 존재하기 때문에 하고 싶은 말을 다하기보다 전체적인 수준의 균형을 맞추며 써야했다. 혼자서 책을 집필하는 것이 아니기 때문에 각자 서로 설명하고자 하는 것이 다를 때도 있었다. 물론 의견 충돌도 있었고 중간 중간 정성들여 쓴 내용들을 삭제하는 일이 태반이었다. 그때는 언제쯤 완성할 수 있을지 예상조차도 못했다. 하지만 대학생활의 시간과 열정을 온전히 쏟아 부어서 이렇게 한 권의 책이 나왔고 마지막 글을 쓰고 있는 우리 팀을 보니 정말 수고했고 고생했다고 얘기를 하고 싶다. 항상 생각으로만 남겨두었던 지식들을 이렇게 글로써 표현하고 책으로 만들었다는 것에 대해 너무 기쁘고 그 동안 서로 티격태격하며 많이 친해진 것 같아서 이것 또한 너무 소중하다. 중간에 계속되는 시행착오를 겪으면서 중간에 팀이 분산되기도 하는 어려움도 있었지만 포기하지 않고 끝까지 지도해주신 민상원 교수님과 함께 고생한 우리 팀원들 덕분에 이렇게 완성할 수 있었다. 모두에게 정말 감사하다는 말을 전하고 싶다.

이 책에서는 아두이노 보드에 대한 배경지식과 기초적인 실습예제를 다룰 것이다. 더불어 책 후반부에는 아두이노를 활용한 사물인터넷 관련 프로젝트도 함께 수록하였다. 아두이노는 사물인터넷 기술의 프로토 타입을 만들어보기 정말 좋은 디바이스이다. 이 책을 읽으며 다양한 예제들을 실습해 보길 바란다. IoT가 무엇인지 보여줄 좋은 길잡이가 될 것이다.

2015년 9월

이원찬 · 홍승현 · 김한규 · 유창수

저자 약력

민상원
- 현) 광운대학교 전자통신공학과 교수

홍승현
- 현) 광운대학교 전자통신공학과

유창수
- 현) 광운대학교 전자통신공학과

김차주
- 광운대학교 전자통신공학과 학사
- 현) 광운대학교 통신프로토콜 연구실 석사과정

이원찬
- 현) 광운대학교 전자통신공학과

김한규
- 현) 광운대학교 전자통신공학과

강찬욱
- 광운대학교 전자통신공학과 학사
- 현) 광운대학교 통신프로토콜 연구실 석사과정

김종찬
- 광운대학교 전자통신공학과 학사
- 현) 광운대학교 통신프로토콜 연구실 석사과정

저자와의
협의하에
인지생략

다가오는 IoT 시대속의 아두이노

2015년 12월 1일 1판 1쇄 인쇄
2015년 12월 8일 1판 1쇄 발행

저 자 • 이원찬, 홍승현, 김한규, 유창수
강찬욱, 김차주, 김종찬, 민상원
발행자 • 이영애
발행처 • 공감북스
주 소 • 02011 서울시 중랑구 중랑천로 256 B1
전 화 • 02-971-9683
팩 스 • 02-972-9683
등 록 • 제 25100-2015-18 호
등록일 • 2015년 7월 15일
e-mail • sympathybook@naver.com
ISBN • 979-11-86898-02-4 (93560)

정 가 • 15,000원